Concolorcorvo

D0913548

El lazarillo de ciegos caminantes

Desde Buenos Aires hasta Lima

- STOCKCERO -

Concolorcorvo.
 El Lazarillo de ciegos caminantes : desde Buenos Aires hasta Lima. -
1a ed. - Buenos Aires : Stockcero, 2005.
236 p. ; 22x15m.

ISBN 987-1136-26-9

1. Relatos de Viajes. I. Título.
CDD 910.4

stockcero.com
Viamonte 1592 C1055ABD
Buenos Aires Argentina
54 11 4372 9322

stockcero@stockcero.com

Concolorcorvo

El lazarillo de ciegos caminantes

Desde Buenos Aires hasta Lima

El lazarillo de ciegos caminantes desde Buenos Aires, hasta Lima con sus itinerarios según la más puntual observación, con algunas noticias útiles a los Nuevos Comerciantes que tratan en Mulas ; y otras históricas sacado de las memorias que hizo Don Alonso Carrió de la Vandera en este dilatado viaje ... ; por Don Calixto Bustamante Carlos Inca, alias Concolorcorvo natural de Cuzco ...

Indice

Primera parte

Prólogo y dedicatoria a los contenidos en él

Así como los escritores graves, por ejemplo el Plomo, y, aun los leves, v. g. el Corcho, dirigen sus dilatados prólogos a los hombres sabios, prudentes y piadosos, acaso por libertarse de sus críticas, yo dirijo el mío, porque soy peje [1] entre dos aguas, esto es, ni tan pesado como los unos, ni tan liviano como los otros, a la gente que por vulgaridad llaman de la hampa, o cáscara amarga [2], ya sean de espada, carabina y pistolas, ya de bolas [3], guampas [4] y lazo. Hablo, finalmente, con los cansados, sedientos y empolvados caminantes, deteniéndolos un corto espacio,

> A modo de epitafio,
> de sepulcro, panteón o cenotafio.

No porque mi principal fin se dirija a los señores caminantes, dejaré de hablar una u otra vez con los poltrones [5] de ejercicio sedentario, y en particular con los de allende el mar, por lo que suplico a los señores de aquende disimulen todas aquellas especies que se podían omitir, por notorias, en el reino.

Eslo también en él que los cholos [6] respetamos a los españoles, como a hijos del Sol, y así no tengo valor (aunque descendiente de sangre real, por línea tan recta como la del arco iris), a tratar a mis lectores con la llaneza que acostumbran los más despreciables escribientes, por lo que cuando no viene a pelo [7] lo de señores o caballeros, pongo una V para que cada uno se dé a sí

1   *Peje*: pez
2   *Gente de cáscara amarga*: gente de mal vivir, delincuentes y marginales
3   *Bolas* : boleadoras, arma arrojadiza, que se compone de tres correas trenzadas, ligadas por un extremo, y sujetando en el otro otras tantas esferas sólidas de metal o piedra.
4   *Guampa*: cornamenta vacuna. Se refiere con esto a gente que trabaja con animales
5   *Poltrón*: flojo, perezoso, de allí *poltrona*, silla muy cómoda.
6   *Cholo*: dícese del indio poco ilustrado
7   *Venir a pelo*: resultar oportuno

mismo el tratamiento que le correspondiere o el que fuese de su fantasía.

Esto supuesto, señores empolvados, sedientos o cansados, sabrán que los correos y mansiones o postas son antiguos como el mundo, porque, en mi concepto, son de institución natural, y convendrán conmigo todos los que quisieren hacer alguna reflexión. He visto en la corte de Madrid que algunas personas se admiraban de la grandeza de nuestro monarca, porque cuando pasaba a los sitios reales llevaba su primer secretario de Estado, a su estribo dos correos que llaman de gabinete, preparados para hacer cualquier viaje impensado e importante a los intereses de la corona. A estos genios espantadizos, por nuevos y bisoños en el gran mundo, les decía el visitador que el rey era un pobre caballero, porque cualquiera dama cortejante, y cortejada en la corte, y al respecto en otras ciudades grandes, tenía una docena, a lo menos, de correos y postas, y que no había señora limeña que no despachase al día tres o cuatro *extraordinarios* a la casa de sus parientes y conocidos, sólo con el fin de saber si habían pasado bien la noche, si al niño le habían brotado los dientes o si a la ama se le había secado la leche y otras impertinencias. Cierta señorita, añadió, que viviendo en la calle de las Aldabas, encargó a un cortejante que vivía a la otra banda del puente, que de camino y al retirarse a su casa, diese un recado de su parte al general de los Borbones y otro al prior de Monserrate, y que, sin perder camino, pasase a la última huerta, que está en los callejones de *Matamandinga* y le trajese un *tulipán*, porque sólo allí los había excelentes.

Las postas se dicen así, no solamente porque son mansiones, sino porque hay caballos de remuda para hacer los viajes con celeridad. Esta policía es muy útil al Estado para comunicar y recibir con presteza las noticias importantes, de que se pueden servir también los particulares para sus negocios, precediendo las licencias necesarias prevenidas en cédulas reales, y ordenanza de correos para la precaución de que no caminen por la posta delincuentes, sino personas libres de toda sospecha. La seriedad con que se trató este asunto en España se comprende, de que habiendo pedido postas el príncipe de Asturias, hijo primogénito del serio Felipe II, se le dio parte con tiempo por el director de ellas, que atajó el mal, que podía resultar al reino de un inconsiderado viaje.

Las postas, vuelvo a decir, no sirven solamente para asuntos tan serios, sino para la comodidad y diversión de los viajeros curiosos, que quieren ver las grandes fiestas y otras funciones que se hacen en las grandes cortes. Las que se hacen al casamiento de un gran príncipe no mueven a los curiosos hasta muy cerca de los principios. Las gacetas, mercurios y otras papeletas van anunciando los grandes preparativos y concurrencia de grandes príncipes y señores, su magnífico tren, que con la concurrencia de varias naciones, hacen las fiestas más plausibles.

Los españoles son reputados por los hombres menos curiosos de toda la

Europa, sin reflexionar que son los que tienen menos proporción para hallarse en el extremo de ella. El genio de los españoles no se puede sujetar a las economías de franceses, italianos, flamencos y alemanes, porque el español, con doscientos doblones en el bolsillo, quiere competir con el de otro de estas naciones que lleva dos mil, no acomodándose a hacerse él mismo los bucles y alojarse en un cabaret [8] a comer solamente una grillada al medio día y a la noche un trozo de vitela [9] y una ensalada. Por otra parte, los hombres de conveniencias desprecian estas curiosidades por el recelo de que sus hijos traten con los herejes y vuelvan a sus casas imbuidos en máximas impías contra la religión y el Estado.

Para estas diversiones repentinas sirven de mucho auxilio las postas, que aunque son por sí costosas, ahorran mucho dinero en la brevedad con que se hacen los viajes. No puede dudar, sino un estúpido, la complacencia grande que se tendrá en la Europa en ver las principales cortes, mayormente si se juntan dos o tres amigos de una nación o un mismo idioma, de igual humor, y aun cuando en estos viajes acelerados, como de una primavera, un verano o parte del otoño no se comprenda mucha de la grandeza de aquellas cortes y reinos, basta para formar una idea ajustada, y que no nos sorprenda cualquier charlatán.

Los que tienen espíritu marcial apetecen, con razón, ver y reconocer dos grandes ejércitos opuestos en campaña, principalmente si los mandan testas coronadas o príncipes de la sangre. El autor de la inoculación del buen juicio, dice: que llegó a tal extremo en este siglo el fausto de los franceses, que sólo faltó tapizar las trincheras y zahumar la pólvora y tomar cuarteles en verano, para refrescarse con las limonadas. No se puede dudar que estos ejércitos en campaña causarán una notable alegría. La corte estará allí más patente. Las tiendas de campaña de el rey, príncipes y grandes señores, se compararán a los grandes palacios. Servirá de mucho gusto oír y ver las diferentes maneras que tienen de insinuarse tan distintas naciones de que se compone un gran ejército, como asimismo los concurrentes. Solamente reparo la falta que habrá del bello sexo de distinguidas, que apenas tocará a cada gran señor u oficial general una expresión de abanico. Los demás oficiales, que son los Adonis de este siglo, se verán precisados a hacer la corte a las vivanderas [10].

En este dilatado reino no hay, verdaderamente, hombres curiosos, porque jamás hemos visto que un cuzqueño tome postas para pasar a Lima con sólo el fin de ver las cuatro prodigiosas P P P P [11], ni a comunicar ni oír las gracias del insigne *Juan de la Coba*[12], como asimismo ningún limeño pasar

8   *Cabaret*: casa o sitio público donde la gente se reune a beber, comer, bailar y esparcirse
9   *Vitela*: ternera. Vacuno hembra menor a un año.
10   *Vivandera*: cantinera, mujer que se ocupa de las vituallas de un ejército.
11   *Prodigiosas PPPP*: ver pág 208
12   *Juan de la Coba*: La "mojiganga" (representación grotesca) que llamaban Juan de la Coba, se componía de tres negros vestidos con sacos y bonetes encarnados cabalgados en mulas o asnos, con timbales cubiertos de trapos del mismo color. Una multitud andrajosa, de negros y sambos, hacían el acompañamiento. Entre Juan de la Coba y el pueblo había una especie de dialogo tosco e indecente.

al Cuzco sólo por ver el *Rodadero* y fortaleza del Inca [13], y comunicar al *Coxo Nava*, hombre en la realidad raro, porque, según mis paisanos, mantiene una mula con una aceituna.

Las postas de celeridad, en rigor, no son más que desde Buenos Aires a Jujuy, porque se hacen a caballo y en país llano; todo lo demás de este gran virreinato se camina en mula, por lo general malas y mañosas, que es lo mismo que andar a gatas [14]. Sin embargo, pudiera llegar una noticia de Lima a Buenos Aires, que distan novecientas cuarenta y seis leguas, en menos de treinta y seis días, si se acortaran las carreras, porque un solo hombre no puede hacer jornadas sin dormir y descansar, arriba de tres días. La carrera mayor y más penosa fuera la de Lima a Guamanga, pero con la buena paga a correos y maestros de postas, se haría asequible, y mucho más la de allí al Cuzco, a la Paz y Potosí. La de esta villa hasta Jujuy, y la de esta ciudad a la de San Miguel del Tucumán son algo más dudosas por lo dilatado de ellas, y contingencias de las crecientes de los ríos en que no hay puentes y algunos trozos de camino algo molestos.

Sin embargo de que la mayor parte de las mansiones son groseras y los bagajes malos, en ninguna parte del mundo es más útil que en esta caminar por las postas. Algunos tucumanos usan de mulas propias principalmente para las sillas. Estas, aun sean sobresalientes, no aguantan arriba de dos o tres jornadas seguidas, de a diez leguas cada una, porque en muchas partes no tienen que comer y se ven precisados a echarlas al pasto en distancia, en donde los estropean o roban. Otros prefieren caminar con arrieros por los despoblados, fiados en las provisiones que llevan y buenos toldos para guarecerse por la noche, y que al mismo tiempo cuidan sus mercaderías y dan providencias para el tránsito de ríos y laderas peligrosas.

Regularmente ha visto el visitador que todas las desgracias que han sucedido en estos tránsitos las ocasionaron las violencias de los dueños de las cargas. La seguridad de sus efectos por su asistencia es fantástica, porque en el caso, que es muy raro, de que un mal peón quiera hacer un robo, abriendo un fardo o un cajón, lo ejecuta en una noche tenebrosa y tempestuosa, en que los dueños de las cargas están recogidos en sus toldos, y hasta el dueño de la recua procura abrigarse bien, fiado en que el dueño está presente y que respecto de haberse fiado de él no tiene otra responsabilidad que la de entregar fardos cerrados. Distinta vigilancia tuviera si, como sucede en todo el mundo, se les hiciera entrega formal de la hacienda; pero, dejando aparte estos dos riesgos, de bastante consideración, voy a poner delante las incomodidades de el pasajero, que camina con arrieros. En primer lugar, éstos no ca-

13 *Rodadero del Inca*: o *Suchuna*. Al norte del llano de *Chuquipampa* se ubica Suchuna. Se trata de una formación geológica con una serie de ondulaciones que forman surcos paralelos a la roca. En lo alto se encuentra el llamado "Trono del Inca" o *k'usillup hink'ínan* (salto del mono). Suchuna era un espacio religioso muy importante, pues allí se ubicaría el *Guamancancha* (adoratorio del cuarto ceque del *Chinchaysuyo*). Este adoratorio lo constituían dos cuartos pequeños, de los cuales se observan apenas los restos en el lado este del Rodadero. Estas habitaciones habrían servido para que ayunasen los jóvenes nobles que participaban en el *huarachico*, ritual de iniciación que consistía en horadarles las orejas.
14 *Andar a gatas*: como lo hacen los infantes, sobre manos y rodillas, gateando

minan, un día con otro, desde Lima al Cuzco, arriba de tres leguas, contando las paradas precisas y muchas voluntarias, para reforzar sus recuas. El pasajero necesita llevar todas las providencias, menos el agua. Estas provisiones son las más expuestas a los insultos de los peones, en particular las de vino y demás licores, que no hacen escrúpulo en romper una frasquera para beberse un par de frascos de vino, aguardiente o mistela, haciendo pedazos de frascos y derramar algún licor, para dar a entender al amo que sucedió esta desgracia por la caída de una mula o encuentro con otra o con algún peñasco. Todo se compone a costa de la faltriquera [15]; pero quisiera preguntar yo a estos caminantes bisoños en el camino de la sierra, qué arbitrio toman cuando se hallan en una puna rígida o en alguna cordillera en que las mulas, huyendo del frío, van a buscar distintas quebradas o que los fingen los arrieros con consentimiento de los dueños de la recua? Se verán precisados a aguantar por el día los fuertes soles bajo de un toldo, que es lo mismo que un horno, y las noches con poco abrigo. Los bastimentos se consumen y el más paciente se consterna, y no encuentra voces con qué satisfacer al que tiene el genio violento o poco sufrido.

Caminándose por la posta no faltan disgustos, pero todo se compone con tres o cuatro reales más de gasto en cada una, para que el maestro de ellas apronte las mulas y provea de lo necesario. Estos bagajes, aunque malos, caminan de posta a posta con celeridad, porque los indios guías o el postillón los pone en movimiento, como a unas máquinas. Para que los pasajeros no se detengan más de lo que fuere de su arbitrio, les aconsejo que saquen las providencias de boca de un tambo [16] para otro, y porque desde Jauja al Cuzco, y aún hasta Potosí, escasea la grasa o manteca de puerco, en algunos parajes, aconsejo a mis amados caminantes prevengan en su alforja un buen trozo de tocino, que no solamente suple esta necesidad, sino que da un gusto más delicioso y se aprovechan los trocillos que no se derritieron. La pimienta, el ají molido, los tomates, cebollas y ajos y un par de libras de arroz, provisión de cuatro o cinco días, cabe todo en una regular servilleta, y algunos limones y naranjas suplen la falta de vinagre, que en la mayor parte de los parajes no se encuentra, o es tan amargo que echa a perder los guisados.

Con esta providencia y una polla [17] con dos trozos de carne sancochada [18], se hacen dos guisados en menos de una hora para cuatro personas, a que también se pueden agregar algunos huevos, que rara vez faltan en los tambos y se encuentran con abundancia en los pueblos. El visitador está muy mal con los fiambres, y principalmente con los que toda la juventud apetece, de jamón y salchichones, porque excitan mucho la sed y provocan a beber a cada instante, de que resultan empachos y de éstos las tercianas [19], y con particularidad en tierras calientes. En el dilatado viaje de Buenos Aires a Li-

15 *Faltriquera*: los bolsillos de los hombres o las bolsas de las mujeres, donde se suele llevar el dinero.
16 *Tambo*: del Quichua *Tampu*, establecimiento dedicado a la explotación de vacas lecheras; albergue; almacén; depósito en Español.
17 *Polla*: en el juego, apuesta en conjunto
18 *Sancochada*: poco cocida o frita sin sazonar
19 *Terciana*: fiebre intermitente, que repite el tercer día

ma, tomó tales providencias y precauciones, que apenas no tengo presente haber comido fiambres tres veces, pero es verdad que no hacíamos jornadas arriba de ocho leguas: a las diez del día ya habíamos caminado de cinco a seis; un criado se ocupaba solamente de preparar la comida, y todos nosotros, con el mismo visitador, asegurábamos nuestras bestias y buscábamos pasto y agua, y con esta precaución y cuatro horas de descanso, llegaban las mulas a la posada con bríos. Las cargas salían una hora después y pasaban los indios guías a tiempo de recoger los sobrantes. Otro criado, con uno de nosotros, salía por los ranchos a buscar nuevo bastimento de carne fresca y huevos para la cena, que se hacía con más lentitud y, se sancochaban las carnes para la comida de el día siguiente.

De este modo se hacen tolerables los dilatados viajes. El que quisiere caminar más, haga lo que cierto pasajero ejecutó con un indio guía. En la primera cruz que encontró hizo su adoración y echó su traguito y dio otro al indio, que iba arreándole una carguita, y la hizo doblar el paso. Llegó a otra cruz, que regularmente están éstas en trivios [20] o altos de las cuestas. Luego que divisó la segunda cruz y se acercó a ella, dijo al español: "Caimi [21] cruz", y detuvo un rato la mula de carga, hasta que el español bebió y le dio el segundo trago, llegó, finalmente a una pampa dilatada de casi cuatro leguas, y viéndose algo fatigado a la mitad de ella, dijo el indio: "Español, caimi cruz", se quitó el sombrero para adorarla y dar un beso al porito [22], pero no vio semejante cruz, por lo que se vio precisado a preguntar al indio: ¿En dónde estaba la cruz, que no la divisaba? El indio se limpió el sudor del rostro con su mano derecha, y con toda celeridad levantó los brazos en alto y dijo: "Caimi señor". El español, que era un buen hombre, celebró tanto las astucias de el indio que le dobló la ración, y el indio quedó tan agradecido que luego que llegó al tambo, refirió a los otros mitayos [23] la bondad de el español, y al día siguiente disputaron todos sobre quién le había de acompañar.

El visitador me aseguró varias veces que jamás le había faltado providencia alguna en más de treinta y seis años que casi sin intermisión había caminado por ambas Américas. Aun viniendo en el carácter de visitador de estafetas y postas, sentaba a su mesa al maestro de ellas, aunque fuese indio, y la primera diligencia por la mañana era contar el importe de la conducción y que se pagase a su vista a los mitayos que habían de conducir las cargas, y a cualquiera indio que servía para traer agua o leña, le satisfacía su trabajo prontamente, y así quedaban todos gustosos y corría la noticia de posta en posta, y nada faltaba ni le faltó jamás en el tiempo que caminó como particular, disimulando siempre la avaricia de los indios y sus trampillas propias de gente pobre. Quisiera preguntar a los señores pasajeros, así europeos como americanos, ¿el fruto que sacan de sus arrogancias? Yo creo que no consiguen otra cosa que el de ser peor servidos y exponerse a una sublevación

---

20 *Trivio*: punto donde concurren tres caminos
21 *Caimi*: o *Kaymi,* del Quichua *Kaypi* - adv. Aquí, acá, en este lugar
22 *Porito*: o *Poronguito*, recipiente hecho de un calabacín.
23 *Mitayos*: sometidos a la mita, indios dados por repartimiento para el trabajo

lastimosa. Cualquiera maestro de postas puede burlar a un pasajero, deteniéndolo tres y cuatro días, porque le sobran pretextos, bien o mal fundados.

Por otro lado, la paga no es la mitad de lo que merece un trabajo tan violento: una mula con un guía a real y medio por legua, no tiene de costo treinta y cinco pesos cabales, y se puede hacer un viaje sin fatiga, desde Lima al Cuzco, que es la carrera más pesada, por lo fragoso [24] del camino, en quince días, durmiendo todas las noches bajo de techo. Un arriero que tarda muchas veces ochenta días, salvo otras contingencias, cobra treinta pesos por una carga regular de doce arrobas, en que ahorra un pasajero cinco pesos, que no equivalen a la detención de más de dos meses. La equidad de las postas y mucha utilidad que resulta al público, es más visible en la conducción de una peara [25] de efectos de Castilla [26]. Esta tiene de costo, conducida por los arrieros en el mismo viaje, trescientos pesos y por las postas doscientos setenta y nueve, porque para diez mulas cargadas son suficientes cuatro mitayos, que ganan a medio real por legua, y aunque el pasajero comerciante distribuya los veintiún pesos en gratificaciones para el mejor y más pronto avío, logra las ventajas siguientes:

La primera es la de conducir sus cargas con seguridad de robo, porque caminando con ellas todo el día las asegura de noche en el cuarto de las mansiones.

La segunda es la celeridad de el viaje, y la tercera, que es la más principal para los comerciantes pegujaleros [27], es la de poder hacer sus ventitas al tránsito. Por ejemplo, en el valle de Jauja puede vender algunos efectos, en Atunjauja, la Concepción y Guancayo, a cuyas tres poblaciones concurren los señores curas, que no son los más despreciables marchantes, de la una y otra banda del río. Si alguno quisiere pasar desde Atunjauja a Tarma, lo hará con arriero o particular de uno de los dos pueblos, o componerse con el maestro de postas, dándole alguna cosa más, en que aseguro no se perderá nada, porque en Tarma, con el motivo de la tropa, hay muchos chanveríes [28], que aunque tienen facilidad de proveerse de Lima, de cintas, clarines [29] y encajes, no rehúsan pagar a más alto precio lo que ven con sus ojos, por lo que soy de dictamen que todas estas cosas menudas se conduzcan en petacas [30] de dos tapas, para que caminen ajustados los efectos, y en caso de que la venta sea algo crecida, se pueden deshacer dos o tres fardos de bretañas [31] angostas y cambrais [32], que se acomodan con facilidad y se van ahorrando fletes. El que

24 *Fragoso*: áspero, intrincado, lleno de quebradas, malezas y breñas.
25 *Peara*: por piara, originalmente conjunto de cerdos, pero también aplicado a otros animales (de mulas el término exacto es recua)
26 *Efectos de Castilla*: productos manufacturados, principalmente textiles, elaborados en Europa, a diferencia de los "efectos de China", elaborados en Oriente.
27 *Pegujalero*: de poca monta. De pegujal (pegujar), peculio, lo que el padre permite poseer al hijo no emancipado, o el señor al siervo.
28 *Chanveríes*: viajeros que llevando su negocio "a cuestas" acompañaban las tropas
29 *Clarín: Holanclarín*, género de lienzo muy delgado y claro, fabricado en Flandes, Francia y Holanda, muy estimado para confeccionar sobrepellices, albas, etc.
30 *Petaca*: especie de arca hecha de cuero o madera recubierta de cuero
31 *Bretaña*: cierto género de lienzo fino, originario de la provincia de Bretaña. Lo había ancho y angosto.
32 *Cambrais: Cambray*, cierta tela de lienzo muy fino originario de la ciudad de Cambray

pasare de Atunjauja a Tarma solicitará que le conduzcan hasta la Concepción y de este pueblo hasta Guancayo, aunque pague la posta como si fuera
a Guayucachi.

Aunque Guancavelica está regularmente abastecida de efectos, no dejan
de escasear algunas menudencias, que en todos estos parajes se venden con
mucha más estimación que en las grandes poblaciones. También se vende algo en Guanta, desde donde se pasará brevemente a Guamanga, a donde
compran algunas cosas los señores canónigos y curas, para su uso y el de su
familia. Los comerciantes vecinos sólo compran a plazos, y regularmente
quieren pagar, o a lo menos lo proponen, en petaquillas de costura aprensa-
das y doradas, guarniciones de sillas de casas, vaquetas y suelas, cajas de dulce y mango, con otras zarandajas [33], que así se puede decir, porque no hay
sujeto que haya salido bien de estos canjes. No hay que empeñarse mucho
con estos pequeños comerciantes, porque pagando bien doscientos pesos, se
hace eterna la dependencia, que llega a mil.

En Andaguaylas y Abancay, que son los dos únicos pueblos grandes,
desde Guamanga al Cuzco, se vende alguna cosa. El visitador es de dictamen que no se entre al Cuzco con rezagos sino con el fin de sacrificarlos a
un ínfimo precio. Tiene por más acertado que se pase con ellos a la feria de
Cocharcas, sobre que tomarán sus medidas los pequeños comerciantes, a
quienes se previene que no pierdan venta desde el primer día que se abra la
feria, porque ha observado que todos los días van en decadencia los precios.
Estas advertencias son inútiles, y aun pudieran ser perjudiciales a los mercaderes gruesos que pasan con destino al Cuzco, Paz, Oruro o Potosí, a donde
se hacen dependencias crecidas y quieren surtimentos completos; pero siempre sería conveniente que estos comerciantes entregasen toda la carga gruesa de lanas, lienzos y mercerías a los arrieros comunes y que llevasen consigo por las postas los tejidos de oro y plata, sedas y de mayor valor, que no
ocupen más de diez mulas, que con corta detención pueden habilitar los
maestros de postas.

Las leguas están reguladas lo mejor que se pudo, con atención a las comunales del reino, a que todos nos debemos arreglar, como sucede en todo
el mundo. Si alguna posta se atrasa o adelanta por comodidad del público,
en el actual real camino, en nada alterará el número de leguas, porque las
que se aumentan en una, se rebajan en la siguiente. En los viajes a Arequipa y Piura, con cargas, siempre es conveniente, y aun preciso, caminar con
recursos, y que los pasajeros carguen su toldo y se acomoden en cuanto a carnes, con las que se hallaren al tránsito, porque se corrompen de un día a otro
por los calores y humedad del aire, y en estas dos carreras es en donde es más
perjudicial a la salud el fiambre salado, porque hay muchas pascanas[34] de
agua salitrosa y pesada, y la mucha bebida, sea de lo que fuese, es nociva, y
la menos mala es la del aguardiente, tomado con moderación.

33 *Zarandaja*: cosa de poca importancia
34 *Pascana*: etapa, parada o descanso en un viaje

Lo contrario sucede en las punas rígidas, a donde el aire es sumamente seco, y recogiéndose todo el calor al estómago, fatiga mucho la respiración y causa una especie de mareo, como el que acomete a muchos navegantes, que solamente se quita con beber el agua fría y tomar algunos caldos de carne o gallina, con bastante ají, que parece una cosa extraordinaria, pero la práctica está a su favor, como en el imperio de México, entre la gente vulgar, no curar los empachos más que con huevos fritos con agua y sal, con mucho chile molido, que equivale a nuestro ají y en España al pimentón, que sólo se usa con exceso en los adobados de carne de puerco y algunos peces indigestos y por naturaleza secos.

Los caminantes del chuño [35], papa seca y fresca, quesillo, zapallo o calabaza, con algunos trocitos de chalona [36] y algunas hierbecitas van seguros de empacharse, porque su mayor exceso es darse una panzada de leche en una estancia, que a las dos horas se convierte en una pasajera tormenta de agua y viento para ellos. Con estos no habla mi prólogo, sino con los crudos españoles, así europeos como americanos, que fiados en su robustez, almuerzan, meriendan y cenan jamones, chorizos y morcillas, cochinitos rellenos, cebollas y ajíes curtidos en vinagre, alcaparras [37] y alcaparrones [38] y todo género de marisco que encuentran en las playas. Un trozo de ternera, pierna de carnero, pavo o gallina, bien lardeados [39], con bastantes ajos y algunas frutas y queso de Paria [40], que regularmente es muy salado, dan motivo a que se apure la bota y que estos esforzados caminantes se echen a dormir en tierras calientes, bajo de las ramadas, y en las frías, sin otro abrigo que el de una sábana y manta para cubrir sus cuerpos.

Si los médicos fueran como algunos los pintan, no usaran de otro recetario para promover sus intereses y los de sus inquilinos los boticarios, a que también pudieran concurrir al fin los señores párrocos con alguna gratificación. Es muy raro el pasajero que llega a esta capital por la costa de Arequipa que no contribuya a la facultad médica y botánica. Los de valles son más económicos porque se aplican más al método serrano, y aunque comen el cabrío, le pujan en el camino y llegan a esta capital sin la necesidad de pagar lanzas y media annata [41] a médicos, cirujanos y boticarios; y los señores párrocos de esta capital no hacen concepto de los derechos de cruz alta y sepultura, por lo que los cancheros [42] no tienen otro recurso que el de las promesas de misas que hicieron por el feliz tránsito de los formidables ríos.

Los serranos, hablo de los mestizos, son muy hábiles en picardías y ruin-

35 *Chuño*: del quechua *chuñu* (arrugado), patata helada y secada al sol
36 *Chalona*: carne de oveja, salada y secada al sol
37 *Alcaparra*: botón de la flor de la *Cassia tomentosa*, mata de la familia de las caparidáceas. Encurtido en salmuera o vinagre se usa como condimento.
38 *Alcaparrón*: fruto de la alcaparra, del tamaño y forma de un higo. Se come encurtido
39 *Lardeado*: untado con *lardo*, grasa del tocino.
40 *Queso paria*: queso algo seco y muy conocido en el ande. Se prepara mezclando en partes iguales leche de vaca y oveja.
41 *Annata*: la renta y frutos, o emolumentos, que produce en un año un Beneficio Eclesiástico o un puesto político.
42 *Canchero*: o *Kanchero* - adj. Experimentado, conocedor del oficio. Es una palabra quichua con terminación castellana -ero

dades que los de la costa. Uno de aquéllos, que llegó de refresco, pasó con dos compañeros a un convento de monjas de los más regulares que hay en esta capital, y llamando a la madre superiora, sea priora, abadesa o condesa, le dijo en el locutorio, que había ofrecido a un convento observante hacer una limosna de mil carneros de la gran partida que traía de Pasco y Jauja. La buena presidenta, o priora, agradeció la preferencia que hacía a su comunidad y por pronta providencia les sacó una mesa de manjares, y cada cofrade tomó una docena al uso de la sierra. La buena madre los convidó al día siguiente a comer en el locutorio, y los serranos sacaron el cuerpo de mal año, y se hicieron invisibles, dejando a la buena prelada a la irrisión de todas las monjas, por que los mil carneros fueron a parar al Camal de N, que los pagó a diez reales cada uno, con cargo de sisa [43]. Cuidado con mestizos de leche, que son peores que los gitanos, aunque por distinto rumbo.

Yo soy indio neto, salvo las trampas de mi madre, de que no salgo por fiador. Dos primas mías coyas [44] conservan la virginidad, a su pesar en un convento de el Cuzco, en donde las mantiene el rey nuestro señor. Yo me hallo en ánimo de pretender la plaza de perrero de la catedral del Cuzco para gozar inmunidad eclesiástica y para lo que me servirá de mucho mérito el haber escrito este itinerario, que aunque en Dios y en conciencia lo formé con ayuda de vecinos, que a ratos ociosos me soplaban a la oreja, y cierto fraile de San Juan de Dios, que me encajó la introducción y latines, tengo a lo menos mucha parte en haber perifraseado lo que me decía el visitador en pocas palabras. Imitando el estilo de éste, mezclé algunas jocosidades para entretenimiento de los caminantes para quienes particularmente escribí. Me hago cargo de que lo sustancial de mi itinerario se podía reducir a cien hojas en octavo. En menos de la cuarta parte le extractó el visitador, como se puede ver de mi letra en el borrador, que para en mi poder, pero este género de relaciones sucintas no instruyen al público, que no ha visto aquellos dilatados países, en que es preciso darse por entendido de lo que en sí contienen, sin faltar a la verdad. El cosmógrafo mayor de el reino, doctor don Cosme Bueno, al fin de sus Pronósticos anuales, tiene dada una idea general del reino, procediendo por obispados. Obra verdaderamente muy útil y necesaria para formar una completa historia de este vasto virreinato.

Si el tiempo y erudición que gastó el gran Peralta en su Lima fundada y España vindicada, lo hubiera aplicado a escribir la historia civil y natural de este reino, no dudo que hubiera adquirido más fama, dando lustre y esplendor a toda la monarquía; pero la mayor parte de los hombres se inclinan a saber con antelación los sucesos de los países más distantes, descuidándose enteramente de los que pasan en los suyos. No por esto quiero decir que Peralta no supiese la historia de este reino, y sólo culpo su elección por lo que oí a hombres sabios. Llegando cierta tarde a la casa rural de un caballero del

---

43   *Con cargo de sisa*: con las disminuciones (sisas) o pérdidas por mortandad a cargo del comprador.

44   *Coya*: del quichua *Qollasuyu* designación de una de las regiones del gran Tawantinsuyo, territorio actual del altiplano de Bolivia, el Norte de Chile y el noroeste Argentino, cuyos sus habitantes eran los Qollas. La palabra *Qoya* designaba a la esposa del Inka

Tucumán, con el visitador y demás compañía, reparamos que se explicaba en un modo raro y que hacía preguntas extrañas. Sobre la mesa tenía cuatro libros muy usados y casi desencuadernados: el uno era el Viaje que hizo Fernán Méndez Pinto a la China; el otro era el Teatro de los Dioses; el tercero era la historieta de Carlomagno, con sus doce pares de Francia, y el cuarto de Guerras civiles de Granada. El visitador, que fue el que hojeó estos libros y que los había leído en su juventud con gran delectación, le alabó la librería y le preguntó si había leído otros libros, a lo que el buen caballero le respondió que aquellos los sabía de memoria y porque no se le olvidasen los sucesos, los repasaba todos los días, porque no se debía leer más que en pocos libros y buenos. Observando el visitador la extravagancia del buen hombre, le preguntó si sabía el nombre del actual rey de España y de las Indias, a que respondió que se llamaba Carlos III, porque así lo había oído nombrar en el título del gobernador, y que tenía noticia de que era un buen caballero de capa y espada. ¿Y su padre de ese caballero? replicó el visitador, ¿cómo se llamó? A que respondió sin perplejidad, que por razón natural lo podían saber todos. El visitador, teniendo presente lo que respondió otro erudito de Francia, le apuró para que dijese su nombre, y sin titubear dijo que había sido el S. Carlos II. De su país no dio más noticia que de siete a ocho leguas en torno, y todas tan imperfectas y trastornadas, que parecían delirios o sueños de hombres despiertos.

Iba a proseguir con mi prólogo a tiempo que al visitador se le antojó leerle, quien me dijo que estaba muy correspondiente a la obra, pero que si le alargaba más, se diría de él:

> Que el arquitecto es falto de juicio,
> cuando el portal es mayor que el edificio.

O que es semejante a:

> Casa rural de la montaña,
> magnífica portada y adentro una cabaña.

No creo, señor don Alonso, que mi prólogo merezca esta censura, porque la casa es bien dilatada y grande, a lo que me respondió:

> Non quia magna bona, sed quia bona magna.

Hice mal juicio del latín, porque sólo me quiso decir el visitador que contenía una sentencia de Tácito, con la que doy fin poniendo el dedo en la boca, la pluma en el tintero y el tintero en un rincón de mi cuarto, hasta que se ofrezca otro viaje, si antes no doy a mis lectores el último vale.

PRIMERA PARTE

Capítulo I

Exordio. -Montevideo. - Los Gauderios

Canendo et ludendo refero vera [45]

S i fuera cierta la opinión común, o llámese vulgar, que viajero y embustero son sinónimos, se debía preferir la lectura de la fábula a la de la historia. No se puede dudar, con razón, que la general extractó su principal fondo de los viajeros, y que algunas particulares se han escrito sobre la fe de sus relaciones. Las cifras de los peruleros [46] en quipus [47], o nudos de varios colores, los jeroglíficos o pinturas de los mexicanos, la tradición de unos y otros, vertida en cuentos y cantares y otros monumentos corresponden (acaso con más pureza) a nuestros roídos pergaminos, carcomidos papeles, inscripciones sepulcrales, pirámides, estatuas, medallas y monedas, que por su antigüedad no merecen más crédito, porque así como no estorban las barbas para llorar, no impiden las canas para mentir. Con estos aparatos y otros casi infinitos se escribieron todas las historias antiguas y modernas. Los eruditos ponen las primeras en la clase de las fábulas, y a las segundas las comparan a las predicciones de los astrólogos, con la diferencia de que éstos, como conferencian con los dioses, anuncian lo futuro, y aquéllos, no pudiendo consultar más que con los mortales, sólo hacen presentes los sucesos pasados.

Supuesta, pues, la incertidumbre de la historia vuelvo a decir, se debe preferir la lectura y estudio de la fábula, porque siendo ella parto de una imaginación libre y desembarazada, influye y deleita más. El héroe que propone es, por lo general, de esclarecida estirpe, hábil, robusto, diligente y de agradable presencia. Insensiblemente le empeña en los lances de peligros. Le acusa sus descuidos y algunas veces los castiga con algún suceso adverso, para que el honor le corrija, y no el miedo. Jamás le desampara ni pierde de vista. En los lances y empresas en que no alcanzan las fuerzas humanas, ocurre a las divinas, por medio de las cuatro principales cartas de aquella celestial baraja.

45 *Canendo et ludendo refero vera*: cantando y chanceando cuento la verdad
46 *Perulero*: persona venida del reino del Perú a España, sujeto adinerado.
47 *Quipus*; del quichua *Kipu* - s. nudo, atadura, complejo sistema de nudos en cuerdas de grosor y tamaño variables que tenían los incas para contar, llevar contabilidades complejas y, también, para recordar.

Juno y Venus, rivales desde la decisión del pastor de Ida [48], siguen opuesto partido, procurando cada una traer al suyo al altisonante Júpiter que, como riguroso republicano, apetece la neutralidad; pero deseando complacer a las dos coquetas, arroja rayos ya a la derecha, ya a la izquierda, en la fuerza del combate, para que quede indecisa la victoria. La implacable Juno abate toda su grandeza, suplicando a Eolo sople, calme o se enfurezca. La bizca manda a Marte, como Proserpina a un pobre diablo. Palas no sale de la fragua del cojo herrero hasta ver a su satisfacción templados broqueles y espadas, y la sabia diosa no se desdeña transformarse en un viejo arrugado y seco, para servir de ayo y director del hijo único de Penélope [49]. En fin, triunfa el principal héroe de la fábula, que coloca en el inmortal sagrado templo de la fama bella.

No se debe extrañar mucho que los dioses de la gentilidad se interesen en los progresos de los mortales, porque descendiendo de la tierra, es natural tengan algún parentesco o alianza con los héroes de la fábula, o lo menos los moverá el amor de la patria de donde derivan su origen. Lo que causa admiración es que los diablos, así pobres como ricos, y de quienes hacen tan mal concepto vivos y difuntos, franqueen sus infiernos a estos héroes hasta llegar al gabinete de Plutón, y Proserpina, sin impedimento del rígido Radamante [50] y del avaro Charón, como dicen los franceses *fort bien*. Pero lo que más asombra es la benignidad del dios de los infiernos en haber permi-

---

48   *Pastor de Ida*: Paris, hijo de Príamo, rey de Troya, quien fuera abandonado por su madre Hécuba entre los arbustos del monte Ida. Cuenta la historia que se celebraron unas importantes bodas a la que estaban invitados dioses y mortales. Los contrayentes eran Peleo y Tetis, un mortal y una diosa, lo que explica la afluencia de invitados. Tetis, una nereida, hija de Nereo, antiguo y anciano dios del mar, era, por tanto, una divinidad marina e inmortal y Peleo, discípulo del centauro Quirón, era el afortunado mortal que tenía el privilegio de casarse con una diosa. Pero no todos habían sido invitados a la fiesta: la diosa Éride (Discordia) quiso hacer notar su ausencia y se presentó en la fiesta con una manzana de oro que tenía grabada la siguiente frase: "Para la más bella". Lanzó la manzana sobre la mesa donde se sentaban los dioses y se retiró. Tres de las diosas presentes en el banquete, Hera (Juno), Atenea (Minerva) y Afrodita (Venus), se creyeron merecedoras del título y se lanzaron a por la manzana. La enojosa situación que se produjo entonces no tenía fácil solución y ni el mismo Zeus (Júpiter) quiso intervenir en una decisión tan comprometida. Encargó a su fiel hijo Hermes (Mercurio) que condujese a las tres diosas al monte Ida, en la llanura de Troya, y se las presentase a Paris, bello joven, hijo del rey Príamo de Troya, que pas-toreaba los rebaños reales en aquel lugar. Él debía ser el encargado de dirimir el pleito, según voluntad de Zeus, y así se lo explicó el dios mensajero Hermes al asustado joven. Durante el juicio cada diosa hizo valer sus méritos al título pero además le prometieron a Paris beneficiosos dones si éste fallaba a su favor. Hera se comprometió a hacerle soberano de toda el Asia. Atenea le ofreció la prudencia y la victoria en todos los combates y Afrodita le brindó el amor de la mortal más hermosa de Grecia, Helena de Esparta. Paris dio la manzana a Afrodita, granjeándose así la fiel protección de la diosa para él y los suyos para siempre, y la enemistad de las otras dos diosas, lo que quedará reflejado en la Guerra de Troya.

49   *Hijo de Penélope*: Telémaco, hijo de Odiseo (Ulises).

50   *Radamante*: Hijo de Zeus y Proserpina, princesa fenicia de gran belleza, y hermano de Minos y Sarpedón. Eaco, Triptólemo y Radamante eran los jueces infernales.

51   *Charon*: o Caronte, barquero de la laguna Estigia a quien los muertos estaban obligados a pagar por el pasaje.

tido la salida de ellos a los hijos de Ulises y de Apolo. Algunas veces me puse a discurrir el motivo que tendría Orfeo para buscar a su mujer en los infiernos, habiendo muerto con verdaderas señales de mártir de la honestidad, y a Telémaco solicitar a su padre en los campos Elipsios, siendo constante que fue un héroe algo bellaco; pero no es lícito a los mortales averiguar los altos juicios de los dioses.

Sin embargo, de los prodigios que cuentan los fabulistas, vemos que en todas edades y naciones se han aplicado a la historia los hombres más sabios. No se duda que algunos han sido notados de lisonjeros, y aún de venales, pero no faltaron otros tan ingenuos que no perdonaron a sus parientes y amigos, haciendo manifiestos sus defectos y publicando las buenas prendas de sus más acérrimos enemigos. Todos concurrimos a la incertidumbre de la historia, porque no hay quien no lea con gusto los aplausos que se hacen a su nación y que no vitupere al que habla de ella con desprecio o con indiferencia. En toda la Europa tiene gran crédito nuestro historiador Mariana [52] por su exactitud e ingenuidad, y con todo eso, muchos de los nuestros le tienen por sospechoso, y desafecto a la nación. La más salada en disparates, honró a Mariana con el epíteto, que se da comúnmente a las inquilinas de Lupa [53], por que hablando de sus antepasados, los trató de incultos y de lenguaje bárbaro y grosero. Dudo que fuesen más pulido los montañeses de Asturias, Galicia y Navarra, pero pasamos este rasgo a Mariana por la complacencia que tenemos en oír la defensa de los vulgares vizcaínos.

Los viajeros (aquí entro yo), respecto de los historiadores, son lo mismo que los lazarillos, en comparación de los ciegos. Estos solicitan siempre unos hábiles zagales [54] para que dirijan sus pasos y les den aquellas noticias precisas para componer sus canciones, con que deleitan al público y aseguran su subsistencia. Aquellos, como de superior orden, recogen las memorias de los viajeros más distinguidos en la veracidad y talento. No pretendo yo colocarme en la clase de éstos, porque mis observaciones sólo se han reducido a dar una idea a los caminantes bisoños de el camino real, desde Buenos Aires a esta capital de Lima, con algunas advertencias que pueden ser útiles a los caminantes y de algún socorro y alivio a las personas provistas en empleos para este dilatado virreinato, y por esta razón se dará a este tratadito el título de *Lazarillo de bisoños caminantes*. Basta de exordio y demos principio a nuestro asunto.

Tengo dicho en mi Diario Náutico que a los ochenta y cuatro días de haber salido de la ría de la Coruña, en el paquebote correo de S. M. nombrado el "Tucumán", dimos fondo a la vela en la algosa arena de la mejor ensena-

52 *Mariana*: se refiere al Padre Juan de Mariana, nacido en Talavera de la Reina, en el año 1536 y fallecido en Toledo en 1623. Se decía que de niño fue llevado a bautizar desde la labranza de Salguero, situada en el valle del río Sangrera, en el término de La Pueblanueva; por un labrador llamado Juan, y su madre llamada Mariana, de donde se le impuso el nombre de Juan de Mariana. Su obra más conocida y extensa fue la Historia General de España, escrita entre 1592 y 1601, y la de mayor trascendencia es De Rege et regis institutione publicada en Toledo en el año 1598.

53 *Inquilinas de Lupa*: prostitutas. En la antigua Roma se llamaba "Lobas" a las prostitutas, de ahí la palabra "lupanar"

54 *Zagal*: el inferior de los dos caleseros o mozos que van con un tiro de mulas.

da que tiene el Paraná. Al amanecer del siguiente día, y mientras se prepara-
ba la lancha, me despedí de los oficiales y equipaje con alegre pena y en particular del salado [55] contramaestre, a quien llamé aparte y pregunté confiden-
cialmente y bajo de palabra de honor, me diese su dictamen sobre la vagante
isla de Samborombón. Se ratificó en lo que me dijo, cuando nos calmó el
viento entre las islas de Tenerife, Gomera, Palma y Fierro: esto es, que en
ningún tiempo se veía la isla en cuestión, sino en el de vendimia, aunque su-
biesen sus paisanos sobre el pico de Tenerife; le volví a suplicar me dijese lo
que sabía sobre el asunto de llamar a aquella fantástica isla de Samborombón,
y me respondió con prontitud que no había visto el nombre de tal santo en el
calendario español, ni conocía isleño alguno con tal nombre, ni tampoco a
ninguno de los extranjeros con quienes había navegado, y que, desde luego,
se persuadía que aquel nombre era una borondanga, o morondanga [56], como
la que dijo Dimas a Gestas. Le abracé segunda vez, y haciendo otra reverencia a los oficiales, me afiancé de los guardamancebos para bajar a la lancha,
porque en estos pequeños bajeles es ociosa la escala real. Empezaron a remar
los marineros a la flor del agua y palanquearon hasta poner la proa poco más
de una vara de la dura arena, a donde se desciende por una corta planchada.
Desde la playa a la población hay una corta distancia, que se sube sin fatiga,
y en su planicie está fundada la novísima ciudad con el título de

Montevideo

voz bárbara, o a lo menos viciada o corrompida del castellano, Monte-
veo, o portugués Monteveio, o de latín Montemvideo. En atención a su hermosa ensenada y otros respetos, dio principio a su fundación el año de 1731,
con corta diferencia, don Bruno de Zabala, con catorce o quince familias que
se condujeron por don Domingo de Basavilbaso, en navío de don Francisco
Alzaibar, de la isla y ciudad de la Palma, una de las Canarias. Se hallaba de
gobernador interino, por ausencia del propietario, brigadier don Agustín de
la Rosa, el mariscal de campo don Joaquín de Viana, que había sido antes
gobernador, con general aceptación. Tiene una fortaleza que sirve de ciuda-
dela, y amenaza ruina por mal construida. Una distancia grande de la playa
guarnece una muralla bien ancha de tapín [57], con gruesos y buenos cañones
montados. Además de la guarnición ordinaria, se hallaba en ella y en el des-
tacamento de San Carlos el regimiento de Mallorca y los voluntarios de Cataluña. Estaba de comandante del puerto el capitán de navío don José Díaz
Veanes, con dos fragatas y un cabequín [58], y de administrador de correos de
mar y tierra don Melchor de Viana, y de interventor don Joaquín de Vedia
y la Cuadra, personas de estimación y crédito, con un oficial que asiste a la
descarga y carga de los bajeles, todos a sueldo por la renta.

55 *Salado*: agudo, gracioso, chistoso
56 *Morondanga*: mezcla de cosas inutiles y sin importancia. *Borondanga* es un vulgarismo.
57 *Tapín*: pedazo de tierra trabada con hierba y raíces, que se corta con la azada
58 *Cabequín*: *Chambequín* o *jabeque*, de *Xebeq*, barco costanero de tres palos con velas latinas,
    con gran lanzamientos de proa y popa, favorito de los corsarios por su velocidad.

El número de vecinos de esta ciudad y su ejido, aseguran llega a mil. Los curas anteriores al actual no han formado padrones, enfermedad que casi cunde a todo el Tucumán. El año de 1770 nacieron en la ciudad y todo su ejido 170 y murieron 70, prueba de la sanidad del país y también de la poca fecundidad de las mujeres, si fijamos el número de un mil vecinos. Lo más cierto es que los casados no pasarán de trescientos, y que el crecido número que regulan se compone de muchos desertores de mar y tierra y algunos polizones, que a título de la abundancia de comestibles ponen pulperías con muy poco dinero para encubrir sus poltronerías[59] y algunos contrabandos, que hoy día, por el sumo celo de los gobernadores actuales de Buenos Aires y Montevideo, no son muy frecuentes.

También se debe rebajar del referido número de vecinos muchos holgazanes criollos, a quienes con grandísima propiedad llaman gauderios[60], de quienes trataré brevemente. En esta ciudad y su dilatada campaña no hay más que un cura, cuyo beneficio le rinde al año 1500 pesos, tiene un ayudante y cinco sacerdotes avecindados, y no goza sínodo por el rey[61]. Hay un convento de San Francisco, con ocho sacerdotes, tres legos[62] y tres donados[63], que se mantienen de una estanzuela con un rebaño de ovejas y un corto número de vacas, sin cuyo arbitrio no pudieran subsistir en un país tan abundante, en que se da gratuitamente a los ociosos pan, carne y pescado con abundancia, por lo que creo que los productos de la estancia no tendrán otro destino que el del templo y algunos extraordinarios que no se dan de limosna.

El principal renglón de que sacan dinero los hacendados es el de los cueros de toros, novillos y vacas, que regularmente venden allí de seis a nueve reales, a proporción del tamaño. Por el número de cueros que se embarcan para España no se pueden inferir las grandes matanzas que se hacen en Montevideo y sus contornos, y en las cercanías de Buenos Aires, porque se debe entrar en cuenta las grandes porciones que ocultamente salen para Portugal y la multitud que se gasta en el país. Todas las chozas se techan y guarnecen de cueros, y lo mismo los grandes corrales para encerrar el ganado. La porción de petacas en que se extraen las mercaderías y se conducen los equipajes son de cuero labrado y bruto. En las carretas que trajinan a Jujuy, Mendoza y Corrientes se gasta un número muy crecido, porque todos se pudren y se encogen tanto con los soles, que es preciso remudarlos a pocos días de servicio; y, en fin, usan de ellos para muchos ministerios, que fuera prolijidad referir, y está regulado se pierde todos los años la carne de 2000 bueyes y vacas, que sólo sirven para pasto de animales, aves e insectos, sin traer a la cuenta las proporciones considerables que roban los indios pampas y

59 *Poltronerías*: perezas, haraganerías.
60 *Gauderio*: palabra de origen portugués con la que se designaba a los campesinos andariegos de Río Grande do Sud (Brasil) y Uruguay. La palabra "gauderio" pasó al Río de la Plata y sirvió para designar al paisano
61 *No goza sínodo por el rey*: nel rey le ha dispensado de concurrir al sínodo (concilio del clero de una diócesis convocado por el obispo para tratar asuntos eclesiásticos)
62 *Lego*: religioso que no tiene opción a las órdenes sacras
63 *Donado*: hombre o mujer seglar que se retira a un Monasterio para servir a Dios o a los religiosos

otras naciones.

La dirección general de correos había pensado aprovechar mucha parte de esta carne para proveer las reales armadas, en lugar de la mucha que se lleva a España del Norte. Calculados los costos, se halló que con una ganancia bien considerable se podría dar el quintal de carne neta al precio que la venden los extranjeros, en bruto, y que muchas veces introducen carnes de ganados que mueren en las epidemias y de otros animales. Se han conducido a España varios barriles de carne salada en Montevideo, y ha parecido muy buena; pero como este proyecto era tan vasto, se abandonó por la dirección general, siendo digno de lástima que no se emprenda por alguna compañía del país o de otra parte. Yo sólo recelo que el gusto de las carnes y el jugo sería de corta duración y que perdería mucho en el dilatado viaje de Montevideo a España.

Además de las grandes estancias de ganado mayor que hay de la parte occidental del Paraná, se crían muchos carneros de el tamaño de los merinos de Castilla. Se vende cada uno a real y medio. La cuarta parte de un novillo o vaca se da por dos reales, y a veces por menos; doce perdices se dan por un real. Abunda tanto todo género de pescado, que van los criados a las orillas a pescarlo con tanta seguridad como si fueran a comprarlo a la plaza. Es un espectáculo agradable ver las gaviotas y otros acuátiles lanzar en la tierra el pescado y la carne en el agua. Esta increíble abundancia es perjudicialísima, porque se cría tanta multitud de ratones, que tienen las casas minadas y, amenazando ruina, y en medio de ella se compran las gallinas a seis reales cada una, por que, aunque hay mucho trigo, y a precio ínfimo, no puede adelantarse la cría porque los ratones, fastidiados del pescado y carne, se comen los huevos y aniquilan los pollos, sacándolos de debajo de las alas de las gallinas, sin que ellas los puedan defender, por su magnitud y audacia, y por esta razón se conducen las gallinas desde Buenos Aires y valen al referido precio. De esta propia abundancia, como dije arriba, resulta la multitud de holgazanes, a quien con tanta propiedad llaman

Gauderios

Estos son unos mozos nacidos en Montevideo y en los vecinos pagos. Mala camisa y peor vestido, procuran encubrir con uno o dos ponchos, de que hacen cama con los sudaderos del caballo, sirviéndoles de almohada la silla. Se hacen de una guitarrita, que aprenden a tocar muy mal y a cantar desentonadamente varias coplas, que estropean, y muchas que sacan de su cabeza, que regularmente ruedan sobre amores. Se pasean a su albedrío por toda la campaña y con notable complacencia de aquellos semibárbaros colonos, comen a su costa y pasan las semanas enteras tendidos sobre un cuero, cantando y tocando. Si pierden el caballo o se lo roban, les dan otro o lo toman de la campaña enlazándolo con un cabestro muy largo que llaman *rosario*. También cargan otro, con dos bolas en los extremos, del tamaño de las regulares con que se juega a los trucos, que muchas veces son de piedra que forran de cuero, para que el caballo se enrede en ellas, como asimismo en otras que llaman ramales, porque se componen de tres bolas, con que muchas veces lastiman los caballos, que no quedan de servicio, estimando este servicio en nada, así ellos como los dueños.

Muchas veces se juntan de éstos cuatro o cinco, y a veces más, con pretexto de ir al campo a divertirse, no llevando más prevención para su mantenimiento que el lazo, las bolas y un cuchillo. Se convienen un día para comer la picana de una vaca o novillo: le enlazan, derriban y bien trincado de pies y manos le sacan, casi vivo, toda la rabadilla con su cuero, y haciéndole unas picaduras por el lado de la carne, la asan mal, y medio cruda se la comen, sin más aderezo que un poco de sal, si la llevan por contingencia. Otras veces matan sólo una vaca o novillo por comer el matambre, que es la carne que tiene la res entre las costillas y el pellejo. Otras veces matan solamente por comer una lengua, que asan en el rescoldo. Otras se les antojan caracúces, que son los huesos que tienen tuétano, que revuelven con un palito, y se alimentan de aquella admirable sustancia; pero lo más prodigioso es verlos matar una vaca, sacarle el mondongo y todo el sebo que juntan en el vientre, y con sólo una brasa de fuego o un trozo de estiércol seco de las vacas, prenden fuego a aquel sebo, y luego que empieza a arder y comunicarse a la carne gorda y huesos, forma una extraordinaria iluminación, y así vuelven a unir el vientre de la vaca, dejando que respire el fuego por la boca y orificio, dejándola toda una noche o una considerable parte del día, para que se ase bien, y a la mañana o tarde la rodean los gauderios y con sus cuchillos va sacando cada uno el trozo que le conviene, sin pan ni otro aderezo alguno, y luego que satisfacen su apetito abandonan el resto, a excepción de uno u otro, que lleva un trozo a su campestre cortejo.

Venga ahora a espantarnos el gacetero de Londres con los trozos de vaca que se ponen en aquella capital en las mesas de estado. Si allí el mayor es de a 200 libras, de que comen doscientos milords, aquí se pone de a 500 sólo para siete u ocho gauderios, que una u otra vez convidan al dueño de la vaca o novillo, y se da por bien servido. Basta de gauderios, porque ya veo que los señores caminantes desean salir a sus destinos por Buenos Aires.

Dos rutas se presentan: la una por tierra, hasta el real de San Carlos. Este camino se hace con brevedad en tiempo de secas, pero en el de aguas se forman de unos pequeños arroyos y ríos invadeables y arriesgados. En el real de San Carlos no falta lancha del rey, que continuamente pasa de Buenos Aires con órdenes y bastimentos, atravesando el Río de la Plata, que por esta parte tiene diez leguas de ancho; pero advierto a mis lectores que la ruta más común y regular es por el río, a desembarcar en el Riachuelo, cuyo viaje se hace en una de las muchas lanchas que rara vez faltan en Montevideo. Con viento fresco favorable se hace el viaje en veinticuatro horas, distando cuarenta leguas del Riachuelo. El desembarco es muy molesto, porque dan fondo las lanchas en alguna distancia y van los botecillos la mayor parte por la arena, a fuerza de brazo por los marineros, que sacan a hombros pasajeros y equipajes, hasta ponerlos muchas veces en sitios muy cenagosos, por falta de muelle. Algunas veces se aparecen muchachos en sus caballos en pelo, que sacan a los pasajeros con más comodidad y menos riesgo que en las barquillas.

Hay ocasiones que se tarda una lancha, en llegar al Riachuelo, quince días, porque con los vientos contrarios se pone furioso el río y les es preciso hacer muchas arribadas de una y de la otra banda, y tal vez a sitio donde con dificultad se encuentran bastimentos, por lo que aconsejo a ustedes saquen de Montevideo los necesarios para cuatro o cinco días. A las cuatro leguas de la salida, ya las aguas del río son dulces y muy buenas, por lo que no se necesita prevención de ella a la ida, pero sí a la vuelta para Montevideo, para en caso en que no pueda tomarse el puerto y verse precisados a dar fondo en agua salada. Antes del Riachuelo están las balizas, que son unas grandes estacas clavadas en el fondo, y por lo que se descubre de ellas se sabe si hay o no suficiente agua para darle en el puerto. Los pasajeros se desembarcan cerca del fuerte, y a sus espaldas y su principal entrada está en la plaza mayor y frente al cabildo de Buenos Aires.

Capítulo II

Buenos Aires. - Descripción de la ciudad. - Número de habitantes. - Correos. - Caminos. -
Los indios Pampas

Esta ciudad está situada al Oeste del gran Río de la Plata, y me parece se puede contar por la cuarta del gran gobierno del Perú, dando el primer lugar a Lima, el segundo al Cuzco, el tercero a Santiago de Chile y a ésta el cuarto. Las dos primeras exceden en adornos de iglesias y edificios a las otras dos.

La de mi asunto se adelantó muchísimo en extensión y edificios desde el año de 1749, que estuve en ella. Entonces no sabían el nombre de quintas, ni conocían más fruta que los duraznos. Hoy no hay hombre de medianas conveniencias que no tenga su quinta con variedad de frutas, verduras y flores, que promovieron algunos hortelanos europeos, con el principal fin de criar bosques de duraznos, que sirven para leña, de que carecía en extremo la ciudad, sirviéndose por lo común de cardos, de que abunda la campaña, con notable fastidio de los cocineros, que toleraban su mucho humo; pero ya al presente se conduce a la ciudad mucha leña en rajas, que traen las lanchas de la parte occidental del Paraná, y muchas carretas que entran de los montezuelos de las Conchas [64]. Hay pocas casas altas, pero unas y otras bastante desahogadas y muchas bien edificadas, con buenos muebles, que hacen traer de la rica madera del Janeiro [65] por la colonia del Sacramento. Algunas tienen grandes y coposa parras en sus patios y traspatios, que aseguran los habitantes, así europeos como criollos, que producen muchas y buenas uvas. Este adorno es únicamente propio de las casas de campaña, y aun de éstas se desterró de los colonos pulidos, por la multitud de animalitos perjudiciales que se crían en ellas y se comunican a las casas. En las ciudades y poblaciones grandes, además de aquel perjuicio superior al fruto que dan, se puede fácilmente experimentar otro de peores consecuencias, porque las parras bien cul-

---

64 *Río de las Conchas*: hoy río Tigre
65 *Madera del Janeiro*: probablemente se refiera a la *Caesalpinia echinata* o Palo Brasil, árbol de madera muy dura y rojiza, muy apreciada para fabricar tinturas y muebles finos, y que dió origen al nombre del país.

tivadas crían un tronco grueso, tortuoso y con muchos nudos, que facilitan el ascenso a los techos con buen descenso a los patios de la propia casa, de que se pueden aprovechar fácilmente los criados para sus insultos.

Su extensión es de 22 cuadras comunes, tanto de Norte a Sur como de Este a Oeste. Hombres y mujeres se visten como los españoles europeos, y lo propio sucede desde Montevideo a la ciudad de Jujuy, con más o menos pulidez. Las mujeres en esta ciudad, y en mi concepto son las más pulidas de todas las americanas españolas, y comparables a las sevillanas, pues aunque no tienen tanto chiste, pronuncian el castellano con más pureza. He visto sarao en que asistieron ochenta, vestidas y peinadas a la moda, diestras en la danza francesa y española, y sin embargo de que su vestido no es comparable en lo costoso al de Lima y demás del Perú, es muy agradable por su compostura y aliño. Toda la gente común, y la mayor parte de las señoras principales no dan utilidad alguna a los sastres, porque ellas cortan, cosen y aderezan sus batas y andrieles [66] con perfección, porque son ingeniosas y delicadas costureras, y sin perjuicio de otras muchas que oí ponderar en Buenos Aires, de gran habilidad, observé por muchos días el gran arte, discreción y talento de la hermosa y fecunda española doña Gracia Ana, por haberla visto imitar las mejores costuras y bordados que se le presentaban de España y Francia.

Las de medianos posibles, y aun las pobres, que no quiero llamarlas de segunda y tercera clase, porque no se enojen, no solamente se hacen y pulen sus vestidos, sino los de sus maridos, hijos y hermanos, principalmente si son de Tornay, como ellas se explican, con otras granjerías [67] de lavar y almidonar, por medio de algunos de sus esclavos. Los hombres son circunspectos y de buenos ingenios.

No hay estudios públicos, por lo que algunos envían sus hijos a Córdoba y otros a Santiago de Chile, no apeteciendo las conveniencias eclesiásticas de su país, por ser de muy corta congrua [68] y sólo suficientes para pasar una vida frugal.

Gobierna esta ciudad y su jurisdicción, con título de gobernador y capitán general, el mariscal de campo don Juan José de Vértiz, que nació, según entiendo, en el reino de México, y es actualmente administrador principal de correos de ella, con los agregados del Tucumán, Paraguay y ciudades de San Juan de la Frontera y Mendoza, en el reino de Chile, don Manuel de Basavilbaso, mozo de más que común instrucción y juicio. Don Bartolomé Raymundo Muñoz sirve la plaza de interventor con infatigable tesón y acierto, y don Melchor Albín y don Nicolás Ferrari de Noriega, diestros plumarios, corren con los libros y expedición de las estafetas, con plazas de segundo y tercer oficial, a que se agrega un tercero destinado para cobranzas y reducciones de monedas sencillas a doble, que actualmente está a un tres por cien-

66 *Andrieles*: andrianas, de *Andriennes* (fr.), especie de bata femenina muy ancha y no ajustada al talle
67 *Granjerías*: ganancias y utilidades que se sacan de alguna cosa
68 *Congrua*: renta de una persona o comunidad eclesiástica para su mantenimiento

to, habiendo valido otros años hasta catorce y diez y seis, por el mucho comercio que tenían los portugueses.

El número de almas de que se compone esta ciudad y su ejido se verá con distinción en el plan siguiente:

Resumen del numero de almas que existían el año de 1770 en la ciudad de la Santísima Trinidad y puerto de Santa María de Buenos Aires, con la razón de los que nacieron y murieron en dicho año, según consta de los libros parroquiales y la que dieron las comunidades de religiosos de ambos sexos y demás.

Parroquias	Nº de almas	Nacidos	Muertos
Catedral	8146	525	316
San Nicolás	5176	344	185
La Concepción	3529	318	158
Monserrat	2468	184	96
La Piedad	1746	151	91
	21065	1520	846

Clérigos regulares y monjas	77

Santo Domingo	101		
San Francisco	164		
La Merced	86		
Recoleta de San Francisco	46		
Betlemitas	88		
	942	de este nº murieron	85

Capuchinas	40
Catalinas	72

Huérfanos	99		
Presidiarios	101	Nacidos	1520
Cárcel	68	Muertos	931
		Aumento	589
Total	22007		

División del número de almas que consta arriba:

3639 hombres españoles, en que se incluyen 1854 europeos, los 1398 de la península, 456 extranjeros y 1785 criollos.

4508 mujeres españolas.

3985 niños de ambos sexos.

5712   oficiales y soldados de tropa reglada, clérigos, frailes, monjas y de-
        pendientes de unos y de otros; presos presidiarios, indios, negros
        y mulatos, libres, de ambos sexos y de todas edades.
<u>4163</u>   esclavos negros y mulatos de ambos sexos y de todas edades.
22007   De los 3639 hombres españoles están compuestas las milicias de
        esta ciudad, en la forma siguiente:
  24   compañías de caballería, de vecinos, de a 50 hombres, sin oficia-
        les, sargentos v cabos.
   9   dichas de forasteros, de infantería, de a 77 hombres, ídem.
   1   de artilleros provinciales, de 100 hombres.
   8   también hay 8 compañías de indios y mestizos, de a 50 hombres,
        ídem.
   8   dichas de mulatos libres, de caballería ídem.
   <u>3</u>   de infantería, de negros libres, ídem
  53   hacen 53 compañías, las 40 de caballería y 13 de infantería.

Españoles casados

Europeos	942	y el resto de	912	solteros
Criollos	1058	y el resto de	727	ídem.
	2000		1639	

En el hospital de la ciudad, destinado para curar pobres mujeres, no han
dado razón de las enfermas, y sólo se supo que el año de 1770 habían muerto siete, que se incluyeron en el número de finados.

Hasta el año de 1747 no hubo establecimiento de correos en Buenos Aires, ni en todo el Tucumán, no obstante el mucho comercio que tenía aquella ciudad con todas las tres provincias, reino de Chile y parte del Perú. Los
comerciantes despachaban correos a su costa, según las necesidades, de que
se aprovechaban algunos vecinos; pero los más escribían con pasajeros, que
por lo general hacían sus viajes en carretas hasta Jujuy y Mendoza, volviendo las respuestas muy tarde o nunca.

El primero que promovió correos fijos a fines del 47 o principios del 48,
fue don Domingo de Basavilbaso, gobernando aquella provincia el señor
Andonaegui, mariscal de campo, de nación canario.

De la propuesta que hizo don Domingo dio traslado a la casa del conde
de Castillejo, que despertando del descuido en que se hallaba, envió poder
al mismo don Domingo para que tomase en arrendamiento el oficio o le re-
matase en el mejor postor, como lo ejecutó, no conviniéndole en los términos que proponía la casa, y desde dicho año 48 dio principio la época de correos de Buenos Aires y demás provincias del Tucumán.

Esta ciudad está bien situada y delineada a la moderna, dividida en cuadras iguales y sus calles de igual y regular ancho, pero se hace intransitable a pie en tiempo de aguas, porque las grandes carretas que conducen los bastimentos y otros materiales, hacen unas excavaciones en medio de ellas en que se atascan hasta los caballos e impiden el tránsito a los de a pie, principalmente el de una cuadra a otra, obligando a retroceder a la gente, y muchas veces a quedarse sin misa cuando se ven precisados a atravesar la calle.

Los vecinos que no habían fabricado en la primitiva y que tenían solares o los compraron posteriormente, fabricaron las casas con una elevación de más de una vara y las fueron cercando con unos pretiles de vara y media, por donde pasa la gente con bastante comodidad y con grave perjuicio de las casas antiguas, porque inclinándose a ellas el trajín de carretas y caballos, les imposibilita muchas veces la salida, y si las lluvias son copiosas se inundan sus casas y la mayor parte de las piezas se hacen inhabitables, defecto casi incorregible.

La plaza es imperfecta y sólo la acera del cabildo tiene portales. En ella está la cárcel y oficios de escribanos y el alguacil mayor vive en los altos. Este cabildo tiene el privilegio de que cuando va al fuerte a sacar al gobernador para las fiestas de tabla, se le hacen los honores de teniente general, dentro del fuerte, a donde está la guardia del gobernador. Todo el fuerte está rodeado de un foso bien profundo y se entra en él por puentes levadizos. La casa es fuerte y grande, y en su patio principal están las cajas reales. Por la parte del río tienen sus paredes una elevación grande, para igualar el piso con el barranco que defiende al río. La catedral es actualmente una capilla bien estrecha. Se está haciendo un templo muy grande y fuerte, y aunque se consiga su conclusión, no creo verán los nacidos el adorno correspondiente, porque el obispado es pobre y las canonjías no pasan de un mil pesos, como el mayor de los curatos. Las demás iglesias y monasterios tienen una decencia muy común y ordinaria. Hay muy buenos caudales de comerciantes, y aun en las calles más remotas se ven tiendas de ropas, que creo que habrá cuatro veces más que en Lima, pero todas ellas no importan tanto como cuatro de las mayores de esta ciudad, porque los comerciantes gruesos tienen sus almacenes, con que proveen a todo el Tucumán y algo más.

No he conocido hacendado grueso, sino a don Francisco de Alzáibar, que tiene infinito ganado de la otra banda del río, repartido en varias estancias, con todo, mucho tiempo ha que en su casa no se ven cuatro mil pesos juntos. No he sabido que haya mayorazgo alguno ni que los vecinos piensen más que en sus comercios, contentándose con una buena casa y una quinta, que sólo sirve de recreación. La carne está en tanta abundancia que se lleva en cuartos a carretadas a la plaza, y si por accidente se resbala, como he visto yo, un cuarto entero, no se baja el carretero a recogerle, aunque se le advierta, y aunque por casualidad pase un mendigo, no le lleva a su casa porque no le cueste el trabajo de cargarlo. A la oración se da muchas veces carne de balde, como en los mataderos, porque todos los días se matan muchas reses, más de las que necesita el pueblo, sólo por el interés del cuero.

Todos los perros, que son muchísimos, sin distinción de amos, están tan gordos que apenas se pueden mover, y los ratones salen de noche por las calles, a tomar el fresco, en competentes destacamentos, porque en la casa más pobre les sobra la carne, y también se mantienen de huevos y pollos, que entran con mucha abundancia de los vecinos pagos. Las gallinas y capones se venden en junto a dos reales, los pavos muy grandes a cuatro, las perdices a seis y ocho por un real y el mejor cordero se da por dos reales.

Las aguas del río son turbias, pero reposadas en unos tinajones grandes de barro, que usan comúnmente, se clarifican y son excelentes, aunque se guarden por muchos días. La gente común y la que no tiene las precauciones necesarias bebe agua impura y de aquella que a la bajada del río se queda entre las peñas, en donde se lava toda la ropa de la ciudad, y allí la cogen los negros, por evitar la molestia de internar a la corriente del río. Desde que vi repetidas veces una maniobra tan crasa, por la desidia de casi todos los aguadores, me causó tal fastidio que sólo bebí desde entonces de la del aljibe que tiene en su casa don Domingo de Basavilbaso, con tales precauciones y aseo que puede competir con los mejores de Europa. Dicen que tiene otro igual la casa que fabrica para su vivienda el difunto don Manuel del Arco, y acaso otros muchos vecinos solicitarán este aseo a costa de algún gasto considerable, y cuidado de recoger las aguas en tiempo oportuno, con las demás precauciones que usa la casa de Basavilbaso.

Esta ciudad y su ejido carece de fuentes y manantiales superficiales y así no tiene más riego que el de las lluvias. Sin embargo, algunos vecinos curiosos han hecho pozos en sus quintas para regar algunas flores y hortalizas. Algunos han conseguido agua dulce, pero los más encontraron veneros salitrosos y perjudiciales a árboles y plantas. Tiene el río variedad de pescado, y los pejerreyes crecen hasta tres cuartas, con su grueso correspondiente, pero son muy insípidos respecto de los de Lima. Se hace la pesca en carretas, que tiran los bueyes hasta que les da el agua a los pechos, y así se mantienen aquellos pacíficos animales dos y tres horas, hasta que el carretero se cansa de pescar y vuelve a la plaza, en donde le vende desde su carreta al precio que puede, que siempre es ínfimo.

En toda la jurisdicción de Buenos Aires y en mucha parte de la del Tucumán no se ha visto nieve. En la ciudad suelen caer algunas escarchas que varios curiosos recogen para helar algunas bebidas compuestas, que se regalan como extraordinarios exquisitos.

Ponderándome cierto día don Manuel de Basavilbaso lo delicado de estas bebidas y la falta que hacían en aquella ciudad, le serené su deseo asegurándole que los habitantes de ella no necesitaban otro refrigerio que el de los baños del Río de la Plata y beber sus dulces aguas puras o la de los aljibes;

que la nieve sólo se apetecía en los países ardientes y que para un gusto causaba tres dolores, sin entrar en cuenta los crecidos gastos que las aguas compuestas y exquisitos dulces que regularmente hay en las botellerías, que provocan a las damas más melindrosas y alivian de peso las faltriqueras de el mayor tacaño. Se rió el amigo, y creo que desde entonces echó en olvido las escarchas, como lo hizo con las cenas de las noches de máscaras, que ya se habían introducido en aquella ciudad, como los ambigús, a costa de mucho expendio y algunas apoplejías.

No creo que pasen de diez y seis coches los que hay en la ciudad. En otro tiempo, y cuando había menos, traían las mulas del campo y las metían en sus casas a la estaca, sin darles de comer, hasta que de rendidas no podían trabajar, y mandaban traer otras. Hoy día se han dedicado a sembrar alcacer [69], que traen a la ciudad con algunas cargas de heno para las caballerías, que se mantienen muy mal, a excepción de las de algunos pocos sujetos, que hacen acopio de alguna paja y cebada de las próximas campañas.

Por el cotejo de los que nacen y mueren, se infiere la sanidad del lugar. En los meses de Junio, Julio, Agosto y Septiembre, se levantan muchas neblinas del río, que causan algunos accesos de pecho. Los pamperos, que son unos vientos fuertes, desde el Suroeste, al Oesudoeste, incomodan bastantemente por su violencia, y en la campaña hacen estremecer las carretas que cargadas tienen de peso doscientas arrobas. De éstas haré una descripción más adelante, para los curiosos. Ahora voy a dar una noticia importante a los señores viajeros, y en particular a los que vienen de España con empleos a este dilatado reino.

Los provistos para la jurisdicción de la Audiencia de la Plata caminaran conmigo, eligiendo los bagajes más acomodados a su constitución; pero los provistos para el distrito de la real Audiencia de Lima, y con precisión los de Chile, tomarán en Buenos Aires las medidas para llegar a Mendoza al abrirse la cordillera, que por lo regular es a principios de Noviembre. Este mes es el de los alentados. El de Diciembre y Enero son regulares y Corrientes. Febrero y Marzo, meses de provinciales que nunca esperan a Abril y parte de Mayo, por no exponerse a alguna tormenta que se adelante. Los cinco meses restantes del año son arriesgados y trabajosos, y sin embargo de las casillas que se han puesto sólo pueden aventurarse los correos, que caminan a pie, por precisa necesidad una gran parte del camino, porque estando cubierto de nieve, se morirían las bestias de hambre, y lo poco que se paga no alcanzaría para llevarlas a media carga de paja y cebada, que no es imposible.

Hasta Mendoza y Jujuy se puede caminar cómodamente en coche, silla volante o carretilla, pero será preciso al que quisiere esta comodidad y no experimentar alguna detención, adelantar un mozo para que apronte caballos, porque aunque hay muchas mulas hay pocas mansas, porque no las usan en sus trajines, a excepción de los arrieros de San Juan de la Frontera, con quie-

69 *Alcacer*: la mies del trigo o cebada cuando está verde y sin cuajar el grano

nes también se puede caminar al uso del país, llevando buenas tiendas de campaña, para los muchos despoblados que hay, exponiéndose también a una irrupción de indios pampas, que no saliendo más que en número de cincuenta, los pueden rebatir y contener doce buenos fusileros que no se turben con sus formidables alaridos, teniendo cuidado de sacar del Pergamino dos a más soldados, para que mañana y tarde registren la campaña. Estos pampas, y aún las demás naciones, tienen sus espías, que llaman bomberos, a quienes echan a pie y desarmados, para que, haciendo el ignorante, especulen las fuerzas y prevenciones de los caminantes, tanto de caballería y recuas como de carretería y demás equipajes, para dar cuenta a sus compañeros. No hay que fiarse de ellos en los despoblados, sino despedirlos con arrogancia, aunque digan que se acogen a la pascana por huir de sus enemigos.

Estos indios pampas son sumamente inclinados al execrable pecado nefando. Siempre cargan a las ancas del caballo, cuando no van de pelea, a su concubina o barragana, que es lo más común en ellos, y por esta razón no se aumentan mucho. Son traidores, y aunque diestrísimos a caballo y en el manejo de la lanza y bolas, no tienen las correspondientes fuerzas para mantener un dilatado combate. Siempre que han vencido a los españoles, o fue por sorpresa o peleando cincuenta contra uno, lo que es muy común entre indios contra españoles y mestizos.

En este camino, desde el Saladillo de Ruy Díaz, donde se aparta para Chile, rara vez se encuentran pan y vino hasta San Luis de la Punta, de que se hará provisión en Buenos Aires, como asimismo de toda especería y demás que contribuye el regalo. En los pagos y estancias no falta todo género de carnes, y en Mendoza se hará provisión hasta el valle de la Aconcagua, en donde da principio la amenidad y abundancia del reino de Chile.

Ya es tiempo de sacar de Buenos Aires a los señores caminantes, que dirigiremos en carretas, por ser el viaje más usual y cómodo, por el itinerario siguiente, que dividiré en jurisdicciones, dando principio por la de Buenos Aires.

Capítulo III

De Buenos Aires hasta el Carcarañal. - Las postas. - La campaña y sus habitantes. - Las travesías

	Leguas
De Buenos Aires a Luján	14
A Areco	10
Al Arrecife	10
Al Pergamino	10
A la India Muerta	16
A la Esquina de la Guardia o Carcarañal	<u>24</u>
	84

En el intermedio de Buenos Aires a Luján, hay otra posta que situó el administrador don Manuel de Basavilbaso.

La salida de Buenos Aires tiene dos rutas, ambas de carretas, para llegar a Luján: la una, que es la más común, está al Oeste, que se dice por la capilla de Merlo, y la otra a la banda del Este, que llaman de las Conchas, por un riachuelo de este nombre que baña mucho territorio. Este camino es deleitoso y fértil en más de ocho leguas, con quintas y árboles frutales, en que abunda mucho el durazno. También hay muchos sembrados de trigo y maíz, por lo que de día se pastorean los ganados y de noche se encierran en corrales, que se hacen de estacas altas que clavan a la distancia del ancho del cuero de un toro, con que guarnecen la estacada, siendo estos corrales comunes en toda la jurisdicción de Buenos Aires, por la escasez de madera y ninguna piedra. Pasado el riachuelo, que nunca puede tener mucha profundidad, por extenderse en la campaña, causando en tiempo de avenidas muchos atolladeros y bañados, que incomodan y atrasan las jornadas, se encuentra un monte poco espeso de árboles, que llaman Tala, y se dilata por el espacio de dos leguas. El dueño tiene su casa dentro del propio monte, cerca del camino real, en una ensenada muy agradable, y le hallé en su patio rajando leña, sin más vestido que unos andrajosos calzones. Dijo que tenía 85 años y su mujer igual edad, ambos españoles y con porción de hijos y nietos que se mantenían del producto de la leña de aquel monte, a donde la iban a comprar los carreteros de Buenos Aires. Esta familia se compone toda de españoles criollos, y me dijeron que cerca de su casa (así dicen cuando sólo dista cuatro o cinco leguas) me dijeron, vuelvo a decir, vivía un gallego que tenía 110 años y que sólo en la vista había experimentado alguna intercadencia.

Todo el país de Buenos Aires y su jurisdicción es sanísimo, y creo que las dos tercias partes de los que mueren son de caídas de caballos y cornadas de toros, que los estropean, y como no hay buenos cirujanos ni medicamentos, son éstas las principales enfermedades que padecen y de que mueren.

Lo demás del territorio, como sucede en todo el camino de la capilla del Merlo, es campaña de pastos, con infinidad de cardos, que sirven de leña e incomodan y aniquilan al ganado menor. Por esta ruta hay a Luján 18 leguas, y porque hay de rodeo cuatro y eximirse de los bañados de las Conchas siempre se elige aquel camino, que es el de los correos. Luján tiene título de villa, con poco más a menos sesenta vecinos, entre los cuales apenas hay dos capaces de administrar justicia, y así regularmente echan mano, para alcaldes, de los residentes del pago de Areco. Su jurisdicción es de 18 leguas, que se cuentan desde el río de las Conchas hasta el de Areco. A la entrada de Luján hay un riachuelo de este nombre, que en tiempo de avenidas cubre algunas veces el puente.

El pago de Areco tiene muchos hacendados, con un río de corto caudal y de este nombre, con espaciosas campañas, en donde se cría todo género de ganados; pero a lo que más se aplican es al mular, que venden tierno a los invernadores de Córdoba. Los caballos de su uso todos son corpulentos y capones, y hay sujeto que tiene cincuenta para su silla y a correspondencia toda su familia, que tienen en tropillas de a trece y catorce, con una yegua que llaman madrina, de que jamás se apartan. Esto propio sucede, con corta diferencia, en todas las campañas de Buenos Aires. El riachuelo tiene buenos vados y se podía fácilmente construir puente, por caminar por un estrecho barranco. Aquí se nombró de maestro de postas a don José Florencio Moyano, que puede aprontar en todo tiempo doscientos caballos.

El pago nombrado el Arrecife, dicho así por un río que tiene este nombre, es igual al de Areco. En este pago hay una capilla y alrededor de ella quince o diez y seis casas reunidas, y antes, a alguna distancia, otras cinco, que componen por todas veinte familias que se ejercitan en la cría de ganados y mulas, con muy corta labranza. Esta capilla, y las demás que en lo sucesivo nombraré, se debe entender anexo de curato, en donde se dice misa los días de fiesta, que regularmente sirven los frailes, por acomodarse mejor a un corto estipendio. El pueblo nombrado el Baradero, a donde asiste el cura, dista catorce leguas.

En el sitio nombrado el Pergamino hay un fuerte, que se compone de un foso muy bueno con su puente levadizo de palos, capaz de alojar adentro cuarenta vecinos que tiene esta población, y son otros tantos milicianos con sus oficiales correspondientes. Tiene cuatro cañoncitos de campaña y las armas de fuego correspondientes para defenderse de una improvisa irrupción de indios pampas, en cuya frontera está situado el presidio, que comanda el teniente de dragones don Francisco Bamphi, a cuya persuasión aceptó la maestría de postas Juan José de Toro, que era el único que podía serlo en un sitio tan importante. Hay en el presidio cuatro soldados pagados y tiene el Rey caballos de su cuenta y mientras se mantuviere en este sitio oficial por Su Majestad, no faltaran los necesarios para las postas y trajinantes. De las diez y seis leguas que dista a la India Muerta, las tres están pobladas a trechos con algunos criadores pobres y las trece restantes se dicen de travesía, quesólo tienen agua en tiempo de lluvias. Hay muchos avestruces y se encuentran montones de huevos, que algunas veces llegan a sesenta, por lo que me persuado que ponen algunas hembras en un propio lugar. Empollan los machos más robustos y defienden bien huevos y polluelos.

Las veinticuatro leguas que hay desde este sitio a la Esquina de la Guardia, a paraje nombrado del Carcarañar, por haber vivido en él un cacique de este nombre, no tiene más habitantes que multitud de avestruces. En toda esta travesía no hay agua en tiempo de seca, pero en el de lluvias se hacen unos pozos y lagunillas, a donde bajan a beber los ganados cimarrones, y acontece algunas veces que se llevan las caballerías de los pasajeros, dejándolos a pie, con riesgo de sus vidas. Por esta consideración se ajustó que pagasen los correos del Rey en esta travesía ocho reales más y los particulares diez y seis, por las remudas de caballos. En esta esquina tiene una hacienda Fernando Sueldo, a quien se nombró de maestro de postas y se encontró otro teniente de dragones con cuatro soldados pagados, que iba a establecer en sus cercanías otro fuerte, que también cooperó a que aceptase la maestría de postas el referido Sueldo. Los militares, según he observado, tienen particular gracia y persuasión para inducir al servicio del Rey, causándome una alegre compasión ver a un hombre de honor reducido a vivir en la estrechez de un carretón: en él tenía, con bastante aseo, su cama; le servía de mesa un corto baúl, en donde tenía un papel, tintero y algunos libritos y un asiento correspondiente. Comió con el visitador aquel día, que se detuvo allí, con gran marcialidad, y con la misma mostró su palacio, dando por escusa de no haberle alojado en él su concisión.

Desde este sitio a la banda del Este se divisa el río Tercero y se entra en la jurisdicción del Tucumán, que todos dividen en el pueblecito que está poco distante del Oeste, nombrado la Cruz Alta, a donde no hay necesidad de entrar. En todas estas ochenta y cuatro leguas de camino, a excepción de las dos travesías, hallarán ustedes vacas, corderos o pollos en abundancia, a poca costa. Las casas de postas son las mejores, en donde puede descansar a su albedrío el caminante que enfadado de la lentitud de las carretas, se quiera adelantar con una competente cama, que puede llevar en un caballo. El camino es llano y duro y se puede galopar a todas horas. Las veinticuatro leguas de esta travesía se pueden andar en ocho horas, con sólo una remuda de caballos; pero cuidado con las travesuras que algunos hacen por la campaña, en que se ocultan con la yerba algunas madrigueras que hacen los quirquinchos, bolas y otros animalitos para su habitación, en que tropiezan los caballos y con la violencia de la carrera causan algunas veces arriesgadas caídas a los jinetes. Los caballos están tan hechos a andar estas travesías en pocas horas, que sin agitarlos galopan a media rienda voluntariamente; pero tendrá cuidado el caminante también en medir las horas para que el sol no le moleste mucho. La mejor para esta travesía, si no hay luna, es la de las dos de la mañana, para tenerla concluida a las diez del día, aunque se apee un rato a tomar algún desayuno y remudar caballos, llevando siempre alguna porción de agua, con lo demás que necesite, según su gusto y complexión; y con estas advertencias, que servirán de regla general, vamos a entrar en la provincia de más extensión, que es la del Tucumán, la cual se va a dividir en jurisdicciones, según el itinerario del visitador.

Capítulo IV

Jurisdicción de Córdoba. - La ciudad y la campaña. - Santiago del Estero. - El territorio y el soldado Santiagueño

Jurisdicción de Córdoba

	Leguas
De la Esquina de la Guardia la Cabeza del Tigre	7
Al Saladillo de Ruy Díaz	5
Esquina de Castillo	9
Al Fraile Muerto	2
A la Esquina de Colman	8
A la Esquina del Paso de Ferreira	3
A Tío Pugio	5
A los Puestos de Ferreira	3
A Ampira	10
Al Río Segundo	5
A Córdoba	9
A Sinsacate	14
A La Dormida	16
A Urahuerta	10
Al Cachi	7
	113

A la salida del Carcarañar, o llámese de la Esquina de la Guardia, da principio la provincia del Tucumán, siguiendo el camino real de los correos por la jurisdicción de Córdoba, costeando el río Tercero por la banda del oeste. Este río es muy caudaloso, de aguas turbias y mansas, algo salado y con bastantes peces que cogen los muchachos por mera diversión, dejándolos a las orillas, porque sus naturales, sin embargo de que la carne no está tan abundante como en los pagos de Buenos Aires, no los aprovechan; ni aun los perros los quieren comer. Por la una y otra banda está bordado de sauces, chañares y algarrobos. Los pastos no son tan finos como los de Buenos Aires, pero son de más fuerte alimento para los ganados. Los caballos y bueyes son fuertes y de mucho trabajo. Una y otra banda están pobladas a trechos de algunos pequeños criadores, que también cogen trigo y cebada. La fruta más común es el durazno. Muchachos, mujeres y hombres, aunque no sepan nadar, pasan este río en caballos, que son diestrísimos. Conducen forasteros de la una a la otra banda en un cuero de toro en figura de una canasta cuadrilonga, por el corto estipendio de dos reales, sin perder casi nada el barlovento, porque los caballos son tan diestros que siempre presentan el pecho a la corriente, y en cada viaje llevan dos hombres con su aderezo de caballos, pellones y maletas.

Así como a la India Muerta y al Fraile Muerto se dice comúnmente porque algún tigre mata a una india o a un fraile, se dice también que la Cabeza del Tigre es porque un hombre mató a una fiera de este nombre y clavó su cabeza en aquel sitio. El Saladillo de Ruy Díaz, y que comprende a todos los Saladillos, se dice porque siendo comúnmente las aguas algo saladas, se hacen mucho más las que en las avenidas se quedan remansadas en algunos bajos de arena salitrosa que, aunque corran en tiempo de lluvia, siempre mantienen un amargo fastidioso. Igualmente se dicen Esquinas a aquellos sitios bajos por donde el río se extiende más y no hay bajada perpendicular para vadearlos, como las del Castillo y de Colman. Es opinión común que esta voz de Colman fue apellido de un inglés tan valeroso que habiendo perdido un brazo en un combate, y después de haberse curado, continuó sirviendo con uno solo contra los indios, manejando la lanza y alfanje con el mismo denuedo y asombro de amigos y enemigos.

Hasta el referido sitio nombrado el Saladillo de Ruy Díaz, son comunes las postas de las dos rutas de Potosí, y Chile, de que daré razón al fin de esta primera parte por no interrumpir mi viaje. La posta situada en el Fraile Muerto, con la distancia sólo de dos leguas, se ajustó a pedimento de la parte y con atención a ser un pueblecito en donde acaso será conveniente se detengan los pasajeros para habilitarse de algunos comestibles o descansar. Con más consideración se puso posta en el Paso de Ferreyra, por donde regularmente se vadea el río y se ejecutará con más seguridad con caballos de refresco. A la Esquina de Castillo se habían cargado las aguas, por lo que no pudieron pasar por ella las carretas. Los correos y gentiles hombres a la ligera, pueden pasar en todo tiempo por la esquina que más le acomodase y, para mayor seguridad, tomarán razón de los colonos más inmediatos.

Antes de pasar a la banda oriental del río, procurarán los caminantes a la ligera llevar alguna prevención de agua para una repentina necesidad, pues aunque esta el río próximo, sólo en las esquinas o pasos tiene fácil descenso, y sin embargo de que a la parte occidental y muy cerca del camino real se presentan algunas lagunas que forman las lluvias, no se puede sacar agua de ellas porque en toda la circunferencia, y en más de cuatro varas, hay grandísimos atolladeros que causan la multitud de ganados que beben en ellas. Todas las casas, aunque estén muy próximas al río, tienen sus pozos, sin más artificio que una excavación y un bajo pretil de adobes. Los cubos con que se saca el agua son de cuero crudo, que causa fastidio verlos, pero el agua es más fría y cristalina que la del río.

Los Puestos de Ferreyra se dicen así porque en un llano de bastante extensión tiene su casa y varios ranchos un hacendado de este apellido, llamado don Juan, a quien se estaba disputando la posesión. El sitio de Ampira, hacienda y tierras propias del sargento mayor don Juan Antonio Fernández, tiene varios manantiales de agua perenne, dulce y cristalina, con muchos bosquecillos muy espesos y agradables a la vista, de que es maestro de postas su hijo don Juan José Fernández, con beneplácito de su padre. Tiene buenas casas y el sitio convida a que los pasajeros se desahoguen y descansen de sus fatigas.

Desde dicho sitio se empieza a perder de vista el río Tercero y a las cinco leguas se presenta el río Segundo, caudaloso y de las más cristalinas y mejores aguas de todo el Tucumán. Su pasaje está a las orillas de una capilla, con algunas casas en donde se pueden proveer los caminantes y correos de algunos bastimentos y agua hasta Córdoba, porque el río se deja a la parte occidental, muy distante del camino, que es de nueve leguas hasta dicha ciudad; terreno bastantemente caluroso y en que sólo en tiempo de lluvias se hacen algunos charcos de agua mala y cenagosa, por el mucho ganado que bebe en ellos. Tres leguas antes de entrar a Córdoba da principio el espeso monte hasta concluir su jurisdicción. De sus cercanías se provee la ciudad de leña seca en carretillas, que vale cada una cuatro reales, que es suficiente para el gasto de un mes en una casa de regular economía. También se sacan de lo interior del monte palos para techar las casas y fábrica de varios muebles.

Córdoba

Ciudad capital de esta jurisdicción y residencia del obispo de toda la provincia del Tucumán, está situada en una estrecha ensenada entre el río Primero y el espeso monte, en terreno llano y arenoso. A la hora de haber llovido se secan sus superficies de modo que se puede salir a la calle sin incomodidad, pero se sienten en las plantas de los pies bastantemente los vapores de la cálida arena. La ciudad es casi cuadrada, con siete iglesias, incluso la plaza mayor, a donde está la catedral, que tiene una perspectiva irregular porque las dos torres que tiene a los dos cantos de la fachada no exceden en altura a la media naranja. El tamaño de la iglesia es suficiente. Su pobre y

escaso adorno, y aun la falta de muchas cosas esenciales, manifiestan las li-
mitadas rentas del obispo y capitulares, que acaso no tendrán lo suficiente
para una honesta decencia.

Es digno de reparo que una provincia tan dilatada y en que se comercian
todos los años más de seiscientos mil pesos en mulas y vacas, con gran utilidad de tratantes y dueños de potreros, estén las iglesias tan indecentes que
causa irreverencia entrar en ellas, considerando por otra parte a los señores
tucumanes, principalmente de Córdoba y Salta, tan generosos que tocan en
pródigos viendo con sus ojos casi anualmente las iglesias de los indios de Potosí al Cuzco tan adornadas, que causa complacencia ver el esfuerzo que hacen unos miserables para engrandecer al Señor con los actos exteriores, que
excitan mucho a la contemplación y dan materia a los españoles para que le
den gracias y se congratulen de la feliz conquista que han hecho sus antepasados. Esta silla se trasladó a esta ciudad de la de Santiago del Estero por las
razones que se dirán en su lugar. A un lado de la catedral está la casa del Cabildo secular, que por su humilde fábrica manifiesta su antigüedad.

En lo demás de la ciudad hay muchas casas buenas y fuertes y, aunque
son pocas las que tienen altos, son muy elevados los techos de las bajas y las
piezas suficientemente proporcionadas. Tienen tres conventos de frailes: de
Santo Domingo, San Francisco y la Merced, y hospital de padres Bethlemi-
tas, que está en los principios de su fundación. También hay dos colegios,
adonde se enseñan facultades. El uno se dice real, cuyo rector es clérigo, y el
otro es de Monserrat, que su dirección está al cargo de padres de San Francisco, con título de universidad, que provee de borlas a las tres provincias del
Tucumán. También hay dos conventos de monjas: de Santa Teresa y Santa
Clara, y todos cinco con mucha fama de observantes. En pocos lugares de la
América, de igual tamaño, habrá tantos caudales, y fueran mucho mayores
si no gastaran tanto en pleitos impertinentes, porque los hombres, así europeos como criollos, son laboriosos y de espíritu. Su principal trato es la compra de mulas tiernas en los pagos de Buenos Aires, Santa Fe y Corrientes
que traen a los potreros de Córdoba a invernar, donde también hay algunas
crías, y después de fortalecidas y robustas las conducen a las inmediaciones
de Salta, donde hacen segunda invernada, que no baja de seis meses ni excede de un año. Allí hacen sus tratos con los que bajan del Perú a comprar-
las, cuyo precio estos últimos años ha sido de siete y medio a ocho pesos por
cabeza. Otros las envían o llevan de su cuenta para venderlas en las tabladas
del Perú, donde tienen el valor según las distancias, valiendo regularmente
en la tablada de Coporaca, inmediata al Cuzco, donde se hacen las más grue-
sas compras, de treinta a treinta y cinco pesos el par. Las contingencias y riesgos de este comercio explicaré con alguna claridad luego que llegue a Salta.

No hubo persona que me dijese, ni a tanteo, el número de vecinos de que
se compone esta ciudad, porque ni el Cabildo eclesiástico ni el secular tienen

padrones, y no sé como aquellos colonos prueban la antigüedad y distinguida nobleza de que se jactan; puede ser que cada familia tenga su historia ge-
nealógica reservada. En mi concepto, habrá en el casco de la ciudad y estrecho ejido de quinientos a seiscientos vecinos, pero en las casas principales es
crecidísimo el número de esclavos, la mayor parte criollos, de cuantas castas
se pueden discurrir, porque en esta ciudad y en todo el Tucumán no hay fragilidad de dar libertad a ninguno, y como el alimento principal, que es la
carne, está a precio muy moderado y no hay costumbre de vestirlos sino de
aquellas telas ordinarias que se fabrican en casa por los propios esclavos,
siendo muy raro el que trae zapatos, se mantienen fácilmente y alivian a sus
amos con otras granjerías, y con esta su gestión no piensan en la libertad, con
la cual se exponían como sucede en Lima.

A mi tránsito se estaban vendiendo en Córdoba dos mil negros, todos
criollos de las Temporalidades [70], sólo de las dos haciendas de los colegios de
esta ciudad. He visto las listas, porque cada uno tiene la suya aparte, y se procede por familias, que las hay desde dos hasta once, todos negros puros, y
criollos hasta la cuarta generación, porque los regulares vendían todas aquellas criaturas que salían con mezcla de español, mulato o indio. Entre esta
multitud de negros hubo muchos músicos y de todos oficios, y se procedió a
la venta por familias. Me aseguraron que sólo las religiosas de Santa Teresa
tenían una ranchería de trescientos esclavos de ambos sexos a quienes dan
sus raciones de carne y vestido de las burdas telas que trabajan, contentándose estas buenas madres con el residuo de otras agencias. Mucho menor es
el número que hay en las demás religiones, pero hay casa particular que tiene treinta y cuarenta, de que la mayor parte se ejercitan en varias granjerías
de que resulta una multitud de lavanderas excelentes. Se precian tanto de esto, que jamás remiendan sus sayas por que se vea la blancura de los fustanes.
Lavan en el río, con el agua hasta la cintura, y dicen por vanagloria que no
puede lavar bien la que no se moja mucho. Trabajan ponchos, alfombras, fa-
jas y otras cosas y, sobre todo, los varones venden cada petaca de cuero y
guarnecida a ocho reales, porque los cueros no tienen salida por la gran distancia al puerto, sucediendo lo mismo en las riberas del río Tercero y Cuarto, en donde se venden a dos reales y muchas veces a menos.

Los hombres principales gastan vestidos muy costosos, lo que no sucede
así en las mujeres, que hacen excepción de ambas Américas, y aun de todo
el mundo, porque además de vestir honestamente es su traje poco costoso.
Son muy tenaces en observar las costumbres de sus antepasados. No permiten a los esclavos, y aún a los libres, que tengan mezcla de negro, usen otra
ropa que la que se trabaja en el país, que es bastantemente grosera. Me con-
taron que recientemente se había aparecido en Córdoba cierta mulatilla
muy adornada, a quien enviaron a decir las señoras se vistiese según su calidad, y no habiendo hecho caso de esta reconvención la dejaron descuidar y,

70 *Criollos de las Temporalidades*: nacidos en tierra americana, dentro de las tierras concedidas
a los Jesuitas (llamados Regulares de la Compañía) por lo cual resultaban parte de las
rentas eclesiásticas.

llamándola una de ellas a su casa, con otro pretexto, hizo que sus criadas la desnudasen, azotasen, quemasen a su vista las galas y le vistiesen las que correspondían por su nacimiento, y sin embargo de que a la mulata no le faltaban protectores, se desapareció, porque no se repitiese la tragedia.

Refiero el caso solamente para manifestar el carácter de las cordobesas, trascendente a todo el Tucumán. Estas, por lo general, fomentan los bandos y son causa de tantos pleitos. Cinco ciudades tiene esta provincia, que todas juntas no componen la de Buenos Aires, y en todas ellas hubo recursos al gobernador y audiencia de Chuquisaca, sobre anular la elección de alcaldes que se hizo el año 1772. El que presidió la elección, que se hizo en Córdoba, para aterrorizar al partido contrario mandó acantonar muy anticipadamente cuatrocientos hombres de a caballo, que hizo juntar de aquellas campañas con atraso de la cosecha de trigo que actualmente estaban haciendo. Al sargento mayor y capitán de forasteros, porque pidieron la orden por escrito de lo que debían ejecutar el día de las elecciones, les borró las plazas sobre la marcha y nombró a otros, sin dar más motivo que el que en sí reservaba, porque con toda esta despotiquez se procede en el Tucumán, provincia que por sí sola mantiene los abogados, procuradores y escribanos de la ciudad de la Plata.

Cinco ríos se forman de las aguas que se descuelgan de los altos y montes de Córdoba que, aunque tienen otros nombres, son los más usuales y comunes el Primero, Segundo, Tercero, Cuarto y Quinto, todos caudalosos, y sólo en los contornos de la ciudad se ven algunas peñas y piedra suelta en este río Primero, que no sirven de incomodidad ni por ellas hacen ruido las aguas, que son claras y no causan fastidio al paladar. Los mendocinos proveen esta ciudad mucha parte del año de harinas y siempre de vinos, que regularmente venden a menos precio que en Buenos Aires. Los de San Juan de la Frontera llevan mucho aguardiente en odres. El que llaman resacado, o de cabeza, es tan fuerte y activo que mezclándole dos partes del común, que es muy flojo, tiene tanta actividad como el regular de la Andalucía y Cataluña. Aquí se hará prevención de todo, a excepción de gallinas y pollos, hasta Santiago del Estero o San Miguel del Tucumán.

Las carretas, regularmente, cuando salen de esta ciudad siguiendo el viaje que llevo, no pasan de la otra banda del río, adonde harán prevención de agua los señores caminantes para dos días, no haciendo mucha confianza de la botija que va en cada carreta, porque en el camino sólo se encuentra un pozo, en tiempo de avenidas, que enturbia mucho el ganado y no se halla agua en trece leguas de monte muy espeso y ardiente, hasta que se encuentra la estancia nombrada Caroya, perteneciente al colegio de Monserrat de Córdoba, y entre ésta y Sinsacate está la Hacienda del Rey, nombrada Jesús María, que administra don Juan Jacinto de Figueroa, dueño de aquella, quien se hizo cargo de dar caballos a los correos del rey y de particulares.

De Sinsacate iban los correos antes por San Antonio y San Pedro, pero persuadieron al visitador a que era mejor camino por La Dormida, porque en aquellos sitios sólo había maestres de campo, sargentos mayores y capitanes, con cuyo pretexto se podían excusar a la maestría de postas. Los gobernadores del Tucumán parece hacen granjería de esta multitud de oficiales, que creo excede al número de los soldados que quitan, ponen y reforman, a su arbitrio. He visto mozo de treinta años, muy robusto, de sargento mayor reformado; por lo que se resolvió seguir el camino de La Dormida que dista 16 leguas de Sinsacate; y aunque hay antes varios colonos en el Totoral y en el Simbolar, con agua perenne, son gente de poca consideración, y la mayor parte gauderios, de quienes no se pueden fiar las postas, por lo que esta ha sido preciso ponerla con la distancia de 16 leguas, como sucederá siempre que haya el mismo inconveniente.

Todo este territorio, hasta el Cachi, que es donde concluye la jurisdicción de Córdoba, es de monte muy espeso, haciendo a dilatados trechos unas ensenadas donde están las haciendas y casas de algunos colonos dispersos. A los que caminan en carretas provee el dueño de ella de vaca cada día, a cada dos o tres, según el número de las carretas. En las haciendas y casas de otros habitadores venden sin repugnancia gordos y tiernos corderos y gallinas a dos reales, y pollos, sin distinción de tamaños, a real. También se encuentran algunas calabazas y cebollas, rara vez pan. Se tendrá mucha precaución con los huevos, porque como los naturales no los comen, ni la mayor parte de los transeúntes, y el temperamento es ardiente, se corrompen fácilmente.

Además de los cinco ríos que dije al principio tenía esta jurisdicción con los nombres de 1 a 5, hay muchísimos arroyos en todas las ensenadas que proveen suficientemente de agua a varios hacendados y otros colonos; pero como el terreno es flojo y de arena, se suelen hallar de repente sin agua, que va a manar adonde nunca se ha visto, volviendo otra vez a aparecérsele en los propios sitios. En el camino que va a las Peñas, tirando un poco al nordeste por el monte adentro, se hallan varias veredas de ganado vacuno y caballar que se dirigen al referido sitio de las Peñas, donde hubo población, que se conoce por las ruinas de las casas que están en un agradable y dilatado campo, guarnecido a trechos de árboles muy elevados y gruesos, que desampararon por haberse sumido de repente el agua de un río caudaloso que pasaba muy cerca, como lo indica la gran caja. Caminamos por ella un cuarto de legua buscando siempre la altura y al cabo vimos con admiración un rápido y caudaloso arroyo de agua cristalina que ocupaba todo el ancho de la caja y sólo tenía de largo como un tiro de fusil. Una legua más arriba está la parroquia nombrada Turumba, en un competente pueblo que puede servir de auxilio a los caminantes que necesiten proveerse de caballerías y bastimentos. A la vuelta, que sería como a las cinco de la tarde, encontramos porciones de ganados que iban y venían del referido arroyo.

En el sitio nombrado Los Sauces no se encuentra agua en un cuarto de legua por haberse resumido un río caudaloso, que tiene su nacimiento en el pueblo de Guayascate, que está al noroeste una legua. En el sitio nombrado Los Cocos, esta distante el agua dos leguas y, no obstante, hay algunas chozas con chacaritas y ganado menor. A otras dos leguas de distancia está el río de los Tártaros, cuya agua también se resume en la multitud de arena suelta que hay, y no se puede proveer de ella si no se caminan dos leguas caja arriba. Una legua más adentro reside el maestre de campo don Pedro del Pino, hombre acomodado. Tiene oratorio en su casa en que se dice misa los más de los días de fiesta.

El fuerte nombrado el Río Seco es sitio agradable, con algunos colonos, y a sus orillas se aparecía de repente un trozo de río que sólo ocupa como media legua y se vuelve a sumir entre las arenas sin ruido ni movimiento extraordinario. En el alto de la población y en la plaza hay una noria muy bien construida y abundante de agua cristalina. Un solo muchacho la mueve y saca agua con abundancia; pero los buenos vecinos, que llegan a 30, tienen por más cómodo proveerse del aparecido, que así dicen, que costear las sogas que se rompieron de la referida noria. Es cabeza de partido, donde reside el cura, y tiene una capilla muy buena y de suficiente extensión.

Todo el interior de la jurisdicción está lleno de estos ríos ambulantes en donde se encuentra porción de cochinilla sin dueño que aprovechan los diligentes y sacan o benefician grana, que aunque no es tan fina como la del obispado de Oajaca, en la Nueva España, es mucho mejor que el magno de la provincia de Parinacocha y otras de este reino, y acaso en lo interior de estos espesos, dilatados montes, se hallarán otras producciones de igual utilidad. No se internen en ellos mucho los caminantes por el riesgo de los tigres y recelo de perderse en los laberintos que hacen las muchas sendas.

Santiago del Estero

Del Cachi al Portezuelo	9
A Ambargasta	7
A Ayuncha	30
A Chañar Pugio	14
A Santiago del Estero	8
A Vinará	<u>20</u>
Son leguas	88

Luego que se sale de la posta nombrada El Cachi, da principio la jurisdicción de Santiago del Estero, territorio expuesto a inundaciones y el menos poblado de todo el Tucumán. Los correos siempre pasan por la travesía de 30 leguas que hay de Ayuncha a Ambargasta, y pagan ocho reales más por la remuda de tres caballos, que es en el que va montado el correo, el que lleva las valijas y el del postillón, que ha de volver los caballos. Los pasajeros y correos de particulares, por igual número de caballerías de remuda, pagarán dos pesos, y a proporción en las demás que pidieren para la seguridad y mayor brevedad. En tiempo de avenidas hay muchos bañados que impiden la aceleración del viaje, y por el camino de las carretas suelen formarse unos sequiones y algunos atolladeros que cortan la marcha, siendo preciso aderezarlos con algunos troncos y espesas ramas. Por este camino se rodean de siete a ocho leguas, pero no faltan ranchos que proveen de corderos, gallinas, pollos, huevos, calabazas, sandías y otras menudencias, al mismo precio que en la jurisdicción de Córdoba. El río que pasa a orillas de esta ciudad, que tiene este nombre, es caudaloso y de él se hacen tres formidables lagunas en tierras de los Avipones, indios gentiles, y en cuyos contornos hay copiosas salinas.

En la ciudad de Santiago del Estero estuvo la silla episcopal hasta el año de 1690, que se trasladó a Córdoba, de recelo de las inundaciones del río, que ya había llevado muchas casas. Todavía se mantiene en la plaza la catedral, que sirve de parroquia, que llaman en estos parajes matriz, y tiene mucho mejor fábrica que la de Córdoba. Los vecinos que llaman sobresalientes no llegan a veinte. Algunos invernan porciones de mulas para vender en Salta o conducir al Perú de su cuenta, y los demás, que están repartidos en chozas son unos infelices, porque escasea algo la carne. El país es salitroso. Las mujeres trabajan excelentes alfombras y chuces, pero, como tienen poco expendio, por hacerse en todo el Tucumán, sólo se fabrican por encargo, y la mayor prueba de su pobreza y corto comercio es que las correspondencias de un año en toda la jurisdicción no pasa de treinta pesos. En la casa que fue de los regulares se pueden alojar cómodamente todos los habitantes de la ciudad de Santiago y su ejido, porque tiene tanta multitud de oficinas, patios y traspatios, que forman un laberinto.

Toda la gente del Tucumán asegura que los santiaguinos son los mejores soldados de aquella provincia y el terror de los indios del Chaco. En tiempo de guerra tenían continuamente colgado al arzón de la silla un costalillo de maíz tostado, con sus chifles de agua, que así llaman a los grandes cuernos de buey en que la cargan y que es mueble muy usado en toda esta provincia; y con esta sola prevención eran los primeros que se presentaban en campaña a cualquier rumor de los enemigos. Al presente hay paces con los más inmediatos de estos indios. En el interior hay muchos en número, valor y situación de terreno, y a éstos prometió en la corte sujetar el actual gobernador don Gerónimo Matorras, ofreciendo poblar a su costa cuatro ciudades. Extraordinario servicio si pudiera conducir colonos de la Flandes y cantones católicos.

Antes de salir de esta jurisdicción, voy a proponer un problema a los sabios de Lima. Atravesando cierto español estos montes en tiempo de guerra con los indios del Chaco, se vio precisado una noche a dar descanso a su caballo, que amarró a un tronco con un lazo dilatado para que pudiese pastar cómodamente, y por no perder tiempo, se echó a dormir un rato bajo de un árbol frondoso, poniendo cerca de su cabeza una carabina proveída de dos balas. A pocos instantes sintió que le despertaban levantándole de un brazo y se halló con un indio bárbaro, armado de una lanza y con su carabina en la mano, quien le dijo con serenidad: "Español, haz tun"; esto es, que disparase para oír de cerca el ruido de la carabina. El español, echando un pie atrás, levantó el gatillo y le encajó entre pecho y espalda las dos balas al indio, de que quedó tendido.

Se pregunta a los alumnos de Marte si la acción del español procedió de valor o de cobardía, y a los de Minerva si fue o no lícita la resolución del español.

Capítulo V

Jurisdicción de San Miguel del Tucumán. Arañas que producen seda. - La ciudad. - Descripción de una carreta. - La manera de viajar

A la salida de Vinará, que dista 20 leguas de Santiago, da principio la jurisdicción de San Miguel del Tucumán, con monte más desahogado, árboles elevados y buenos pastos, y ya se empieza a ver el árbol nombrado quebracho, dicho así para significar su dureza, por romper las hachas con que se pule. Por la superficie es blanco, y suave al corte. En el centro es colorado, y sirve para columnas y otros muchos ministerios. Dicen que es incorruptible, pero yo he visto algunas columnas carcomidas. Después de labrado, o quitado todo el blanco, se echa en el agua, en donde se pone tan duro y pesado como la piedra más maciza.

A la entrada de esta jurisdicción observé en el camino real muchos hilos blancos de distinto grueso, entretejidos en los aromos, y otros a distancia de más de ocho varas, que son tan delgados y sutiles que sólo se percibían con el reflejo del sol. Todos muy iguales, lisos y sin goma alguna, y tan resplandecientes como el más sutil hilo de plata. Reparé que unos animalitos en figura y color de un escarabajo chico caminaban sobre ellos con suma velocidad. Me apeé varias veces para observarles su movimiento y reparé que si por contingencia alguno de ellos era más tardo en la carrera, sin estorbarle su curso ni detenerle, daban estos diestros funámbulos una vuelta por debajo, semejante a la que hacen los marineros que quieren adelantarse a otros para las maniobras que se hacen en las vergas de los navíos. Procuré hacer algún ruido para ver si estos animalitos se asustaban y detenían su curso, y sólo conseguí que lo aceleraran más. En los hilos dilatados he visto algunos animalitos muertos en la figura de una araña común, colgados de las patitas y del color de un camarón sancochado. No he podido percibir si de los vivientes salía sustancia alguna para engrosar aquel hilo. Cogí algunos y enrollándolos en un palito reconocí tenían suficiente fortaleza para esta operación.

Don Luis de Aguilar, criollo y vecino de San Miguel, quien nos condujo en sus carretas desde Córdoba a Salta, español de muy buena instrucción y observaciones, me dijo que aquellos animalitos eran las arañas que producían la seda, lo que confirmó, además del dicho de otros, don Juan Silvestre Helguero, residente y dueño de la hacienda de Tapia y maestro de postas, sujeto de extraordinaria fuerza y valor y acostumbrado a penetrar los montes del Tucumán, quien añadió que eran tantos los hilos imperceptibles que se encontraban en aquellos montes que sólo se sentían al tropezar con ellos con el rostro y ojos. Con estas advertencias, no solamente yo, sino los que me acompañaban, pusimos más cuidado y algunas veces, aunque a poca distancia, internábamos al monte, y ya veíamos dilatados hilos, ya árboles enredados de ellos; algunas veces ramas solas bordadas de exquisitas labores de un hilo muy sutil, que serían dignas de presentarse a un príncipe si las hojas no llegaran a secarse y perder la delicada figura. Hemos visto nido grande de pájaro bordado todo de esta delicada tela a modo de una escofieta o escusa peinado de una madrileña. En su concavidad vimos multitud de estos animalitos rodeados a un esqueleto que, según su tamaño, sería como de una paloma común o casera. También parece que trabajan por tandas, porque en un propio tronco, de donde salían a trabajar muchos de estos operarios, quedaban muchos dormidos. De éstos cogí uno con la punta de las tijeras, que se resistió moviendo aceleradamente sus patitas y boca, y cortándole por el medio hallé que estaba repleto de una materia bastante sólida, blanca y suave, como la manteca de puerco.

Me pareció que los animalitos que trabajaban en hilo dilatado, procuraban engrosarle, porque hallé algunos más delgados que los de seda en pelo hasta finalizar en una hebra como la de torcida de Calabria. De estos hilos hace la gente del campo unas toquillas a cordones para los sombreros, que sueltos se encogen y se estiran como de uno a tres. Su color natural es como el del capullo de la seda del gusano. En un cerco de potrero he visto muchas ramas cortadas de los aromos guarnecidas todas de telas, ya sin animalito alguno, que acaso desampararon por la falta de la flor o hallarse sin jugo las hojas. No he visto en otro árbol nido de estos animalitos, por lo que me persuado que sólo se mantienen de la flor y jugo de los aromos o de otras flores que buscan en el suelo, de que no he visto hagan provisión, ni tampoco he reconocido esqueletos sino en la figura de las arañas que he dicho haber visto pendientes de los hilos.

Una legua antes de la ciudad de San Miguel se encuentra el río nombrado Salí. Sus aguas son más saladas que las del Tercero. Son cristalinas y a sus orillas se hacen unos pozos y por sus poros se introduce agua potable. También hay otros pocitos naturales en la ribera de muy buena agua, pero tapándose en tiempo de avenidas, son inútiles. Este río se forma de 12 arroyos que tienen su nacimiento en los manantiales de lo interior de la jurisdicción, y de todos, el gran río de Santiago del Estero.

San Miguel del Tucumán

Ciudad capital de esta jurisdicción y partenza hoy de correos, ocupa el mejor sitio de la provincia: alto, despejado y rodeado de fértiles campañas. A cinco cuadras perfectas esta reducida esta ciudad, pero no esta poblada a correspondencia. La parroquia, a matriz, está adornada como casa rural y los conventos de San Francisco y Santo Domingo mucho menos. Los principales vecinos, alcaldes y regidores, que por todos no pasarán de 24, son hombres circunspectos y tenaces en defender sus privilegios. Hay algunos caudalitos, que con su frugalidad mantienen, y algunos aumentan con los tratos y crías de mulas; pero su principal cría es la de bueyes, que amansan para el trajín de las carretas que pasan a Buenos Aires y a Jujuy. La abundancia de buenas maderas les facilita la construcción de buenas carretas. Con licencia de los señores mendocinos voy a hacer la descripción de las del Tucumán.

Descripción de una carreta

Las dos ruedas son de dos y media varas de alto, puntos más o menos, cuyo centro es de una maza gruesa de dos a tres cuartas. En el centro de ésta atraviesa un eje de 15 cuartas sobre el cual está el lecho a cajón de la carreta. Este se compone de una viga que se llama pértigo, de siete y media varas de largo, a que acompañan otras dos de cuatro y media, y éstas, unidas con el pértigo, por cuatro varas o varejones que llaman teleras, forman el cajón, cuyo ancho es de vara y media. Sobre este plan lleva de cada costado seis estacas clavadas, y en cada dos va un arco que, siendo de madera a especie de mimbre, hacen un techo ovalado. Los costados se cubren de junco tejido, que es más fuerte que la totora que gastan los mendocinos, y por encima, para preservar las aguas y soles, se cubren con cueros de tara[71] cosidos, y para que esta carreta camine y sirva se le pone al extrema de aquella viga de siete y media varas un yugo de dos y media, en que se unen los bueyes, que regularmente llaman pertigueros.

71 *Cuero de tara*: cuero curtido con el fruto seco de la tara peruana (*caesalpinia spinosa*) pulverizada, con la cual se obtiene un cuero blanco y resistente a la luz

En viajes dilatados, con carga regular de 150 arrobas, siempre la tiran cuatro bueyes, que llaman a los dos de adelante cuarteros. Estas tienen su tira desde el pértigo, por un lazo que llaman tirador, el cual es del grosor correspondiente al ministerio, doblado en cuatro y de cuero fuerte de toro o novilla de edad. Van igualmente estos bueyes unidos en un yugo igual al de los pertigueros, que va asido por el dicho lazo. Estas cuarteros van distantes de los pertigueros tres varas, poco más o menos, a correspondencia de la picana, que llaman de cuarta, que regularmente es de caña brava de extraordinario grosor o de madera que hay al propósito. Se compone de varias piezas y la ingieren los peones, y adornan con plumas de varios colores.

Esta picana pende como en balanza en una vara que sobresale del techo de la carreta, del largo de vara y media a dos, de modo que, puesta en equilibrio, puedan picar los bueyes cuarteros con una mano, y con la otra, que llaman picanilla, a los pertigueros, porque es preciso picar a todos cuatro bueyes casi a un tiempo. Para cada carreta es indispensable un peón, que va sentado bajo el techo delantero, sobre un petacón en que lleva sus trastes, y sólo se apea cuando se descompone alguna de las coyundas o para cuartear pasajes de ríos y otros malos pasos.

Además de las 150 arrobas llevan una botija grande de agua, leña y maderos para la compostura de la carreta, que con el peso del peón y sus trastes llega a 200 arrobas. En las carretas no hay hierro alguno ni clavo, porque todo es de madera. Casi todos los días dan sebo al eje y bocinas de las ruedas, para que no se gasten las mazas, porque en estas carretas va firme el eje en el lecho, y la rueda sólo es la que da vuelta. Los carretones no tienen más diferencia que ser las cajas todas de madera, a modo de un camarote de navío. Desde el suelo al plan de la carreta, o carretón, hay vara y media y se sube por una escalerilla, y desde el plan al techo hay nueve cuartas. El lecho de la carreta se hace con carrizo o de cuero, que estando bien estirado es más suave.

Las carretas de Mendoza son más anchas que las del Tucumán y cargan 28 arrobas más, porque no tienen los impedimentos que estas, que caminan desde Córdoba a Jujuy entre dos montes espesos que estrechan el camino, y aquéllas hacen sus viajes por pampas, en que tampoco experimentan perjuicio en las cajas de las carretas. Los tucumanos, aunque pasan multitud de ríos, jamás descargan, porque rara vez pierden el pie los bueyes, y si sucede es en un corto trecho, de que salen ayudados por las cuartas que ponen en los fondos, a donde pueden afirmar sus fuertes pezuñas. Los mendocinos sólo descargan en tiempo de avenidas en un profundo barranco que llaman el desaguadero, y para pasar la carga forman con mucha brevedad unas balsitas de los yugos, que sujetan bien con las coyundas y cabestros. También se hacen de cueros, como las que usan los habitantes de las orillas del río Tercero y otros.

Esta especie de bagajes está conocida en todo el mundo por la más útil. En el actual reinado se aumentó mucho en España con la composición de los grandes caminos. Desde Buenos Aires a Jujuy hay 407 leguas itinerarias, y sale cada arroba de conducción a ocho reales, que parecerá increíble a los que carecen de experiencia. Desde la entrada de Córdoba a Jujuy fuera muy dificultoso y sumamente costosa la conducción de cargas en mulas, porque la mayor parte del camino se compone de espesos montes en que se perderían muchas, y los retobos, aunque fuesen de cuero, se rasgarían enredándose en las espinosas ramas, con perjuicio de las mercaderías y mulas que continuamente se imposibilitaran, deslomaran y perdieran sus cascos, a que se agrega la multitud de ríos caudalosos que no pudieran atravesar cargadas, por su natural timidez e inclinación a caminar siempre aguas abajo. A los bueyes sólo les fatiga el calor del sol, por lo que regularmente paran a las diez del día, y cada picador, después de hecho el rodeo, que es a proporción del número de carretas, desunen sus cuatro bueyes con gran presteza y el bueyero los junta con las remudas para que coman, beban y descansen a lo menos hasta las cuatro de la tarde. En estas seis horas, poco más o menos, se hace de comer para la gente, contentándose los peones con asar mal cada uno un buen trozo de carne. Matan su res si hay necesidad y también dan sebo a las mazas de las ruedas, que todo ejecutan con mucha velocidad. Los pasajeros se ponen a la sombra de los elevados árboles unos y otros a la que hacen las carretas, que por su elevación es dilatada; pero la más segura permanente, y con ventilación, será pareando dos carretas de modo que quepa otra en el medio. Se atraviesan sobre las altas toldas dos o tres picanas y sobre ellas se extiende la carpa o toldo para atajar los rayos del sol y se forma un techo campestre capaz de dar sombra cómodamente a ocho personas. Algunos llevan sus taburetitos de una doble tijera, con sus asientos de baqueta o lona. Este género lo tengo por mejor, porque, aunque se moje, se seca fácilmente, y no queda tan tieso y expuesto a rasgarse como la baqueta, porque estos muebles los acomodan siempre los peones en la toldilla, a un lado de la caja, de la banda de afuera, por lo que se mojan y muchas veces se rompen con las ramas que salen al camino real, de los árboles de corta altura, por lo que el curioso podrá tomar el partido de acomodarlos dentro de su carreta o carretón, como asimismo la mesita de campaña, que es muy cómoda para comer, leer y escribir.

A las cuatro de la tarde se da principio a caminar y se para segunda vez el tiempo suficiente para hacer la cena, porque en caso de estar la noche clara y el camino sin estorbos, vuelven a unir a las once de la noche y se camina hasta el amanecer, y mientras se remudan los bueyes hay lugar para desayunarse con chocolate, mate o alguna fritanguilla ligera para los aficionados a aforrarse más sólidamente, porque a la hora se vuelve a caminar hasta las diez del día. Los poltrones se mantienen en el carretón o carreta con las ventanas y puerta abiertas, leyendo u observando la calidad del camino y demás que se presenta a la vista. Los alentados y más curiosos montan a caballo y se adelantan a atrasan a su arbitrio, reconociendo los ranchos y sus campestres habitadores, que regularmente son mujeres, porque los hombres salen a campear antes de amanecer y no vuelven hasta que el sol los apura, y muchas veces el hambre, que sacian con cuatro libras netas de carne gorda y descansada, que así llaman ellos a la que acaban de traer del monte y matan sobre la marcha, porque en algunas poblaciones grandes, como es Buenos Aires, sucedía antes y sucedió siempre en las grandes matanzas, arrean una punta considerable, desgarretándola por la tarde, y tendidas en la campaña o playa aquellas míseras víctimas braman hasta el día siguiente, que las degüellan y dividen ensangrentadas; y a ésta llaman carne cansada, y ya envenenada.

La regular jornada de las tropas del Tucumán, que así llaman, como en otras partes, una colección de carretas que van juntas, es de siete leguas, aunque por el tránsito de los muchos ríos he regulado yo que no pasan de cinco, un día con otro. Los mendocinos hacen mayores jornadas porque su territorio es escampado con pocos ríos y muchas travesías, que llaman así a los dilatados campos sin agua. Para éstas, y en particular para la de Corocoro, tienen varias paradas de bueyes diestros, que llaman rocines. El resto del ganado marcha a la ligera y los rocines sacan las carretas cargadas sin beber muchas veces en 48 horas, con la prevención de que si el desaguadero lleva poca agua, tampoco la beben, porque conocen que está amarga e infeccionada, y, al contrario, el ganado bisoño, que aunque le arreen con precipitación siempre bebe, de lo que se experimentan algunas enfermedades y, a veces, mortandades considerables. En estas travesías sólo se para por la siesta, si apura mucho el sol, por lo que es preciso que los criados se prevengan de fiambres para la noche, aunque lo más seguro es adelantarse por la tarde llevando algunos palos de leña y lo necesario para hacer la cena, con atención que estos diestros bueyes caminan mucho y con brevedad por la tarde, noche y mañana, procurando también informarse del sitio a donde van a remudar para que haya tiempo suficiente para acomodar los trastos de cocina y demás sin atraso del carretero, no fiándose mucho de los criados que como por lo regular son negros bozales [72], pierden muchos muebles que hacen notable falta.

Algunos caminantes llevan caballos propios, que compran por lo general a dos pesos cada uno. Este es un error grande, porque por la noche se huyen a sus querencias o los estropean los rondadores. Lo más seguro es ajustarse con el dueño o mayordomo de la tropa, a quien rara vez se le pierde caballo y muchas veces se le aumentan con los que están esparcidos por el campo y agregan los muleros por género de represalia.

Así como algunos admirarán la resistencia de los bueyes rocines de Men-

---

72   *Negro bozal*: negro recién llegado de su país, metáf. inexperto

doza, se asombrarán del valor de los del Tucumán viéndolos atravesar caudalosos ríos presentando siempre el pecho a las más rápidas corrientes, arrastrando unas carretas tan cargadas como llevo dicho y que con el impulso de las olas hacen una resistencia extraordinaria. A la entrada manifiestan alguna timidez, pero no retroceden ni se asustan de que las aguas les cubran todo el cuerpo, hasta los ojos, con tal que preserven las orejas. Si no pueden arrastrar la carreta, la mantienen de pecho firme hasta que pasan a su socorro las cuartas, a las que ayudan con brío, y al segundo, tercero y cuarto tránsito se empeñan con más denuedo y seguridad, alentándolos los peones, que invocan por sus nombres. Si se enredan con las cuartas lo manifiestan con pies y manos para que el peón les quite el impedimento, y, en fin, ha sido para mí este espectáculo uno de los más gustosos que he tenido en mi vida. Al principio creí que aquellos pacíficos animales se ahogaban indefectiblemente, viéndolos casi una hora debajo del agua y divisando sólo las puntas de sus orejas, pero las repetidas experiencias me hicieron ver la constancia de tan útiles animales y el aprecio que se debe hacer de su importante servicio.

Cuando va un pasajero dentro de carretón o carreta, se rebaja un tercio de la carga por su persona, cama, baúl de ropa y otros chismes. En las carretas que llevan carga sola no se hace puerta por la trasera, pero va abierta por delante para el manejo y reconocimiento de las goteras y otros ministerios.

Es muy conveniente, y casi preciso, que los señores caminantes se informen de las circunstancias de los carreteros, porque éstos se dividen regularmente en tres clases. La primera comprende a los hombres más distinguidos de Mendoza, San Juan de la Frontera, Santiago del Estero y San Miguel del Tucumán. Los primeros establecieron este género de trajín para dar expendio en Buenos Aires y Córdoba a los frutos sobrantes de sus haciendas, como vinos, aguardientes, harinas, orejones [73] y otras frutas, fletando el resto de sus buques a pasajeros y particulares, a un precio muy cómodo. Casi siempre se reduce el importe de estos frutos a efectos de la Europa para el gasto de sus casas y particulares comercios; pero como el valor de lo que conducen en veinte carretas se regresa en una o dos, fletan las demás al primer cargador que se presenta, por el precio contingente de la más o menos carga y número de carretas. Los segundos son aquellos que tienen menos posibles, y regularmente andan escasas las providencias, con atraso de los viajes; y los terceros son gente de arbitrio. Piden siempre los fletes adelantados y muchas veces al tiempo de la salida se aparece un acreedor que lo detiene, y se ven obligados los cargadores, no solamente a pagar por ellos, sino a suplir las necesidades del camino y otros contratiempos, por lo que es más conveniente y seguro pagar diez pesos más en cada carreta a los primeros.

Los tucumanos son todos fletadores, pero también hay entre ellos las referidas tres clases. Los de Santa Fe y Corrientes conducen a Buenos Aires toda la yerba del Paraguay del gasto de la ciudad y sus inmediaciones, hasta el

73 *Orejones:* trozos de melocotón en forma de lonja y sin cáscara, curados al aire y al sol

reino de Chile, desde donde se provee todo el distrito y jurisdicción de la Audiencia de Lima. Estos carreteros, desde Buenos Aires fletan para todas partes, porque no tienen regreso a los lugares de su domicilio, y, por lo general, son unos pobres que no tienen más caudal que su arbitrio, que se reduce a trampas, exponiendo a los cargadores a un notable atraso. Con estas prevenciones y otras que dicta la prudencia, se pueden hacer ambos viajes con mucha comodidad, teniendo cuidado siempre se tolden bien las carretas y carretones para preservarse de las goteras, mandando abrir dos ventanillas, una en frente de otra, a los costados para la ventilación, y que caigan a la mitad del lecho, por donde entra un aura tan agradable que da motivo a despreciar la que se percibe debajo de los árboles y refresca el agua notablemente. Cuidado con las velas que se encienden de noche, porque con dificultad se apaga la llama que se prende al seco junco de que están entretejidas las carretas. De este inminente riesgo están libres los carretones, y también tienen la ventaja de que no crían tantos avichuchos, principalmente en la provincia del Tucumán, que es cálida y algo húmeda. Las linternas son precisas para entrar y salir de noche, así en las carretas como en los carretones, y también para manejarse fuera en las noches obscuras y ventosas, y para los tiempos de lluvia convendrán llevar una carpita en forma de tijera para que los criados puedan guisar cómodamente y no se les apague el fuego, no descuidándose con las velas, pajuela, eslabón y yesca, que los criados desperdician gratuitamente, como todo lo demás que está a su cargo, y hace una falta irreparable. Vamos a salir de la jurisdicción de San Miguel.

El oficio de correos de esta ciudad lo tiene en arrendamiento don José Fermín Ruiz Poyo, y se hizo cargo de la maestría de postas don Francisco Norry, vecino de ella. Antes de llegar a la hacienda nombrada Tapia está la agradable cañada de los Nogales, dicha así por algunos silvestres que hay en el bosque. En lo interior hay excelentes maderas, como el quebracho y lapacho, de que comúnmente hacen las carretas, por ser nerviosa y fuerte. También hay otro palo llamado lanza, admirable para ejes de carretas y lanzas de coches por ser muy fuerte, nervioso y tan flexible que jamás llega a dividirse, aunque le carguen extraordinario peso. Hay tanta variedad de frutas silvestres, que fuera prolijidad nombrarlas, y desde los Nogales hasta el río de Tapia, que es caudaloso y con algunas piedras, y de allí a la orilla del río nombrado Vipos, es el camino algo estrecho y molestoso para carretas de tanto peso, y sólo a fuerza de cuartas se camina. Estas se reducen a echar dos a cuatro bueyes más, que sacan de las otras carretas, y así se van remudando, y a la bajada, si es perpendicular, ponen las cuartas en la trasera de la carreta para sostenerla y evitar un vuelco o que atropelle y lastime a los bueyes pertigueros.

El río de Vipos también es pedregoso y de mucho caudal, y a una legua de distancia está el de Chucha, también pedregoso y de aguas cristalinas, y se previene a los señores caminantes manden recoger agua de un arroyo cristalino que está antes del río de Zárate, que por lo regular son sus aguas muy turbias y sus avenidas forman unos sequiones [74] en el camino real, en el espacio de medio cuarto de legua, muy molestos a los que caminan a caballo.

A las catorce leguas del río de Tapia está la villa de San Joaquín de las Trancas, que apenas tiene veinte casas unidas, con su riachuelo, en que hay bastante pescado. En el pozo de este nombre, que dista tres cuartos de legua, está la casa de postas al cargo de don José Joaquín de Reyna, dueño del referido sitio, que es muy agradable porque tiene varios arroyos de agua cristalina, y entre ellos un gran manantial, que desagua en la campaña y forma el arroyo o riachuelo de las Trancas.

Al sitio en que está situada esta posta se nombra generalmente el Pozo del Pescado, porque antiguamente hubo mucho en él, pero al presente se halla uno u otro por casualidad. Es voz común que se desapareció en una grande inundación y que fue a hacer mansión al arroyo de las Trancas, en donde actualmente hay muchos. Lo cierto es que de las aguas de este pozo y de los demás se forma el arroyo que pasa por aquella villa. Aquí da fin la jurisdicción de San Miguel del Tucumán, que es la menor en extensión de la gran provincia de este nombre, pero en mi concepto es el mejor territorio de toda ella, por la multitud de aguas útiles que tiene para los riegos, extensión de ensenadas, para pastos y sembrados, y su temperamento más templado.

---

74 *Sequiones*: zanjas por donde corre agua en épocas de crecidas

Capítulo VI

Jurisdicción de Salta. - El territorio y la ciudad. - El comercio de mulas. - Las ferias. - Ruta de Salta al Perú. - Otra ruta de Santa Fe y Corrientes

Del Pozo del Pescado al Rosario	13
A la estancia de Concha	10
Al río del Pasaje	15
Al fuerte de Cobos	16
A Salta	9
A las Tres Cruces	9
Son leguas	72

Inmediato al Pozo del Pescado da principio ésta, y al medio cuarto de legua está el paso del río nombrado Tala, de bastante caudal, sobre piedra menuda, pantanoso en sus orillas, por lo que es preciso repasarle dos o tres veces con los bueyes y caballerías para que se fije el terreno y no se atollen las ruedas de las carretas. Pasado el río se camina un dilatado trecho entre dos montes tan espesos que sólo ofrecen el preciso paso a una carreta, hasta llegar a un espacioso llano como de cinco leguas.

Antes de llegar a la hacienda nombrada el Rosario, propia de don Francisco Arias, se encuentran dos sitios nombrados el Arenal y los Sauces, en donde hay casas y alguna provisión de bastimentos, como corderos, gallinas y pollos, que ya empiezan a tener doblado precio del de las tres jurisdicciones que dejamos atrás.

En el Rosario, que dista trece leguas del Pozo, del Pescado, se situó la primera posta de esta jurisdicción, y dará caballos el mayordomo de la hacienda. Hay pulpería, y deteniéndose algún tiempo se amasará pan, porque no lo hay de continuo. A una legua de distancia está el caudaloso río con el nombre del Rosario, de que comúnmente usan los naturales, aplicándole el de la hacienda más inmediata. Este mismo río tiene distintos nombres, y según los sitios por donde pasa, como otros muchos del Tucumán y aunque es muy caudaloso es fácil de vadear por explayarse mucho. Forma en el medio unas isletas, muy agradables por estar guarnecidas, como sus bordes, de elevados sauces. Así esta hacienda, como las demás que siguen hasta Jujuy, tiene sus potreros con varios arroyos de agua cristalina. Hay muchos que tienen una circunferencia de más de seis a ocho leguas, cercados de montes algo elevados, de grandes sequiones de agua, y en muchas partes de estacones y fajina que se corta de la multitud de árboles, suficiente a encerrar las mulas tiernas, por ser muy tímidas.

Sigue el río nombrado de la Palata, después de haber pasado la estancia de don Miguel Gayoso, que tomó el nombre del río, que regularmente corre en dos brazos fáciles de vadear. Antes y después de este territorio hay varias ensenadas, al Este y Oeste, de Simbolar [75] e ichales [76]. Simbolar es una especie de pasto conque engorda mucho el ganado, muy semejante, en la caña y hojas, a la de la cebada, aunque no tan gruesa. Hay cañas que llegan a tres varas de alto y por espiga tienen unos racimos de espinitas que llaman cadillos. Otras no crecen tanto ni engrosan, y sus espigas son parecidas al heno de Galicia y Asturias. Con esta paja, que es muy flexible y bastante fuerte, se entretejen las carretas en toda la provincia del Tucumán.

A las cinco leguas de la Palata está el río nombrado las Cañas, de poco caudal, y la gran hacienda nombrada Ayatasto, con un caudaloso río de este nombre y medio cuarto de legua de las casas de don Francisco Toledo. Tiene de largo al camino real cuatro leguas, con llanos de bastante extensión, muy agradables por la abundancia de pastos y bosques de que están guarnecidos. Se mantienen en dicha hacienda 4000 cabezas de ganado vacuno, 500 yeguas y 100 caballos, independientes de las crías y ganado menor, todo del referido Toledo, aunque cuando pasé por ella estaba muy deteriorada por haberla abandonado con un pleito que tuvo con el gobernador, y en la ausencia que hizo a Buenos Aires por algún tiempo le robaron la mitad del ganado, y, en particular, todas las crías que estaban sin su hierro, porque así en esta provincia como en la de Buenos Aires se elige un tiempo determinado para que concurran los criadores a recoger sus ganados y herrarlos, y así el que es omiso o tiene poca gente, recoge menos crías con doblado número de vacas y yeguas, sucediendo lo contrario al diligente que se presenta primero en campaña, para aumentar una especie de saco permitido tácitamente entre los criadores.

Al fin de la hacienda de Toledo, y en su pertenencia, al tránsito del río nombrado Mita, de bastante caudal y suelo pedregoso, está avecindado don Francisco Antonio Tejeyra y Maciel, lusitano, casado con doña María Dionisia Cabral y Ayala, española, natural de Salta. El referido hidalgo y los ascendientes de su mujer son de los primeros pobladores de esta frontera. Tie-

---

75   *Simbolar*: tierra donde se cria el *Simbol*, gramínea de tallos largos y flexibles, muy usada en cestería.

76   *Ichal*: *Festuca rigidifolia*, del quichua *Ichu*, planta gramínea espontánea en los páramos de los Andes

nen nueve hijos, casi desnudos, muy rubios y gordos, porque el buen hidalgo siempre mantiene la olla al fuego, con buena vaca, carnero, tocino y coles, que coge de un huertecillo inmediato. Provee a los pasajeros de buenos quesos, alguna carne, cebollas y otras cosas que tiene en dicho huertecillo muy bien cultivado y nos aseguraron que en su arca se hallarían más prontamente 200 pesos que 50 en la de Toledo.

Ocho leguas de distancia, caminando al Este, está el pueblo nombrado Miraflores, que ocupan algunas familias de indios Lules, descendientes de los primeros que voluntariamente abrazaron la religión católica, manteniéndose siempre fieles vasallos de los Solipsos, aun en tiempo de las guerras de los indios del Chaco. Tuvo 600 familias y multitud de ganados y varios comestibles. El temperamento de aquel sitio dicen que es admirable. Allí hace sus compras de comestibles el portugués y trae sazonados tomates, de que me dio algunos, encargándome mucho hiciese memoria de él y de su familia en mi diario, como lo ejecuto puntualmente, por no faltar a la palabra de honor. Dicen que el referido pueblo está hoy casi arruinado.

Del Rosario a la hacienda nombrada Concha, por haber tenido este apellido el primer poseedor y fundador de ella, hay 10 leguas. Antes de llegar a las casas se pasa un río de bastante caudal, que conserva el nombre de Concha; pero la hacienda es actualmente de don Juan Maurín, de nación gallego. La mayor parte de su territorio, y en particular los contornos de las casas, es de regadío perenne, capaz de producir cuanto se sembrase; pero sólo cultivan escasamente lo necesario para la mantención de su familia, reservándose todo lo demás de la buena hacienda para crías de caballos e invernadas de algunas mulas. Aquí se pueden proveer los pasajeros de lo necesario hasta Salta, porque aunque hay algunas hacenduelas en sus intermedios, no se encuentra en ellas más, que algunos trozos de vaca.

También se informarán del estado en que se halla el vado del caudaloso río nombrado Pasaje, para esperar en las casas de Maurín hasta el tiempo de su tránsito, por no exponerse a las incomodidades que se experimentan en el rodeo, que está media legua antes del Pasaje, cuyas aguas corren siempre muy turbias, sobre arena. A la banda del Este del rodeo, a la derecha, como se entra en él, se buscará una vereda por el monte adentro, y a pocos pasos se verá un corral cercado de troncos y más adelante, como a un tiro de fusil, hay un hermoso ojo de agua dulce y cristalina y una figura de peines que se forman de las aguas que descienden de un altillo, y de esta agua se pueden proveer para algunos días, reservándola sólo para sí en paraje que no la desperdicien los peones, que se acomodan bien con la del río y que sirve a todos para cocidos y guisados, porque no tiene más fastidio que el de su color turbio y algo cenagoso. Es digno de reparo el que a una banda y otra de este río no se vean mosquitos ni se sientan sus incomodidades en tiempos de lluvias y avenidas, y que sólo se aparezcan en los de seca.

Don Juan Maurín se obligó a poner un tambo a la entrada del río para proveer de víveres a correos del rey y pasajeros y tener caballos de refresco para vadearle con toda seguridad, y por esta pensión y beneficio le asigné dos pesos más de gratificación por cada tres caballos, o cuatro para el Rey y al doble para los particulares; y lo mismo, bajo de las propias condiciones y circunstancias, se concedió a don José Fernández, que había de recibir las postas en la otra banda y volverlas a la vuelta, pasando el río, hasta el tambo de Maurín, y en caso de no cumplir ambas condiciones servirá cada uno su posta por el precio común reglado.

Antes de llegar al fuerte de Cobos se encuentran varios arroyos que descienden de una media ladera pedregosa, de aguas casi ensangrentadas, que causa pavor a la vista. Me detuve un rato a contemplarlas hasta que llegaron las carretas, y reparando que todos los peones descendían a beberlas, supe que eran las mejores de toda la provincia del Tucumán, para enfermos y sanos. Con todo eso me resolví solamente a gustarlas y no encontré en ellas particularidad, hasta que el dueño de las carretas me aseguró que en Cobos las beberíamos muy cristalinas, porque aquel color fastidioso lo tomaban de la tierra colorada por donde pasaban, de que me aseguré viéndolas en su origen, y con la declaración del dueño del fuerte y toda su familia bebimos todos en abundancia y nadie sintió novedad alguna, pero si advertí que toda la familia, a excepción de la mujer dueña del sitio, estaban enfermos.

El fuerte de Cobos se erigió hace 80 años para antemural de los indios del Chaco. Está al pie de una ladera, nueve leguas distante de Salta. Hoy es casa de la hacienda de doña Rosalía Martínez, que posee varias tierras y un potrero en su circunferencia. Esta señora salteña es casada con don Francisco Xavier de Olivares, nacido en la ciudad de Santiago de Chile. La casa está tan arruinada que me costó algún cuidado subir la escalera que conduce a los altos, en donde tienen su habitación, de donde no podía salir el marido por estar medio baldado, a pesar de las prodigiosas aguas que bebía. La madama no manifestaba robustez en su semblante y delicado cuerpo, que es de regular estatura, pero me causó admiración ver su cabello tan dilatado, que llegaba a dos varas y una ochava, y me aseguró que una prima suya, que residía en Salta, le tenía de igual tamaño. No tenía esta señora otra gala de que hacer ostentación, y aún esta no pasaba de los límites de lo largo de sus hebras.

En los montes y potreros de esta circunferencia hay también arañas negras y gusanos de seda, con otras producciones. Esta noticia va sobre la buena fe del señor don Francisco de Olivares, que me pareció hombre instruido en extravagancias, sobre otros puntos. El camino desde Cobos a Salta es algo fragoso para carretas y muy molesto en tiempo de aguas, y así, sólo por precisión se hace, como nos sucedió a nosotros, y allí cumplió el carretero como si hubiera pasado hasta Jujuy por el camino regular. El pasajero que no tuviere necesidad de entrar en esta ciudad tomará postas en Cobos, hasta Jujuy, en cuyo intermedio no se han situado, por no ser camino de correos, por la precisión de entrar en

Salta

Con el título de San Felipe el Real. Es ciudad célebre, por las numerosas asambleas que en ella se hacen todos los años, en los meses de Febrero y Marzo, de que daré razón brevemente. Está situada al margen del valle de Lerma, en sitio cenagoso y rodeada toda de un foso cubierto de agua. Su entrada se hace por una calzada tan infeliz que no llega a cubrir el barranco, que aunque no tiene mucha extensión ni profundidad, la impide a todo género de bagajes en tiempo de lluvias, en el cual no se puede atravesar la ciudad a caballo porque se atascan en el espeso barro que hay en las calles, y así los pasajeros, en el referido tiempo de lluvias, tienen por más conveniente, y aún preciso, atravesar la ciudad a pie, arrimados a las casas, que por lo regular tienen unos pretiles no tan anchos y tan bien fabricados como los de Buenos Aires, pero hay el impedimento y riesgo de pasar de una a otra cuadra. El valle, si no me engaño, tiene cinco leguas de largo y media de ancho. Todo es de pastos útiles y de siembra de trigo, y se riega todo con el surco de un arado. Sus colonos son robustos y de infatigable trabajo a caballo, en que son diestrísimos, como todos los demás de la provincia.

La gente plebeya de la ciudad, o, hablando con más propiedad, pobre, experimenta la enfermedad que llaman de San Lázaro, que en la realidad no es más que una especie de sarna. Los principales son robustos, y comúnmente los dueños de los potreros circunvecinos, en donde se hacen las últimas invernadas de las mulas. El resto es de mercaderes, cuya mayor parte, o la principal, se compone de gallegos. Las mujeres de unos y otros, y sus hijas, son las más bizarras de todo el Tucumán, y creo que exceden en la hermosura de su tez a todas las de la América, y en particular en la abundancia, hermosura y dilatación de sus cabellos. Muy rara hay que no llegue a cubrir las caderas con este apreciable adorno, y por esta razón lo dejan comúnmente suelto o trenzado a lo largo con gallardía; pero en compensativo de esta gala es muy rara la que no padezca, de 25 años para arriba, intumescencia en la garganta, que en todo el mundo español se llama coto[77]. En los principios agracia la garganta, pero aumentándose este humor hace unas figuras extravagantes, que causan admiración y risa, por lo que las señoras procuran ocultar esta imperfección con unos pañuelos de gasa fina, que cubren todo el cuello y les sirven de gala, como a los judíos el San Benito, porque todos gradúan a estas madamas por cotudas, pero ellas se contentan con no ponerlo de manifiesto ni que se sepa su figura y grados de aumento, porque la encubren entre los pechos con toda honestidad.

---

77 *Coto*: bocio, tumoración de la glándula tiroides, endémica en algunas regiones montañosas, por carencia de iodo en la dieta de sus pobladores

Todas y todos aseguran que esta inflamación no les sirve de incomodidad ni que por ella hayan experimentado detrimento alguno, ni que su vida
sea más breve que la de las que no han recibido de la naturaleza esta injuria,
que sólo se puede reputar por tal en los años de su esplendor y lucimiento.
Toda la ciudad está fundada, como México, sobre agua. A una vara de excavación se halla clara y potable. Hay algunas casas de altos, pero reparé que
los dueños ocupan los bajos y alquilan los altos a los forasteros, que son muchos por el trato de las mulas y se acomodarían mejor en los bajos, por ex-
cusarse de la molestia de subidas y bajadas, pero sus dueños no hacen juicio
de la humedad, como los holandeses. No hay más que una parroquia en toda ella y su ejido, con dos curas y dos ayudantes. Tiene dos conventos, de San
Francisco y de la Merced, y un colegio, en que los regulares de la compañía
tenían sus asambleas en tiempo de feria.

No se pudo averiguar el número de vecinos de la ciudad y su ejido, pero el cura rector, que así llaman al más antiguo, me asegura, y puso de su letra, que el año de 1771 se habían bautizado 278 párvulos. Los 97 españoles y
los 181 indios, mulatos y negros, que en el mismo año habían fallecido, de
todas estas cuatro castas, 186, por lo que resulta que en dicha ciudad y su ejido se aumentaron los vivientes hasta el número de 92. Por este cálculo no se
puede inferir la sanidad y buen temperamento de la ciudad. Yo la gradúo
por enfermiza, y no tengo otra razón más que la de no haber visto ancianos
de ambos sexos a correspondencia de su población. En ella regularmente reside el gobernador con título de capitán general, desde donde da sus providencias y está a la vista de los movimientos de los indios bárbaros, que ocupan las tierras que se dicen el Chaco, de que se le da noticias por los capitanes que están de guarnición de aquellas fronteras. Administra los correos,
con aprobación general, don Cayetano Viniegra, de nación gallego y casado
con una señorita distinguida en nacimiento y prendas personales.

El principal comercio de esta ciudad y su jurisdicción consiste en las utilidades que reportan en la invernada de las mulas, por lo que toca a los dueños de los potreros, y respecto de los comerciantes, en las compras particulares que cada uno hace y habilitación de su salida para el Perú en la gran feria que se abre por el mes de Febrero y dura hasta todo Marzo, y esta es la
asamblea mayor de mulas que hay en todo el mundo, porque en el valle de
Lerma, pegado a la ciudad se juntan en número de sesenta mil y más de cuatro mil caballos para los usos que diré después. Si la feria se pudiera efectuar
en tiempo de secas sería una diversión muy agradable a los que tienen el espíritu marcial; pero como se hace precisamente dicha feria en el rigor de las
aguas, en un territorio estrecho y húmedo, causa molestia hasta a los mismos
interesados en ventas y compras, porque la estación y el continuo trajín de
sesenta y cuatro mil bestias en una corta distancia, y su terreno por naturaleza húmedo, le hace incómodo y fastidioso. Los que tienen necesidad de

mantenerse en la campaña, que regularmente son los compradores, apenas tienen terreno en que fijar sus tiendas y pabellones.

Para encerrar las mulas de noche y sujetarlas parte del día, se hacen unos dilatados corrales que forman de troncos y ramazón de los bosques vecinos, que lo una noche y parte del día son comunes; pero en sólo una noche y parte del día hacen estos animales unas excavaciones que dejan dichos corrales imposibilitados para que les sirvan, sin perjuicio grave del dueño, y así los mudan cada dos o tres días para que sus mulas no se imposibiliten para hacer la dilatada jornada, hasta el centro del Perú. Casi todos los muleros, en cuya expresión se entienden los arreadores y dueños de las tropas, estaban en el error de que las mulas padecían y experimentaban la epidemia del mal de vaso, de que se imposibilitaban y moría un considerable número. Otros que no tenían práctica entendían que era mal del bazo. Unos y otros se engañaban, porque según las experiencias, se ha reconocido que las mulas que habían invernado en potreros cenagosos, se les ablandaban mucho los cascos, porque inclinándose estos animales mucho a comer en los parajes húmedos, buscando los pastos verdes, se habituaban a residir en ellos.

Al contrario sucedía en los potreros secos y pedregosos, por donde pasaban las aguas que beben y buscan los pastos en los altos cerros y campañas secas, que son los potreros más a propósito para las invernadas, para que las mulas se hagan a un ejercicio algo penoso y que se les endurezcan los cascos y estén robustas y capaces de hacer viaje hasta lo más interior del Perú. El motivo de que algunos muleros pensasen de que el mal del vaso era contagioso, provino de que experimentaban que en las primeras jornadas se les imposibilitaban veinte o treinta mulas, y que, consiguiente, iban experimentando igual pérdida, sin prevenir que por naturaleza, o por más o menos humedad del potrero, tenían más o menos resistencia, y así lo atribuían a mal contagioso, no reparando que otras mulas de la misma tropa no participaban del propio perjuicio, pisando sus propias huellas, caminando juntas, comiendo los mismos pastos y bebiendo de las propias aguas.

Sabido ya el principal motivo porque se pierden muchas mulas en el violento arreo de la salida de Salta hasta entrar en los estrechos cerros del Perú por el despeo de las mulas, es conveniente advertir a los tratantes en ellas que no solamente se despean las que invernaron en potrero húmedo, sino todas las criollas de la jurisdicción, las que comúnmente también se cansan por no estar ejercitadas en el trabajo, por lo que a las criollas de Buenos Aires y chilenas que han pasado a Córdoba, y de estos potreros a los de Salta, llaman ganado aperreado, que es lo mismo que ejercitado en trabajo violento, y es el que aguanta más las últimas jornadas. También se cuidará mucho de que el capataz y ayudante sean muy prácticos en el conocimiento de los pastos, que no tengan garbancillo [78] ni otra yerba mala. En los contornos de Mojo suele criarse mucho que apetecen y comen con ansia las mulas, pero breve-

78 *Garbancillo*: o "hierba loca" nombre de varias especies del género Astragalus, todas con principios activos que producen intoxicaciones al ganado

mente se hinchan y se van cayendo muertas, gordas, sin que se haya encontrado remedio para este mal.

Esta yerba nombrada el garbancillo, y otras peores, no solamente es patrimonio de algunos particulares territorios, sino que se aparece de repente en otros, y siempre en sitios abrigados, de corta extensión. Algunos ignorantes piensan también que estas mortandades nacen y se aumentan de la unión estrecha que llevan entre sí las mulas, y que se contagian unas a otras, porque ven que un día mueren por ejemplo veinte, al otro diez, y al siguiente y demás hasta el número de aquellas que comieron en cantidad el garbancillo, sin reflexionar en la más o menos robustez o más o menos porción. Lo cierto es que causa lástima ver en aquellas campañas y barrancos porciones de mulas muertas, habiendo observado yo que la mayor parte arroja sangre por las narices, ya sea por el efecto de la mala yerba o por los golpes que se dan a la caída. Algunas suelen convalecer, deteniendo las tropas a descansar algunos días en paraje de buen pasto o rastrojales, pero éstas son aquellas que solamente estuvieron amenazadas del mal, porque comieron poco de aquellas yerbas o fueron tan robustas que resistieron a su rigor maligno. Aquí iba a dar fin al asunto de mulas, pero mi íntimo amigo don Francisco Gómez de Santibáñez, tratante años ha en este género, me dijo que sería conveniente me extendiese más, tratando la materia desde su origen, poniendo el costo y gasto de arreos, invernadas y tabladas en donde se hacen las ventas. Me pareció muy bien una advertencia que, cuando no sea muy útil, no puede desagradar al público en general. Dicho amigo y el dictamen de otros me sacó de algunas dudas y me afirmó en las observaciones que hice yo por curiosidad. No me pareció del caso borrar lo escrito o posponerlo y así sigo el asunto por modo retrógrado, o imitando los poemas épicos.

En la gran feria de Salta hay muchos interesados. La mayor parte se comporte de cordobeses, europeos y americanos, y el resto de toda la provincia, con algunos particulares, que hacen sus compras en la campaña de Buenos Aires, Santa Fe, Corrientes y parte de la provincia de Cuyo; de modo que se puede decir que las mulas nacen y se crían en las campañas de Buenos Aires hasta la edad de dos años, poco más, que comúnmente se llama sacarlas del pie de las madres; se nutren y fortalecen en los potreros del Tucumán y trabajan y mueren en el Perú. No por esto quiero decir que no haya crías en el Tucumán o mulas criollas, pero son muy pocas, respecto del crecido número que sale de las pampas de Buenos Aires. Los tucumanos dueños de potreros son hombres de buen juicio, porque conocen bien que su territorio es más a propósito para fortalecer este ganado que para criarlo, y los de las pampas tienen justos motivos para venderlo tierno, porque no tienen territorio a propósito para sujetarlo desde que sale del pie de la madre.

Las que se compran en las referidas pampas, de año y medio a dos, cuestan de doce a diez y seis reales cada una, regulando los tres precios: el ínfimo, a doce reales; el mediano, a catorce, y el supremo, a diez y seis, de algunos años a esta parte, pues hubo tiempo en que se vendieron a cinco reales y a menos cada cabeza, al pie de la madre. Esta propia regulación observaré con las que se venden en Córdoba y Salta, por ser las dos mansiones más comunes para invernadas. Las tropas que salen de las campañas de Buenos Aires sólo se componen de seiscientas a setecientas mulas, por la escasez de las aguadas, en que no pueden beber muchas juntas, a que se agrega la falta de montes para formar corrales y encerrarlas de noche, y para suplir esta necesidad se cargan unos estacones, y con unas sogas de cuero se hace un cerco para sujetar las mulas, a que se agrega el sumo trabajo de doce hombres, que las velan por tandas, para lo cual son necesarios cuarenta caballos, que cuestan de ocho a diez reales cada uno. Aunque el comprador eche más número de caballos, no solamente no perderá, aunque se le mueran y pierdan algunos, sino que ganará porque en Córdoba valen a dos pesos y se venden a los vecinos y dueños de potreros, que los engordan de su cuenta y riesgo, para venderlos y lucrar en la siguiente campaña.

También puede el comprador que va a invernar echarlos de su cuenta a los potreros, pero este arbitrio no lo tengo por favorable, porque los peones que rodean y guardan las mulas estropean estos caballos a beneficio suyo o del dueño del potrero, en que se hace poco escrúpulo. Los referidos doce hombres para el arreo de cada tropa de seiscientas a setecientas mulas, ganan, o se les paga, de doce a diez y seis pesos en plata, con proporción a la distancia, y además de esto se les da carne a su arbitrio y alguna yerba del Paraguay. En este arreo no se necesita mansaje, porque los caballos son los que hacen todas las faenas. Están regulados los costos de cada mula, desde las campañas de Buenos Aires hasta la ciudad de Córdoba y sus inmediatos potreros, en cuatro reales, independiente del gasto que hace el dueño y principal costo.

En estos potreros se mantienen aquellas mulas tiernas, y que regulan de dos años, catorce meses, poco más o menos, y se paga al dueño de cinco a seis reales por cada una y seis mulas por ciento de refacción, que vienen a salir a ocho reales de costo cada una en la invernada, obligándose el dueño solamente a entregar el número de las que tuvieren el hierro o marca del dueño, aunque estén flacas o con cualquiera otra adición; pero las que faltan las debe reponer a satisfacción del referido dueño. En esta ciudad pagan los forasteros un real de sisa por cada mula que sacan de su jurisdicción para los potreros de Salta. Los vecinos no pagan nada, por lo que tomando el precio medio de su costo y costos, se debe regular prudentemente que cada mula que se saca de Córdoba, de las que traen de las campañas de Buenos Aires, tiene de costo veinte y seis reales, poco más o menos. Su valor en Córdoba es de treinta y seis reales, poco más o menos, por lo que regulada cada tropa de a seiscientas mulas, con la rebaja del seis por ciento, se adelanta en cada una setecientos cincuenta pesos; pero de éstos se debe rebajar el gasto que hace el comprador y sus criados en el espacio de más de dos años, que consume en ida, estadía y vuelta, hasta que concluye la invernada, que son muy distintos, según la más o menos economía de los sujetos y el mayor a menor número del empleo, su industria y muchas veces trabajo personal, que es muy rudo, teniendo presente las disparadas y trampas legales, que así llaman los peones a los robos manifiestos, de que los dueños procurarán preservarse y cautelar, a costa de un incesante trabajo.

Ya tenemos estas tropas capaces de hacer segunda campaña, hasta Salta, a donde se hace la asamblea general, saliendo de Córdoba a últimos de Abril a principios de Mayo para que lleguen a Salta en todo Junio, reguladas detenciones contingentes, y muchas veces precisas, para el descanso del ganado en campos fértiles y abundantes de agua. En esta segunda jornada se componen ordinariamente las tropas de mil trescientas a mil cuatrocientas mulas, que cada una tiene de costo cinco reales. En cada tropa de éstas van veinte hombres y setenta caballos, que cuestan de diez y seis a diez y ocho reales. El capataz gana de setenta a ochenta pesos, el ayudante treinta y los peones veinte, en plata sellada, y además de este estipendio se les da una vaca o novillo cada dos días, de modo que los veinte hombres, incluso capataz y ayudante, hacen de gasto diariamente media res, y asimismo se les da yerba del Paraguay, tabaco de humo y papel para los cigarrillos, que todo tiene de costo poco más o menos de doce pesos, cuyas especies se entregan al capataz, para que las distribuya diariamente.

Aunque dije que las mulas de Córdoba a Salta tenían de costo cada una cinco reales, regulados aquellos sobre una apurada economía, no incluidas las que mueren, se pierden o roban; y los que no quisieren exponerse a este riesgo y emprender un sumo trabajo, pueden valerse de fletadores, que las conducen de su costo, cuenta y riesgo, a siete reales por cabeza, pero es preciso que este sujeto sea abonado, y la mayor seguridad será la de que lleve en cada tropa de su cuenta, doscientas o trescientas mulas más, para completar a su dueño el número fijo que salió de Córdoba y en Santa Fe entregan y sacan recibo del dueño del potrero que destina el amo de la tropa, recibiéndosele todas aquellas mulas que tuviesen su marca o hierro y acabalando las faltas con otras corrientes, que se llaman de dar y recibir, según el estilo de comercio.

En los potreros de Salta descansan estas tropas cerca de ocho meses y observará en su elección lo que dije al principio sobre las humedades y las ilegalidades de sus dueños, que aunque por lo general son hombres de honor, se pueden hacer muchos fraudes, dando por muertas o robadas y huidas muchas mulas de las mejores de la tropa, que pueden acabalarlas con criollas que, como dije, no son a propósito para hacer el rudo trabajo al Perú. Se paga al dueño del potrero, por la guarda y pastos, a ocho reales por cabeza, que siendo del hierro y marca del amo, cumplen con entregarlas, como dije, en los potreros de Córdoba. Para la saca o salida de Salta, paga el comprador o dueño de mulas, si es forastero, seis reales de sisa por cada cabeza, cuyo derecho está destinado para la subsistencia de los presidios que están en las fronteras del Chaco y campaña anual que se hace para el reconocimiento de aquellas fronteras.

En esta segunda mansión, y antes de hacer la tercera jornada, las mulas tienen de costo, al comprador en las pampas, a 47 reales cada una, y al que compra en Córdoba a cuatro y medio pesos, le sale cada cabeza por siete pesos y un real, si no se hace el dueño fletador, que así se llama el que conduce las mulas de su cuenta, costo y riesgo. El precio de las mulas en Salta, de estos últimos años, fue de ocho pesos a ocho y medio, y el supremo nueve. El comprador paga al contado los seis reales de sisa. En cada tropa se necesitan dos caballadas: la una para apartar y recoger el ganado, y a los dueños se les paga cuatro reales por cada hombre todos los días, aunque monte cada uno veinte caballos, los estropee o mate. La otra caballada se fleta hasta la Abra de Queta, 60 leguas distante de Salta. Esta caballada sirve para atajar y contener las mulas que salen lozanas y muy briosas de la invernada de Salta. Al dueño de la caballada se le pagan cuatro pesos y medio por cada tres caballos que monta cada mozo, uno por la mañana, otro al mediodía y otro a la noche; de modo que por el trabajo de tres caballos en sesenta leguas se paga al dueño los referidos cuatro pesos y medio, y este tiene la obligación de enviar dos mozos de su cuenta para regresar los caballos que queden de servicio, que regularmente son pocos y muchas veces ninguno, porque las jornadas son largas y a media rienda, para no dar lugar a que las mulas disparen y se vuelvan a la *querencia*. Todos los días se montan 50 caballos, hasta dicha quebrada, por lo que a lo menos van en cada tropa 150. En el resto del camino ya no se necesitan caballos, porque además de que perdieron el primer ímpetu las mulas, caminan ya como encallejonadas entre los empinados cerros, y ya desde Salta no se hacen corrales para encerrar el ganado de noche, que se moriría de hambre, respecto del poco y mal pasto que hay en el camino real en la mayor parte del Perú, por lo que es preciso que coman y descansen de noche en algunas ensenadas y cerros, y desde la referida quebrada de Queta empieza a servir el mansaje.

Cada tropa de mulas que sale de Salta se compone de 1700 a 1800. Cada una necesita de 70 a 80 mulas mansas, si son buenas y de servicio, con lo que se debe tener gran cuidado, porque estas mulas no sólo sirven para el arreo, sino para la conducción de cargas, que sólo la gente necesita de seis a siete para bizcocho, harina, carne, maletas, lazos y demás chismes, con la carga de petacas del capataz. Estas mulas mansas, siendo comunes, cuestan un peso más; pero siendo de las que llaman rocinas, esto es, muy mansas y diestras para carga y silla, se pagan a 3 pesos más cada una, que salen de Salta a doce pesos muy cumplidos, y que apenas los dan por ellas en el Perú, porque llegan muy trabajadas, flacas y matadas, y con tantas mañas como si fueran de alquiler.

En cada tropa de Salta al Perú sólo van diez y seis hombres, incluso el ayudante y capataz. Este gana hasta Oruro, 300 pesos; hasta el Cuzco o tablada de Coporaca, 500; y hasta Jauja o tablada de Tucle, 850 pesos. El ayudante hasta la primera estación, 160 o 170; por la segunda, 225; y por la tercera, 360; diez pesos más o menos. Los peones 65 pesos, 120 y 175, hasta la última tablada de Tucle; y si pasan a otras, como las de Pachacama a Travesías, se ajustan o con el dueño de la tropa o con el comprador, sin observar proporción. El dueño permite introducir en la tropa de 20 a 30 mulas al capataz, de 10 a 12 al ayudante y de 2 a 4 para cada peón, que se consideran para su regreso, en que hay trampas inevitables. Lo cierto es que los peones salen de la última tablada con una mula de deshecho, manca, tuerta y coja, y mediante la devoción de su rosario llegan a Salta con tres o cuatro mulas buenas y sanas, aunque algunos encuentran con dueños igualmente diestros con quienes se componen amigablemente, soltando la presa sin resistencia; pero los buenos tucumanos son tan hábiles como los gitanos y trastornan cerros y hacen tantos cambios como los genoveses con sus letras. Mucho tuviera que decir sobre este asunto, si sólo se dirigiera a la diversión. La paga de capataz, ayudante y peones de cada tropa parecerá exorbitante a los que, como yo, estamos hechos a ver y experimentar lo mal graduado que está el trabajo personal en el Perú, sobre que me explicaré más adelante con distinción, pero ahora sólo conviene explicar el modo con que se hacen estas pagas en Salta, y las utilidades que quedan en aquella ciudad, por las habilitaciones que hacen los comerciantes de ella a favor de los compradores de mulas, que regularmente emplean con ellas todo su caudal, por conveniencia propia. Los comerciantes o tenderos de Salta se hacen cargo de habilitar en plata y efectos a la gente de la tropa.

A la gente, esto es, a los peones, se les señala una tienda para que se habiliten de algunos efectos para su uso y el de su familia. Estos se dan por el mercader a precio de plaza, y a su elección, procurando el mercader arreglarse a las órdenes de los dueños de las tropas y de su parte procurar darles lo menos que se pueda en plata sellada, para dar salida a sus efectos. El dueño de la tropa o tropas procurará estrechar lo posible este socorro, porque si los peones van muy recargados y sin el preciso avío para la vuelta suelen huirse, y verse precisado el capataz a conchavar otros, con grave perjuicio del dueño de la tropa, que muy rara vez recauda estas públicas usurpaciones.

Estos suplementos en plata y efectos todos los troperos los reputan por de primera deducción, y así los más lo pagan del valor de las primeras mulas que venden a plata en contado, como es de justicia, y este comercio se cuenta por el más efectivo y útil a los mercaderes de Salta. Al capataz no se le pone límite, porque regularmente es hombre de honor, y, con corta diferencia, sucede lo propio con su ayudante. Sobre el ajuste que llevo dicho, y considerado como plata en contado, se rebaja por el dueño de la tropa un 25 por ciento al capataz, al ayudante 50 y a los peones 75 por ciento, en lugar de100 por 100, que se les rebajaba antes por recíproca convención, en que no hay usura, como algunos ignorantes piensan; pero siendo cierto lo que algunos troperos me han dicho, de que la mayor parte perjudicaban a la gente por ignorancia en la exacción del 25, 50 y 75 por ciento, por ignorar la regla de 3, que llaman vulgarmente de rebatir, tengo por conveniente sacarles de un error que acaso será imaginario o, como probaré, imposible, en algunos casos.

Si al capataz, por ejemplo, que gana hasta la tablada de Coporaca 500 pesos, y sobre esta cantidad se le rebaja el 25 por ciento, le agravian en 25 pesos. Esta cantidad es casi imperceptible, porque se exige a unos hombres nada versados en cuentas, y mucho menos en cálculos, que necesitan más penetración. El ayudante, con menos luces, percibiría mejor en engaño; pero mucho más el peón, más bárbaro y grosero; pero la prueba más clara y evidente de que no se les ha formado jamás la cuenta según nos han informado, a lo menos por lo que toca a ayudantes y peones, es que antiguamente se les rebajaba a éstos el ciento por ciento, y deben confesar los del error primero que a estos hombres no se les pagaba nada por un trabajo tan rudo. La cuenta del ciento por ciento abre los ojos al hombre más ciego, porque no debía pagar nada o debía pagarle la mitad del ajuste fantástico en plata y efectos al precio regular de la plaza, y como si fuera a plata en contado. Porejemplo, al peón que ganaba desde Salta a Coporaca ciento veinte pesos, se le daban sesenta, cuando se le rebajaba el ciento por ciento, y al presente, que está reducida la rebaja a setenta y cinco por ciento, se le deben dar sesenta y ocho pesos y cinco reales. La mitad en plata sellada y la otra en los efectos que eligiere al precio corriente a que se vende a plata en contado, que es la paga que rigurosamente le corresponde al peón, y no 30 pesos, como piensan algunos, deduciéndose el setenta y cinco por ciento de los 120 pesos.

La cuenta, en la realidad, es una regla de tres, que saben los muchachos de la escuela, aunque ignoran su aplicación en estos casos, y así para ejemplo, me valgo de lo que gana un capataz hasta Coporaca, que son 500 pesos, que con el aumento de veinte y cinco por ciento, que importa 125 hacen 625, y digo así: Si 625 pesos me quedan, o dan de utilidad, que lo mismo es, 500 pesos, ¿500 en cuánto me quedarán, o que utilidad me darán? Se multiplican los 500 por 500, y partiéndose luego por los 625, sale precisamente que al capataz le corresponden 400 pesos, y no 375, que resultaban de la primera cuenta. De este modo se debe proceder en los demás ajustes, con arreglo a las distancias y a lo que cada uno gana, y rebaja del más por ciento.

No he podido averiguar a punto fijo por qué se estableció en Salta este género de ajustes, cuando en Córdoba, de la misma provincia, y en la de Buenos Aires, se paga a la gente en plata sellada, como llevo dicho, sin rebaja alguna. Yo creo que en los principios en que se estableció este comercio se pagaba a la gente su trabajo en efectos, y así estipularon unos y otros a un precio alto, como sucede en Chile y otras provincias de este reino, cuando no era tan común el signo de la moneda. En la Nueva España sólo tengo noticia y alguna práctica de la provincia de Sonora, en donde cada efecto tiene un valor señalado desde los principios de la conquista; pero luego que se dio intrínseco valor a la plata, cuando se hace el canje de efectos a plata, se distingue aquél en tres precios, de ínfimo, mediano y supremo, según el más o menos de los efectos; y así, el que va a comprar con plata, en hoja a sellada, pregunta al mercader el precio a que vende, y en una palabra le dice todos los precios de sus efectos que tiene por arancel, como asimismo los del país. Si es guájete, por guájete, que significa lo mismo que un efecto por otro, según la ley de cada uno; hay sus precauciones de una y otra parte, por la más o menos abundancia de uno, y otro efecto, o de su calidad, y cada uno procura sacar ventaja a su favor.

Fuera cosa muy fácil formar un arancel de lo que rigurosamente se debía pagar en plata sellada al capataz, ayudante y peones, con arreglo a las tres tabladas de Oruro, Coporaca y Tucle, que casi son iguales en la distancia, pero como hay variedad en los ajustes sólo serviría esta cuenta de una vana ostentación. Si a la gente se le pagara todo su trabajo en plata sellada, no se encontraría en Salta quien hiciera el suplemento para los avíos y se verían precisados los tratantes en mulas a reservar un trozo de caudal para gastos y paga de derechos de sisa y regresar ese menos en mulas. Los peones gastarían el dinero en diversiones lícitas y perjudiciales a su familia, y así, el modo de sujetarlos es señalarles una tienda, a donde concurren con sus mujeres y familia, y cada uno saca lo que necesita en lienzo, lana o seda, entregándoles en plata una corta parte para pagar el sastre y correr algún gallo, como ellos dicen y que se reduce a comer, beber, bailar y cantar al son de sus destempladas liras. El resto se reserva para entregarles en plata a la vuelta o remediar las necesidades que ocurren en sus viajes, o por decirlo mejor, para sujetarlos a que le hagan redondo, como dije en otra parte.

Don Manuel del Rivero, tratante de pocos años a esta parte en mulas traídas de Salta, me aseguró había pagado en los dos viajes que hizo ciento veinte pesos físicos a cada peón, hasta la tablada de Tucle, que sale cada una a 40 pesos, y por consiguiente a seis pesos más, según mi regulación, en cada tablada. Este aumento de paga se puede hacer por dos consideraciones: la primera, por la mayor práctica y vigilancia de unos hombres en quienes consiste la felicidad o ruina de una tropa. También se aumentan los sueldos en las tropas, que llaman recargadas; quiero decir, que si una debía ser de 1700

mulas y se compone de dos mil, se le aumenta a cada peón, y a correspondencia al capataz y ayudante, su sueldo. Ya he demostrado que por la cuenta de rebatir corresponden a cada peón 34 pesos 2 reales y medio por tablada, y por la razón que dio Rivero, a 40 pesos; sobre estos dos precios se puede tomar un medio, con atención a la inteligencia de los peones y más a menos recargada tropa, debiendo advertirse que la gente que sale con destino
solamente a Oruro, o sus inmediaciones, puede pedir mayor paga, porque
hace un viaje corto en que impende el término de una invernada, porque no
puede hacer otro hasta el año siguiente, en cuyo asunto resolverá la prudencia del tratante en mulas; pero el que no quisiere molestarse en los graves
cuidados que causa una tropa, puede darla a flete a algún vecino de los muchos seguros que hay en Salta, y su regular costo es el siguiente:

Desde Salta a la tablada de Oruro, o sus inmediaciones, se paga al flete-
dor de ocho a nueve reales por cada mula, con la refacción a rebaja del tres
por ciento.

Hasta la segunda, nombrada Coporaca o tablada del Cuzco, se paga por
cada mula, desde Salta, de 14 a 15 reales, y seis por ciento de refacción.

A la última tablada de Tucle, entre Huancavélica y Jauja, se paga de
veinte a veinte y dos reales, y nueve por ciento de refacción. Por esta cuenta
puede saber cualquiera el costo que le tiene una mula en cada tablada.

El asentista, o fletador, si hace el oficio de capataz, que rara vez acontece, puede hacer algunas trampas inevitables. Los capataces, por quedar bien
con el dueño de la tropa, suelen hacer una maniobra que para los que no están impuestos en este trajín parecerá increíble, porque viéndose con su tropa debilitada por flaca, a que se da el título de maganta [79], procuran alcanzar la que va una jornada a dos delante, o, lo más seguro, esperar a la que
viene atrás, si la consideran robusta; y en una noche obscura mezclan su tropa flaca con la de otro y por la mañana se hallan cerca de cuatro mil mulas
juntas en un propio pastoreo, no teniendo otro recurso, capataces, ayudantes y peones, que el de estrechar las dos tropas y repartirlas por puntas o pelotones, y cada capataz aparta a distancia las que le corresponden, hasta
completar su tropa. El que introdujo su ganado flaco o maganto con el que
está en buenas carnes y brioso, jamás puede ser engañado ni dejar de mejo-
rarse, y aunque este juego acontece raras veces, no se hace caso del grave perjuicio que resulta a la una parte, porque además de que el ganado flaco vale menos, se estropea mucho en las marchas, porque no puede seguir, sin
graves fatigas, al que está en regulares carnes.

Son innumerables los perjuicios que pueden hacer a los dueños de tropas y fletadores los capataces, ayudantes y peones, sin que sirvan cuantas
precauciones se han imaginado. Los robos son indispensables en unos países
a donde se gradúa por habilidad este delito, que causa tanto horror entre las
demás naciones del mundo. Una tropa de mulas de 1800 a 2000, necesita un

79 *Maganta*: triste, pensativa, flaca, macilenta, descolorida

pastoreo de más de una legua, para que coma bien. No siempre esta legua se halla de tablada, porque es preciso muchas veces parar entre cerros que, estando limpios de pasto en la falda, van a buscarle a la cumbre, por lo que es inmenso el trabajo de la gente en estos pastoreos. Casi toda la noche se mantienen montados, principalmente si es tenebrosa, pero en las tormentas que descargan granizo es el trabajo doble para contener un ganado que no está acostumbrado a esta especie de tempestades, en que se aniquila mucho, por lo que es conveniente adelantar la salida de Salta lo posible, y en particular aquellos que hacen sus tratos en la tablada de Tucle o sus inmediaciones, para librarse de las nevadas de la cordillera de Guanzo.

Desde este tránsito están divididos los tratantes en mulas sobre si es más conveniente dirigirlas por los altos de camino escabroso y escaso pasto o por las lomadas, en que hay mala yerba, y que llaman el camino de los Azogues. Desde luego, que los fletadores eligen el primer camino, porque cumplen con entregar cabal el número de mulas, aunque lleguen flacas y magantas, que es lo mismo que debilitadas, cojas y mancas. Los dueños que se hacen fletadores, que es lo mismo que traerlas de su cuenta, si tienen trato hecho de número de mulas, en cualquiera estado que lleguen, seguirán el rumbo de los fletadores; pero aquellos que van a vender su ganado a la tablada de Tucle, a los compradores que se presentaren de varias provincias, sólo piensan el conducirlo en buenas carnes y descansado, para que se reconozca su brío y que pueda caminar a mayor distancia.

El camino de los Azogues se dice así porque caminan por él los que salen de Huancavélica, para proveer todas las cajas, hasta Potosí inclusive. Este asentista despacha en un día muchas piaras, pero su administrador general toma sus precauciones para que no caminen unidas arriba de diez, que se componen de ciento cincuenta mulas, inclusas las remudas y de sillas para sus ayudantes y peones, en que van a lo menos de quince a diez y seis hombres, todos diestros y prácticos, y con mulas trabajadas y baqueanas. Este género de ganado, casi cansado de las jornadas antecedentes, se sujeta fácilmente en los parajes a donde la destinan los peones, que le rodean incesantemente y detienen en los arriesgados; pero una tropa de dos mil mulas, casi locas, ocupa más de una legua, y con todo el trabajo y vigilancia de los incansables tucumanos no se puede sujetar, y muchas puntas o pelotones enteros comen el garbancillo, o mala yerba, sin que se pueda remediar, de que resultan algunas mortandades, que tal vez pudieran ocasionar una ruina grande; pero, sin embargo de esta contingencia, hay algunos sujetos que prefieren una pérdida de cien mulas en cada tropa por este camino, a la decadencia que padece toda ella conducida por los altos, porque dicen los primeros que dos mil mulas flacas valen dos pesos menos cada una que las briosas y de buenas carnes, y en el caso de que se les mueran cien sólo pierden mil y seiscientos pesos, vendidas al precio de las flacas, a diez y seis pesos cada una, y que pagándoles las mil novecientas restantes, de una tropa de dos mil, a razón de diez y ocho pesos, en la referida tablada de Tucle, adelantan dos mil y cuatrocientos pesos. Los que llevan la opinión contraria hacen distinto cálculo, recelando siempre una mortandad que pueda ocasionar su ruina, sobre que no doy mi dictamen porque no tengo práctica, pero aseguro que los fletadores elegirán siempre el camino de los altos, porque cumplen con la entrega cabal de las mulas, aunque lleguen flacas, cojas o mancas, sobre que deben reflexionar los dueños de las tropas, al tiempo de los ajustes.

Otra ruta desde Santa Fe y Corrientes por Los Porongos, sin tocar en Córdoba

Don José Robledo y don Gerónimo Martiarena, tratantes antiguos en este comercio, como asimismo otros más modernos, me previnieron que desde las pampas de Buenos Aires se podían conducir tropas de mulas hasta los potreros de Salta por el camino que llaman de los Porongos, con el ahorro de la invernada de Córdoba, pero que era preciso que las mulas fuesen de tres y medio a cuatro años, para aguantar una dilatada jornada. El que emprendiere este viaje hará sus compras entre Santa Fe y Corrientes, para que la travesía sea menos dilatada, procurando que las provisiones de boca sean abundantes y no se desperdicien, porque es difícil el recurso. También van más expuestos a una irrupción de indios bárbaros; pero el mayor riesgo está en la escasez de las lluvias, o demasiado abundancia. En el primer acontecimiento y hallándose empeñado el tropero, puede experimentar una ruina. En el segundo caso, se forman unos atolladeros en que perece mucho ganado débil de fuerza para salir, y en que la destreza de los peones no le puede servir de mucho socorro, porque las mulas son tan tímidas, que luego que tocan con la barriga el agua y barro, se reduce su esfuerzo a precipitarse más o a seguir el rumbo opuesto a su salud o conservación de la vida, para que todos lo entiendan, como me expliqué antes, haciendo la comparación de mulas y bueyes. Aseguran también los referidos prácticos, que las mulas que caminan por los Porongos necesitan más invernada en Salta que las que se conducen desde los potreros de Córdoba.

Este comercio, o llámese trajín, está más seguro que otro alguno a grandes pérdidas, y las utilidades no corresponden en la realidad. Los mozos robustos y alentados, y en particular los que atravesaron el Tucumán, dan principio a él por unos cálculos muy alegres, que lisonjean su fantasía, y se acomodan con su brío e inconstancia, para no detenerse mucho tiempo en una población. Todo su deleite es la variación, y el mayor consiste en referir los sucesos adversos. Tres o cuatro fatales días con sus noches los resarcen con cuatro horas de sueño. Una buena comida con sus amigos y dos horas de juego, a que se sigue hablar del estado de su tropa y de las demás; pero como esta negociación atrae otras de la misma naturaleza, ya sea por haber te-

nido buen fin, o malo, suelen envejecerse en este trato, con mucho detrimento de la salud en unos viajes dilatados y violentos. No hay comerciante, en
todo el mundo, que tenga igual trabajo corporal, porque además de la ida y
vuelta necesitan un continuo movimiento para ventas y mucho más para las
cobranzas. Aquellas, por lo general, se hacen a corregidores. Los que están
acreditados, o tienen caudal propio, suelen pagar alguna cantidad al contado, pero estipulan unos plazos algo dilatados para que se verifique su cum-
plimiento. Otros hombres de bien, que no tienen otro recurso que el de la felicidad de sus cobranzas, y que suelen siempre quedar mal por la contingencia de ellas, sin embargo de su mucha actividad y diligencias son considerados de algunos necios por hombres inútiles, y solamente hacen trato con estos hombres de juicio y los tienen por de segunda clase.

Los terceros, que verdaderamente son despreciables por su poca práctica, facilitan a los muleros las pagas puntuales a sus plazos, que no pueden
cumplir, porque el primer año apenas pueden juntar el valor de los tributos
que pagan los indios, y siguiéndose éstos tienen que satisfacer asimismo la
alcabala y otras pagas de suplementos para su transporte, fletes y ropas y
otros infinitos gastos cuya paga deben anteponer, y al tercer año empiezan a
pagar el valor de las mulas y de los efectos del repartimiento, por lo que puede dar gracias a Dios el mulero que, al fin de cuatro años cobra el valor de
su tropa, que con otro año que impendió en ida y vuelta a Salta, se ajustan
cinco años, en los que debe comer, vestir y calzar de una ganancia que en
una tropa de dos mil mulas no llega a diez mil pesos en los tiempos presentes, saliendo con toda felicidad. Bien saben los señores muleros, o por mejor
decir, más alentados y empolvados comerciantes, que la ganancia de las mulas la regulo en un precio más que común y que aunque me extiendo en el
plazo de las cobranzas, tengo más ejemplares en favor que en contra, y finalmente los viejos tratantes me entienden bien, y solamente encargo a los
jóvenes un poco de economía en el juego de naipes y dados y mucho más en
el de las damas, que es el único pasto y entretenimiento de la sierra.

Capítulo VII

Origen de las mulas. - Modo de amansar de los tucumanos. - Modo que tienen los indios de amansar las mulas. - El comercio de las mulas

Para concluir un asunto que interesa tanto a los comerciantes que más estimo entre los trajinantes, voy a dar una razón al público ignorante en estas materias del origen y propagación de tanta multitud de mulas, que nacen en las pampas de Buenos Aires de madres yeguas. Estas, naturalmente, se juntan al caballo, como animal de su esfera, como las burras a los asnos, que se pueden considerar como a dos especies distintas, que crió Dios y entraron en el arca de Noé. Considerando los hombres, por una casualidad, que de burro y de yegua salía una especie de monstruo infecundo, pero que al mismo tiempo era útil para el trabajo por su resistencia, procuraron aumentarle; pero viendo al mismo tiempo alguna repugnancia en recibir las yeguas al pollino, y mucho más en criar y mantener la mula o macho, resolvieron encerrar la yegua, antes de su parto, en una caballeriza obscura, y luego de haber parido, desollaron el caballito y con su piel vistieron un burro recién nacido, que introdujeron a la yegua para que lo críase sin repugnancia. El jumentillo, necesitado de alimento, se arrimó a la yegua, y ésta, creyendo que es su hijo, por los efluvios de la piel, le va criando en aquella obscuridad, hasta que a pocos días se le quita la piel al asnillo, porque no lo mortifique más, y dando luz a la caballeriza adopta la yegua al jumentillo, y éste tiene por madre a la yegua, de que no se aparta aunque le agasaje la que le parió.

Así se va aumentando esta especie de hechores hasta tener el número suficiente para el de yeguas. En la España europea se valen de artificios, que no conviene explicar, para que los hechores cubran las yeguas, pero esta diligencia nace de que hay muchos criadores de corto número de yeguas, y cada uno procura que no se atrasen los partos. En las pampas de Buenos Aires hay pocos criadores con muchas yeguas cada uno, y por esta razón pierden muchas crías, por falta de *comadrones* y otras asistencias. Los *burros,* que llaman *hechores,* son tan celosos que defienden su manada y no permiten, pena de la vida, introducirse en ella caballo alguno capaz de engendrar, y sólo dan cuartel a los eunucos, como lo ejecuta el *Gran Señor*, y otros, en sus serrallos. Los tigres son los animales más temibles de los caballos y mulas; pero el burro padre se le presenta con denuedo, y no pudiendo, por su torpeza o poca agilidad, defenderse con sus fuertes armas, que son los dientes, se deja montar sobre su lomo al tigre, y después de verle afianzado con sus garras, se arroja al suelo revolcándose hasta romperle su delicado espinazo, y después le hace pedazos con sus fuertes dientes, sin acobardarse ni hacer juicio de las heridas que recibió. Finalmente el burro, que parece en la Pampa un animal estólido y sin más movimiento que el de la generación, defiende su manada o el número de yeguas mejor que el más brioso caballo. Desprecia las hembras de su especie, porque las tiene por inferiores a las yeguas. Estas le aman por todas las circunstancias, que concurren en la brutalidad.

Las mulas y machos se acomodan desde su tierna edad al vientre, y así corren tras un caballo, potro a yegua, despreciando a sus padres, por lo que salen de las pampas de edad de dos años, siguiendo la caballada como unas ovejas, espantándose solamente de cualquier objeto ridículo, pero las sujetan fácilmente los peones, hasta llegar a los potreros de Córdoba. En estos ya se sueltan libremente, y cada punta o pelotón se junta con uno a dos caballos capones, o ya sean yeguas, que les es indiferente, y hacen una especie de ranchos, para comer y beber. Cuando salen de esta invernada, ya se hallan robustas y briosas, y dan principio a la segunda jornada, hasta Salta, entre dos espesos montes, que sólo ofrecen unas estrechas veredas que salen en línea recta al camino y otras transversales a algunas aguadas, y para detenerlas de estos extravíos es preciso que los peones anden muy diligentes, sin más luces que las opacas de sus huellas.

Este ganado tierno es tan curioso, que todo cuanto percibe quiere registrar, y ve con una atención y simplicidad notables. Una carreta parada, una tienda de campaña, una mula o caballo, son para ellas, al parecer, objetos de gran complacencia, pero esto solamente sucede a las más briosas y gordas, que se adelantan a las demás, y muchas veces, si no las espantaran a propósito, se quedarían horas enteras embobadas; pero lo propio es querer halagarlas, pasándoles la mano por la crin o lomo, que dan unos brincos y corcovos hasta colocarse en la retaguardia de la tropa, volviendo a avanzarse para tener lugar de hacer nuevas especulaciones. El resto de la tropa y la vanguardia siempre caminan a trote largo, y como van unidas y arreadas siempre de los peones no tienen lugar a distraerse. Las primeras se pueden comparar a los batidores de campaña, que van abriendo las marchas; pero si por desgracia divisan un tigre, que es el objeto más horroroso para ellas, siempre retroceden, y llevan tras sí el resto del ejército, que se divide en pelotones por los caminos y veredas, a toda carrera, hasta salir del susto, que regularmente no sucede hasta que no se fatiga.

Para asegurar y contener este regimiento, compuesto de dos batallones de a mil mulas cada uno, en espeso monte, es mucho lo que trabajan diez y seis caballos ligeros, y es preciso que cada peón o dos sigan una compañía, porque todas se desparraman, aunque sigan el propio rumbo, bajo de un ángulo. La fortuna consiste en que cada punta o pelotón va siempre unido, hasta perder el primer ímpetu; pero si, por desgracia, alguno de estos bárbaros destacamentos, por más fogoso y robusto, se dilata más y pierde las fuerzas en sitio distante del agua, suele perecer, porque cansado, no procura más que buscar las sombras de los árboles, y no la desamparan hasta que se refrescan con la noche o se debilitan tanto con el extravagante ejercicio y la sed, que se dejan morir para descansar. Un dueño de tropa o fletador, en este conflicto, se considera perdido. Los peones cansados y sus caballos casi rendidos, pasan al cabo de dos días al sitio a real en que consideran la caballada y los víveres. En él reanudan el caballo y tomando un trozo de carne cruda, vuelven a la ensenada o paraje a donde dejaron las mulas que cada uno recogió, y vuelven a registrar la circunferencia de aquellos montes para recoger algunas mulas que se hayan desparramado.

El capataz y ayudante, en este rudo trabajo, llevan la mayor parte, porque registran todos los puestos. Cuentan el número de mulas y dan providencia para que se busquen las que faltan y unirlas a un cuerpo para continuar la marcha. En esta milicia no se castigan a los soldados, ni hay más bando que el que se promulga contra los oficiales, pero éstos se descargan con los jefes, que son capataz y ayudante, que ponen a su cargo unos bisoños incorregibles. Entre otras extravagancias, o llámense locuras, de las mulas bisoñas, es digna de consideración la que voy a proponer, y que no podrán resolver acaso los mejores naturalistas y físicos. Caminan estas mulas en tropas de dos mil veinte o treinta leguas, sin agua, a trote largo, en que la sed es el mayor enemigo. Se encuentra un arroyo capaz de refrigerar y apagar la sed en pocas horas a cincuenta mil caballos y a muchos más, y entrando en él por puntas, destacamentos o compañías, dos mil mulas sedientas, es muy rara la que la bebe, y sólo gastan el tiempo en enturbiar el agua con escarceos, bramando y pisando el arroyo, aguas arriba y abajo. Si hay otro mayor a corta distancia, procuran los peones arrear la tropa precipitadamente, para que no se detenga en el primero, y dejándola descansar algún tiempo, dan lugar a que ella misma beba a su arbitrio. Fuera asunto prolijo referir todas las extravagancias de las mulas tiernas, y que llaman chúcaras en estas provincias, y así paso a referir el modo que tienen los tucumanos de amansarlas, luego que salen de la quebrada de Queta, y el opuesto que tienen los indios de las provincias que rigurosamente llaman del Perú, contándose desde los Chichas a los Guarochiries, y provincias transversales de la sierra.

Modo de amansar de los tucumanos

Antes de referir éste, me parece conveniente decir que a las mulas en cuestión no se les ha tocado, ni aun con la mano, en el pelo del vestido que les dio la naturaleza, hasta la referida tablada de Queta. Cuando las presentan los vendedores en los corrales del valle de Lerma, próximo a la ciudad de Salta, se consideran por desechos, que así dicen al ganado en general defectuoso, todas las mulas blancas o tordillas; los machos que por olvido no se caparon y todas aquellas mulas que por contingencia se lazaron, porque estos animales briosos se arrojan contra el suelo con violencia y se reputan por estropeados. Acontece esto de la duda que ponen los capataces del comprador, de si un macho es capado o no, y al echar el lazo el peón para apartarle, o a alguna mula que llaman de desecho, suele caer en una de las mejores, y ésta se considera por tal.

Luego que se llega a la referida quebrada de Queta se despide la caballada y empieza a servir el mansaje; pero como éste no alcanza para todas las faenas, se da principio a enlazar las mulas más robustas por su corpulencia y brío, y el peón está obligado a montar la que enlazare y presentare el capataz o ayudante, sin repugnancia. Esta mula hace una resistencia extraordinaria, pero la sujetan echándole otro lazo al pie, y al tiempo de querer brincar, la cortan en el aire y la abaten al suelo con violencia, y antes que vuelva en sí aquel furioso animal le amarran de pies y manos, y sujetándole la cabeza con un fuerte acial[80] le ponen su jaquimón[81] y ensillan, haciéndole por la barriga con la cincha una especie de cintura que casi le impide el resuello. En este intermedio da la pobre bestia varias cabezadas en el suelo con que se lastima ojos y dientes, hasta arrojar sangre. En esta postura brama como un toro, y para quitarle las ligaduras de pies y manos le dejan otro cabestro al pie, largo e igual al que tiene colgado del jaquimón. Así que la bestia se ve libre, se levanta del suelo con violencia, y como está sujeta de los dos cabestros, y no puede huir, da unos formidables corcovos, y cuando está más descuidada vuelven a arrojarla contra el suelo sin poner los pies en él, repitiéndose esta inhumanidad hasta que la consideran cansada, que le quitan el cabestro del pie, y tapándole los ojos monta en ella un peón, afianzado de las orejas, y otro la detiene los primeros impulsos del cabestro, que queda afianzado en la argolla de hierro que pende del jaquimón, pero sin embargo del tormento que padeció aquel animal, empieza a dar unos corcovos y bramidos parecidos a los de un toro herido y acosado de perros de presa.

Si el pobre animal quiere huir para desahogarse y sacudir la impertinente carga, le detiene el peón con el cabestro, torciéndole la cabeza y el pescuezo, que ellos, con mucha propiedad, llaman quebrárseles. Hay mula que en

80) *Acial:* instrumento consistente en un palo de media vara de largo en cuya extremidad hay un agujero por el cual se atan los dos extremos de una cuerda. Por ese lazo se mete el labio o parte superior del hocico de las bestias, y retorciéndole se las controla.
81) *Jaquimón:* cabezada de cordel con una argolla a la cual se ata el cabestro

este estado acomete al peón que la detiene, como lo pudiera hacer un toro bravo. El que está montado, además de afianzarse de las orejas, se sujeta con las espuelas, que es otro martirio aparte, y dicen ellos que cada uno se defiende con sus uñas. Por fin la pobre bestia se llega a atontar, toda ensangrentada y cubierta de polvo y sudor, y entonces desprende las espuelas el jinete. Le deja libre las orejas y tomando las riendas del jaquimón y suelto el dilatado cabestro, deja la mula para que camine a su arbitrio. Ya da vueltas en torno, ya se dirige a un precipicio o acomete a un elevado y peñascoso cerro; pero el peón la va llamando a fuertes tirones, sobre la derecha o izquierda, y de cuando en cuando le mete las *nazarenas,* que así llaman a sus monstruosas espuelas, hasta que la mula, cogiendo el camino real, alcanza a la tropa, que ya desde Queta camina a paso lento. El capataz o ayudante reconoce si está bien sobada la mula. Este término *soba* significa comúnmente en este reino un castigo extraordinario. Si se halla la mula todavía con algún espíritu, mandan al peón que la saque a la primera ensenada y la haga escaramucear [82]. El afligido animal no sabe más que correr y saltar, y para volverle sobre la izquierda le tiran fuertemente con la rienda del cabezón y con la mano derecha le dan tan fuertes porrazos en las quijadas hasta que inclinan el hocico y le pega al arzón de la silla, y en esta postura le hacen dar una docena de vueltas sobre la izquierda, ejecutando lo mismo, para que se deshaga, sobre la derecha. Brama la mula o macho, y luego que le aflojan la falsa rienda, corre ciegamente por cuestas y barrancos, y muchas veces se arroja al suelo desesperada, y si se descuida el fuerte jinete, que rara vez acontece, le rompe una pierna o le estropea un pie, que refieren por gran gloria y manifiestan, como los soldados las cicatrices de las estocadas y balas que recibieron en la campaña, en defensa de su patria.

Ya hice una tosca pintura de la primera *soba* que se da a una mula tierna e inocente. Este ejercicio se hace diariamente con más de veinte mulas, porque, como llevo dicho, cada peón debe montar la que le enlazare el caporal o ayudante, que siempre elige las mejores, que son las más briosas y corpulentas. Este grosero, bárbaro e inhumano modo de amansar no puede ser de la aprobación de hombre racional alguno, porque dejando aparte las muchas mulas que estropean y lastiman en muchas partes de su cuerpo, no consiguen otra cosa los dueños de tropas y fletadores, que debilitar el ganado mejor y preservarse de una *estampida*, y ahorrar algún número de mansas. Yo creo que sería más conveniente que los tratantes en mulas gastasen en cada tropa de a dos mil trescientos o cuatrocientos pesos más en el aumento del mansaje y que dejasen libres de este rudo trabajo, a por mejor decir castigo, a unas mulas inocentes e incapaces de instrucción por unos medios tan violentos. El trabajo solamente de unas dilatadas marchas, sería suficiente para quitarles aquel ímpetu que sacan de los potreros de Salta, y a lo menos llegarían a la tablada sin más mañas y adiciones que las que contra-

---

82 *Escaramucear*: o escaramuzar. Pelear los jinetes, a veces acometiendo y otras escapando

jeron por su naturaleza.

Los corregidores, que debemos considerar, citando no únicos, por los principales compradores, no reparten al mayor arriero arriba de diez mulas, y a los demás a una o dos. Los primeros introducen en sus recuas este ganado bisoño a la ligera, e insensiblemente le van domando y sujetando con el ejemplo de la formalidad de sus mulas veteranas. Observan esto ciertos viajeros la que es más a propósito de las bisoñas para la carga o la silla. A las primeras las ensayan poniéndoles una ligera carga, que llaman *atapinga* o *carta-cuenta,* que se reduce a sus maletillas y otros chismes de poco peso. A las que consideran que son de silla les ponen un simple lomillo sin estribos ni baticola, para que no se asusten, pero a unas y otras les ponen desde los principios una *mamacona,* que en la realidad es una jáquima de cuero bruto torcido, para que su cabeza se vaya acostumbrando a este género de sujeción y que no le sirva de embarazo, cuando sea preciso montarlas a cargarlas. Después se sigue, que a las de silla les cuelgan sus estribos, para que se vayan acostumbrando a su ruido y movimiento, como a las que destinan a la carga el aparejo. Este método de domar es muy conforme a la razón y uso que se observa en la sabia Europa. Nada tiene de prolijo, ni menos de costoso. Las mulas destinadas para la silla, a pocas jornadas se dejan montar de un muchacho, que va en la recua a paso lento, y una u otra vez se adelanta o atrasa, para que la mula se vaya ejercitando. Las destinadas para carga necesitan menos prolijidad, porque acostumbrándose a caminar al lento paso de la recua, van recibiendo el aumento de la carga a proporción de sus fuerzas, y se amansan insensiblemente, con el deseo de que se les alivie de ella en las pascanas o mansiones.

Modo o idea que tienen los indios para amansar sus mulas

A cada uno de éstos les reparte el corregidor una o dos, y a muchos ninguna, porque no la necesitan o no son capaces de pagarla. Todos apetecen este repartimiento. Los primeros para servirse de ellas en los transportes de sus efectos y otros para venderlas a ínfimo precio y servirse de su corto valor para emplearlo en borracheras y otros desórdenes. Los primeros amansan las mulas por un término opuesto al que siguen los tucumanos, en que unos y otros van errados, según mi concepto. Los indios, como cobardes y de débiles fuerzas, reciben gustosos una, o a lo más, dos mulas, y conduciéndolas a sus casas las amarran fuertemente, en los patios o corrales, a un fuerte tronco, que llaman en toda la América *bramadero.* Allí dejan la mula, o macho, a lo menos veinticuatro horas sin darle de comer, ni beber, y al cabo reconocen si la bestia está o no domada, pero si ven que todavía tiene bríos y pueda resistirse a la carga, o silla, la dejan otras veinticuatro horas, como ellos dicen, descansar y con más propiedad cansarle, y al cabo le ponen sobre el lomo, sin aparejo alguno, un costal de trigo, o harina de seis a siete arrobas, bien trincado a su barriga, de modo que no pueda despedirle. La bestia debilitada antes con el hambre y la sed, y después con lacarga, sigue a paso lento al que la tira, y sólo hace resistencia para detenerse a beber en un arroyo y comer algún pasto que se presenta al camino. Para todo tienen paciencia los indios, y así van domando sus mulas, según su genio pacífico y modo de pensar; pero siempre crían unos animales sin corpulencia y de débiles fuerzas, porque las trabajan antes de tiempo y sin alimento correspondiente, y los tienen siempre en un continuo movimiento.

De este principio inconsiderado, resulta la mortalidad de infinidad de mulas en la sierra, principalmente entre los indios, porque estos mis buenos paisanos sólo piensan que una mula tiene de vida y servicio, lo que dista de un repartimiento a otro. Mis buenos paisanos no distinguen si la mula es más al propósito para carga o silla, porque como no les reparte el corregidor más que una, la aplica a carga y silla al tercero día que entra en su poder, y si algún español se la alquila le arrima un par de patadas, o le da una mordida cuando más descuidado se halla, y si consigue derribarle, no haga juicio de freno, silla y pellón, alforjas y demás, porque la buena mula que se manifestaba tan lerda para hacer la jornada, retrocede al pasto o querencia con una gran velocidad, y el buen indio hace invisible los avíos, ocultándolos debajo de una peña en una quebrada honda, y el español se queda con su porrazo, patada o mordiscón y sin los avíos, si no los rescata con dinero adelantado, porque el indio jamás hace juicio de promesas, porque él nunca las cumple.

Estos dos modos de amansar, hacen una principal parte de la pérdida de tantas mulas; pero la mayor parte de las que mueren en la sierra, las ocasiona la falta de alimento. Un arriero de las inmediaciones del Cuzco, que son las mejores que tiene toda la sierra, no puede hacer más que un viaje redondo de doscientas leguas al año, o en un año, en que gastan de cinco a seis meses. Cuando pasan a Lima refuerzan sus mulas por el espacio de treinta días a lo menos en los alfalfares y pastos abundantes de sus inmediaciones. Cuando salen para Potosí, que dista cuarenta y una legua más, no tienen recurso alguno cómodo, porque son tierras todas de menos pastos comunes, y que sólo podrían reforzar sus mulas con paja cebada [83], que les costaría mucho más que les produce el porte o flete. Si en estos viajes hubiera regresos, podrían los arrieros costearse, manteniendo sus mulas en canchas [84], a paja cebada o granada, el espacio de quince días, que equivalía a treinta de alfalfa; pero como carecen de este auxilio tiran a sacar sus mulas en el mismo día que llegan las cargas, para que se mantengan en los áridos campos y llegar a su destino, con vida, y descansar, a lo menos, otros seis meses, para emprender otro viaje.

Los arrieros de la costa mantienen sus mulas pagando alfalfares todas las noches, y en los parajes donde no hay este recurso, y que no es tiempo de lo-

83 *Paja cebada*: paja de cebada, de textura más suave y de mejor aceptación por el ganado.
84 *Cancha*: del quichua *Kancha*, lugar descampado. Patio

mas, las fortalecen con mazorcas de maíz, que llevan de prevención, y así consiguen hacer dos y tres viajes al año en igual distancia y que sus mulas carguen más número de arrobas y se mantengan robustas cuatriplicado tiempo que las serranas. Quiero decir, que una de aquellas será de servicio cinco años, y una de éstas veinte. La primera hará cinco viajes en los referidos cinco años y la segunda hará a lo menos cuarenta en los veinte años, que regulo de vida a una mula bien tratada, aunque sea en continuo trabajo. No se crea que es ponderación dar de vida a una mula arriba de cinco años en la sierra y sus travesías, contando con casi otros tantos que regulo desde su nacimiento hasta ponerla en el trabajo. Cuento también con las muchas mulas que se imposibilitan para el trabajo mayor por cojas, mancas o deslomadas, de que hay una multitud considerable en la sierra, y que sólo sirven a los indios para cargar sus ligeros hatos y conducirlos a corta distancia.

Ha más de quince años (pero supongamos que no sean más que diez, para que ninguno lo dude), que están entrando cincuenta mil mulas de los potreros de Salta y resto del Tucumán, anualmente, y que éstas se reparten y venden desde los Chichas hasta los Guarochiríes. Además de la opinión de los mejores troperos tenemos una prueba, que aunque no es concluyente, según derecho, convence la razón natural. Convienen todos que el derecho de sisa de este comercio asciende todos los años a treinta y dos mil pesos, pagándose por cada cabeza seis reales. Para acabalar esta cantidad es preciso se registren cerca de cuarenta y tres mil mulas, por lo que sólo faltan siete mil para completar mi cálculo. Esta cantidad de mulas es de mucho bulto, pero repartidas entre muchas tropas, apenas se percibe, como en un ejército de cincuenta mil hombres no se echan de menos siete mil ni le aumentan considerablemente igual número. Los oficiales reales usan de alguna condescendencia. Los guardas los imitan en este género de equidad, y los muleros se aprovechan de la indulgencia de unos y otros valiéndose de la destreza de sus capataces, ayudantes y peones, a que se agregan las puntas de mulas que se extravían por caminos irregulares. En este trato sisan [85] muchos, como en todos los demás en que el Rey cobra sisa.

Las mulas quedan dentro de las provincias que rigurosamente llaman del Perú. No hay extracción de este género para provincias extranjeras. Por mi cálculo, en diez años entraron en el Perú quinientas mil mulas, y suponiendo que solamente se murieran o estropearan las que había, sería preciso contar actualmente con quinientas mil mulas de servicios de carga, silla, coches y calesas [86], cuyas dos últimas clases se reducen a Lima, porque en otras ciudades no se usa de este ostentoso *tren* [87], porque no se proporciona a su terreno o, por mejor decir, al uso. Por este cálculo se debían contar quinientas mil mulas útiles de carga y silla, desde los Chichas a los Guarochiríes, y no

85   *Sisar*: tomar, quitar o retener una parte de algo
86   *Calesa*: vehículo típicamente español destinado tradicionalmente al servicio público. Tiene dos grandes ruedas y una caja para dos ocupantes, con capota de tres arquillos y doble compás. No lleva pescante porque el cochero se sienta sobre la vara derecha
87   *Tren*: el aparato, y prevención de las cosas necesarias para algún viaje o expedición de campaña. Aquí se refiere a "coches y calesas"

creyendo yo que haya cincuenta mil, infiero que se mueren o estropean otras tantas anualmente en este territorio. Si para la conducción de metales de las minas a los ingenios, se valieran los mineros de las mulas, se aniquilarían diez mil más todos los años, contando solamente desde los Chichas a los Guarochiríes, en los parajes y minas que usan de los carneros de la tierra, que comúnmente, llaman *llamas* [88], de que usan para este trajín en los principales minerales de plata y azogues [89]. Aunque en esta última especie sólo los usan en Guancavélica, porque solamente en los cerros de esta villa hay minas de este metal capaces de proveer a todo el reino. Parecerá increíble que se mueran anualmente y se imposibiliten cincuenta mil mulas antes de cumplir diez años de vida, con sólo cuatro de trabajo y en sólo cuatro viajes regulados, uno con otro, de doscientas leguas, a que se debe agregar que las mulas que van a Potosí no tienen regreso de formalidad. Quiero decir que a un arriero de cien mulas apenas se le proporcionan diez cargas, y lo mismo a los del Cuzco, para bajar a Lima, a excepción de uno que conduce todos los años los reales haberes, con el título de Carta-Cuenta.

Las mulas en los valles, como el de Cochabamba, y toda la costa, desde Arica a Lima inclusive, trabajan cuatro veces más, y viven cuatro veces más por la proporción que tienen de alfalfares para su alimento, como por la benignidad del temple. La mayor parte de la sierra es tierra muy fría, en donde crece poco el pasto, y al tiempo que se habla de agostar caen los hielos y lo aniquilan. El ganado menor se aprovecha del que está al camino real, que era el que podía servir para el continuo trajín de arrieros, porque sus cansadas y debilitadas mulas no pueden ir a buscar el pasto a los cerros y quebradas, que distan tres y cuatro leguas. Hay algunos territorios medio templados que mantienen un competente pasto, pero como éstos tienen particulares dueños, los defienden y reservan para sus ganados. Los regulares de la compañía eran los más celosos sobre este asunto, que ya deseo concluir con un chiste que me contó el visitador. Dice, pues, que oyó decir que conduciendo don Fernando Cosio una tropa de mulas, le fue preciso hacer alto en pastos de una hacienda de los regulares. A poco rato de haber pastado salió el administrador con una tropa de sirvientes, a espantar el ganado. Los tucumanos no gastan muchas palabras, y son mozos que jamás resuelven nada por sí sin dar cuenta al amo, que así llaman al dueño de la tropa, siendo españoles, porque esta gente sigue la etiqueta de los europeos, y no tiene por ignominioso un término que en el Perú sólo usan los esclavos.

Llegó, pues, a la tienda de campaña en que estaba alojado Cosio, el ayudante, y llamándole con el sombrero en la mano, le dijo que había salido un teatino [90] con veinticinco hombres a caballo a espantarle el ganado (así se ex-

88 *Llama*: alabra derivada del quechua. Rumiante andino, su pelo largo y fino, de color avellana, se emplea en tejidos: animal de carga.- Auchenia glama (Linn.), o Lama peruana (Tiedemann).

89 *Azogue*: se refiere al *Cinabrio*, mineral del cual se extrae el mercurio. El color del cinabrio varía del color canela o ladrillo al rojo escarlata, lo cual explica su empleo ancestral como pigmento, principalmente en pntura.

90 *Teatino*: estrictamente religioso regular de San Cayetano, por el obispo de Chieti (Teati), Juan Pedro Caraffa (luego Papa Pablo IV), pero el vulgo llamaba Teatinos a los jesuitas

plican ellos), y que el capataz estaba con su gente conteniéndole hasta esperar sus órdenes. Cosio, que es un montañés que no sufre una mosca sobre su
frente, descolgó el naranjero, que estaba bien provisto de pólvora y balas, y
encarándose al teatino, le dijo: "Alto allá, padre, si Vd no quiere ser el cuarto que eche a la eternidad". El teatino, que era hombre formal, vio con sus
grandes anteojos la corpulencia de Cosio, y al mismo tiempo registró en su
interior que era capaz de cualquier empresa, y no tuvo otro arbitrio que de-
cirle ¿si los que había muerto habían sido sacerdotes? El arrogante Cosio le
dijo que todos habían sido *lecheros,* pero que no haría escrúpulo en matar a
cualquiera que le quisiese insultar a atropellar. El buen padre, viendo esta
resolución mandó retirar a su gente, y apeándose de su brioso caballo, abra-
zó a Cosio y le franqueó, no solamente los pastos, sino toda su despensa, con
que los tucumanos quedaron muy gustosos y extendieron su ganado, para
que pastase a su satisfacción. Allá va otro chiste, aunque por distinto rumbo, pero siempre manifiesta el carácter de los tucumanos. Prendieron éstos
a un mestizo que había robado dos mulas, y le estaban amarrando a un tronco. Llegó el capataz y preguntando qué sacrificio iban a hacer, le dijeron los
peones que iban a arrimarle cuatro docenitas de azotes. El capataz, que es
reputado entre ellos como jefe soberano, les dijo que no hiciesen con aquel
pobre semejante inhumanidad, y que le despachasen libre y sin costas cortándole las A... La miserable víctima apeló de la sentencia y aceptó la primera, porque temió las resultas de la segunda en un sitio donde no había cirujano ni boticario. Confieso que si yo me hallara en tal conflicto dudaría mucho sobre cuál de los dos partidos me convendría elegir, porque he visto a un
tucumano, de un chicotazo, abatir al suelo a un negro robusto y soberbio, y
dejarle casi sin aliento. Supongo yo que los azotes no serían de este tamaño,
porque, no digo a las cuatro docenas, pero a los cuatro, no quedaría pellejo,
carne ni hueso, que no volasen por su lado. Además de su mucha pujanza,
son tan diestros en el manejo del chicote, que con los extremos de las riendas pegan un azote a una mula que le hacen ir a la bolina [91] más de una cuadra, sin poder recobrar la rectitud de su cuerpo; y con esto vamos a salir de
un asunto tan prolijo y que creo lo gradúe de *porra* [92] hasta mi amigo Santibáñez, y con mucho más motivo de una ciudad fastidiosa en tiempo de
aguas.

Ya dije que los carreteros que entran en esta ciudad cumplen su viaje como si llegaran a Jujuy, cortando desde Cobos, y así el pasajero que tuviere
negocio en ella puede seguir a Jujuy desde dicha posta, ahorrando muchos
malos pasos, principalmente si es tiempo de lluvias. En Salta no faltan algunos arrierillos que conduzcan a Jujuy algún corto equipaje de cargas algo livianas. El que tuviere carga doble solicitará arriero de Escara, de la provincia de Chichas, que comúnmente bajan a Jujuy, y algunos hasta Salta, en solicitud de cargas de cera y otros efectos del Tucumán con *algo más,* que en-

91   *Ir a la bolina:* inclinada de lado, como un barco que escorado navega *de bolina* (ciñendo
     al viento)
92   *Porra:* sujeto pesado, molesto y porfiado

tenderá muy bien el lector sabio en materias de comercio. La salida de esta memorable ciudad, por el mayor congreso de mulas que hay en todo el orbe en igual extensión, es en el rigor de las aguas tan difícil como la entrada, pues es preciso atravesar un profundo sequión, porque aunque se formó un puentezuelo, es tan débil que sólo sirve para la gente de a pie. Un gran trecho de la campaña, así como la ciudad, está lleno de unos pozos de agua que llaman *tagaretes* [93], que sirven de estorbo y cortan la marcha.

Las tres primeras leguas son de país llano y sin piedras, y el resto monte, cuya mayor parte se camina por las pedregosas cajas de los ríos nombrados Vaqueros, Ubierna, Caldera y Los Sauces, que todos se pasan en un día más de cuarenta veces, por los caracoles que hacen en la madre. En el paraje nombrado las Tres Cruces, concluye esta jurisdicción y da principio la de Jujuy.

---

93 *Tagarete:* nombre de un arroyo de la ciudad de Sevilla, cuyo cauce fue modificado mediante encauzamientos y abovedados a medida que se expandía la ciudad.

Capítulo VIII

Jurisdicción de Jujuy. - Las postas. - Breve descripción de la provincia del Tucumán. - Costumbres de los gauderios

En el sitio nombrado las Tres Cruces no se proporcionó montar posta, por lo que fue preciso ponerla en la hacienda nombrada La Cabaña, que está tres leguas más adelante y que corresponde a la jurisdicción de Jujuy, como llevo dicho. Este sitio nombrado La Cabaña es muy abundante de aguas, que descienden de la inmediata sierra. Su actual dueño es un honrado francés, nombrado don Juan Boyzar, quien aceptó la maestría de postas bajo de las mismas condiciones que los demás tucumanos. Esta posta es una de las más útiles de toda esta carrera, para correos y pasajeros, porque estando situada a orillas del arriesgado río nombrado Perico, están sus caballos tan diestros en atravesarle que presentando el pecho a su rápida corriente, ven si se desgaja alguna peña de la próxima montaña, para evitar el riesgo deteniéndose, retrocediendo o avanzando, y dirigiéndose rectamente, al estrecho sitio de la salida. También puede servir de mucha utilidad para dar descansoa las mulas y caballos que vienen fatigados de Potosí o de la provincia de los Chichas, porque tiene un potrero tan seguro que se cierra con la puerta del patio de su casa, y para comer y beber las caballerías, no necesitan caminar una cuadra, y solamente reparé que el referido potrero, por estar en sitio bajo, sería muy húmedo, por la copia de aguas que desciende de la montaña, y asimismo por lo elevado de sus pastos, que en partes cubren las bestias, que servirá de gobierno para que no se haga mucha detención en un paraje que fortalece los cuerpos y debilita sus cascos, ablandándolos con demasía.

Jujuy es la última ciudad, según nuestro derrotero, o viceversa, la primera de las cinco que tiene la provincia del Tucumán. Su vecindario y extensión es comparable al de San Miguel. Sus habitantes fueron en otro tiempo más considerados y numerosos por sus caudales y tesón con que han mantenido sus privilegios. No permitieron a los regulares de la compañía más que un hospicio, a que éstos dieron el nombre de residencia, y lo más singular es que siendo tan litigantes como el resto de los provincianos, no admitieron ningún escribano. Su principal comercio es la cría del ganado vacuno, que venden a los hacendados de Yavi y Mojos, y para las provincias de los Chichas, y Porco, en donde se hacen las matanzas para proveer de carne, sebo y grasa a la gente que trabaja en los muchos minerales de plata que hay en las riberas que llaman de Potosí. También se aprovechan en la compra de algunas mulas que llegaron atrasadas al congreso de Salta, de algunos pegujaleros y otras deshechas por flacas, que invernan en sus potreros el espacio de un año. Tengo motivo suficiente para creer que este ganado sea muy a propósito para el Perú, sobre que se informarán mejor los tratantes en este género, con atención al corto número. Rodea esta ciudad un caudaloso río que se hace de dos arroyos grandes, el uno de agua muy cristalina y el otro de agua turbia, de que resulta un mixto, como de español e india. Se sale o entra por una hermosa tablada de media legua de largo y la mitad de ancho, y se desciende por un corto barranco, caminándose por entre montes y algunos llanos áridos diez leguas, hasta Guájara, que es la segunda posta de esta jurisdicción.

En frente de este sitio hay un volcán en que parece que Eolo tiene encerrados los vientos de esta jurisdicción. Salen con tanto ímpetu por la mañana, y causan tantos remolinos y polvareda, que asombran a todos los que no tienen práctica, y detienen el curso de las mulas. Estos vientos, aunque van perdiendo su impulso, molestan mucho hasta más adelante de la Quiaca. Desde el sitio nombrado la Cueva hasta Yavi, son tierras del marqués del Valle del Tojo, quien se hizo cargo de poner postas en su hacienda de Yavi, Cangrejos grandes y la Cueva. El que quisiere proveerse de municiones de boca partirá desde Cangrejos grandes a Yavi, desde donde se sale a Mojo, pero se previene que hay una cuesta muy alta y arriesgada, y si el marqués no la compuso, como prometió, es más acertado pasar en derechura a la Quiaca, que es la primer posta situada en la provincia de la jurisdicción de los Chichas.

El río de este nombre, que corre por un profundo barranco, divide las dos provincias de Jujuy y Chichas. Una hacienda que tomó el nombre de este río dista un tiro de piedra de él, en esta jurisdicción. Antes de entrar en la descripción de ella, no parecerá inútil dar una razón general de la mayor provincia que tiene nuestro Monarca en sus dominios, tocante al territorio que ocupa.

Descripción lacónica de la provincia de Tucumán, por el camino de postas

Desde la Esquina de la Guardia hasta el río de la Quiaca tiene de largo, por caminos de postas, situadas según la proporción del territorio, 380 leguas itinerarias, reguladas con dictamen de los mejores prácticos. Las 314 camino de carretas, del tamaño que dejo delineadas, tierra fecunda; y las 66 restantes camino de caballerías corriente y de trotar largo. País estéril, hasta Salta o Jujuy es temperamento muy benigno, aunque se aplica más a cálido, con algo de húmedo. Con algunas precauciones, como llevo dicho, se puede caminar con regalo, porque hay abundancia de gallinas, huevos y pollos, de buen gusto y baratos. La caza más común es de pavas, que es una especie de cuervo, aunque de mayor tamaño. No es plato muy apetecible, y así, sólo puede servir a falta de gallinas. También hay en la jurisdicción de San Miguel, y parte de Salta, una especie entre conejo y liebre, de una carne tan delicada como la de la polla más gorda, pero es necesario que antes de desollarla se pase por el fuego hasta que se consuma el pelo, y con esta diligencia se asan brevemente, y están muy tiernas acabadas de matar. Todo lo demás, en cuanto a caza, sólo sirve a los pasajeros para mero entretenimiento. Los ríos del tránsito, como llevo dicho desde luego, tienen algún pescado, pero el pasajero jamás hace juicio de él, ni para el regalo ni para suplir la necesidad. Las bolas, quirquinchos, mulitas y otros testáceos, sólo causan deleite a la vista y observación de las precauciones que toman para defenderse y mantenerse, y sólo en un caso de necesidad se puede aprovechar de sus carnes, que en la realidad son gustosas.

No hemos visto avestruces, como en la campaña de Buenos Aires, ni los han visto los cazadores de la comitiva, que atravesaban los montes por estrechas veredas, ni en algunas ensenadas, ni tampoco han visto una víbora, siendo su abundancia tan ponderada. Son muy raras las perdices que se encuentran, así como en las pampas son tan comunes. El visitador nos dijo que había atravesado tres veces las pampas y una los montes del Tucumán, y que ni él ni todos los de la comitiva habían visto un tigre, pero que no se podía dudar había muchísimos, respecto de la especie poco fecunda, por las muchas pieles que se comercian en estas dos provincias, y se llevan a España y se internan al Perú, aunque en menos abundancia, por lo que no se puede dudar de lo que no se ve, cuando hay pruebas tan claras. No cree que la gran culebra boba, llamada *ampalaba*, de que hay muchas en los bosques de la isla de Puerto Rico y otras muchísimas partes, atraiga a los animales de que dicen se mantiene. Este animal, monstruoso en el tamaño, sólo se halla en los montes más espesos, y siendo tan tardío en las vueltas con dificultad encontraría conejos, y muchos más venados que atraer, por lo que se persuade que se mantiene de algunos insectos, y principalmente del jugo de los árboles en que los han visto colocado, afianzándose en la tierra con la cola, que tienen en forma de caracol o de barreno. Cuando pasa, o se detiene a tragar algún animal proporcionado a sus fuerzas, va sin estrépito, y enrollándole con su cuerpo, mediante a la sujeción del trozo de cola enterrado, le sofoca y chupa como la culebra común al sapo, hasta que se lo traga sin destrozarlo. Si tiene o no atractivo o alguna especie de fascinación, no hay quien lo pueda asegurar, y sólo se discurre que algunos pequeños animalitos, como conejos, liebres o algún venado, y tal vez un ternerillo, se detengan asombrados con su vista, y entonces los atrape; pero se puede asegurar que esta caza no es su principal alimento, porque es animal muy torpe y se deja arrastrar vivo, como si fuera un tronco, a la cola de un caballo, y matar de cualquiera que lo emprenda, y no se turbe. Por lo menos en el Tucumán no se cuentan desgracias ocasionadas por estas monstruosas culebras, que creo son más raras que los tigres.

Acaso en todo el mundo no habrá igual territorio unido más a propósito para producir con abundancia todo cuanto se sembrase. Se han contado 12 especies de abejas, que todas producen miel de distinto gusto. La mayor parte de éstos útiles animalitos hacen sus casas en los troncos de los árboles, en lo interior de los montes, que son comunes, y regularmente se pierde un árbol cada vez que se recoge miel y cera, porque la buena gente que se aplica a este comercio, por excusar alguna corta prolijidad, hace a boca de hacha unos cortes que aniquilan al árbol. Hay algunas abejas que fabrican sus casas bajo de la tierra, y algunas veces inmediato a las casas, de cuyo fruto se aprovechan los muchachos y criados de los pasajeros, y hemos visto que las abejas no defienden la miel y cera con el rigor que en la Europa, ni usan de artificio alguno para conservar una especie tan útil, ni tampoco hemos visto colmenas ni prevención alguna para hacerlas caseras y domesticarlas, proviniendo este abandono y desidia de la escasez de poblaciones grandes para consumir estas especies y otras infinitas, como la grana y añil, y la seda de gusano y araña, con otras infinitas producciones, y así el corto número de colonos se contenta con vivir rústicamente, manteniéndose de un trozo de vaca y bebiendo sus alojas, que hacen muchas veces dentro de los montes, a la sombra de los coposos árboles que producen la algarroba. Allí tienen sus bacanales, dándose cuenta unos gauderios a otros, como a sus campestres cortejos, que al son de la mal encordada y destemplada guitarrilla cantan y se echan unos a otros sus coplas, que más parecen pullas. Si lo permitiera la honestidad, copiaría algunas muy extravagantes sobre amores, todas de su propio numen, y después de calentarse con la aloja y recalentarse con la post aloja, aunque este postre no es común entre la gente moza.

Los principios de sus cantos son regularmente concertados, respecto de su modo bárbaro y grosero, porque llevan sus coplas estudiadas y fabricadas en la cabeza de algún tunante chusco. Cierta tarde que el visitador quiso pasearse a caballo, nos guió con su baqueano a uno de estos montes espesos, a donde estaba una numerosa cuadrilla de gauderios de ambos sexos, y nos advirtió que nos riyéramos con ellos sin tomar partido, por las resultas de algunos bolazos. El visitador, como más baqueano, se acercó el primero a la asamblea, que saludó a su modo, y pidió licencia para descansar un rato a la sombra de aquellos coposos árboles, juntamente con sus compañeros, que venían fatigados del sol. A todos nos recibieron con agrado y con el mate de aloja en la mano. Bebió el visitador de aquella zupia [94] y todos hicimos lo mismo, bajo de su buena fe y crédito. Desocuparon cuatro jayanes [95] un tronco en que estaban sentados, y nos lo cedieron con bizarría. Dos mozas rollizas se estaban columpiando sobre dos lazos fuertemente amarrados a dos gruesos árboles. Otras, hasta completar como doce, se entretenían en exprimir la aloja y proveer los mates y rebanar sandías. Dos o tres hombres se aplicaron a calentar en las brasas unos trozos de carne entre fresca y seca, con algunos caracúes, y finalmente otros procuraban aderezar sus guitarrillas, empalmando las rozadas cuerdas. Un viejo, que parecía de sesenta años y gozaba de vida 104, estaba recostado al pie de una coposa haya, desde donde daba sus órdenes, y pareciéndole que ya era tiempo de la merienda, se sentó y dijo a las mujeres que para cuándo esperaban darla a sus huéspedes; y las mozas respondieron que estaban esperando de sus casas algunos quesillos y miel para postres. El viejo dijo que le parecía muy bien.

El visitador, que no se acomoda a calentar mucho su asiento, dijo al viejo con prontitud que aquella expresión le parecía muy mal, "y así, señor Gorgonio, sírvase Vd. mandar a las muchachas y mancebos que canten algunas coplas de gusto, al son de sus acordados instrumentos". "Sea enhorabuena, dijo el honrado viejo, y salga en primer lugar a cantar Cenobia y Saturnina, con Espiridión y Horno de Babilonia". Se presentaron muy gallardos y preguntaron al buen viejo si repetirían las coplas que habían cantado en el día o cantarían otras de su cabeza. Aquí el visitador dijo: "Estas últimas son las que me gustan, que desde luego serán muy saladas". Cantaron hasta veinte horrorosas coplas, como las llamaba el buen viejo, y habiendo entrado en el instante la madre Nazaria con sus hijas Capracia y Clotilde, recibieron mucho gusto Pantaleón y Torcuato, que corrían con la chamuscada carne. Ya el visitador había sacado su reloj dos veces, por lo que conocimos todos que se quería ausentar, pero el viejo, que lo conoció, mandó a Rudesinda y a Nemesio que cantasen tres o cuatro coplitas de las que había

---

94 *Zupia*: vino revuelto que tiene mal color y sabor. Por extensión cualquier líquido de mal aspecto y sabor

95 *Jayán*: mozo de gran estatura y robustez

hecho el fraile que había pasado por allí la otra semana. El visitador nos previno que estuviésemos con atención y que cada uno tomásemos de memoria una copla que fuese más de nuestro agrado. Las primeras que cantaron, en la realidad, no contenían cosa que de contar fuese. Las cuatro últimas me parece que son dignas de imprimirse, por ser extravagantes, y así las voy a copiar, para perpetua memoria.

Dama: Ya conozco tu ruin trato
y tus muchas trafacías [96],
comes las buenas sandías
y nos das liebre por gato.

Galán: Déjate de pataratas [97],
con ellas nadie me obliga,
porque tengo la barriga
pelada de andar a gatas.

Dama: Eres una grande porra,
sólo la aloja te mueve,
y al trago sesenta y nueve
da principio la camorra.

Galán: Salga a plaza esa tropilla,
salga también ese bravo,
y salgan los que quisieren
para que me limpie el r...

"Ya escampa, dijo el visitador, y antes que lluevan bolazos, ya que no hay guijarros, vámonos a la tropa", con que nos despedimos con bastante dolor, porque los muchachos deseábamos la conclusión de la fiesta, aunque velásemos toda la noche; pero el visitador no lo tuvo por conveniente, por las resultas del trago sesenta y nueve. El chiste de liebre por gato nos pareció invención del fraile, pero el visitador nos dijo que, aunque no era muy usado en el Tucumán, era frase corriente en el Paraguay y pampas de Buenos Aires, y que los versos de su propio numen eran tan buenos como los que cantaron los antiguos pastores de la Arcadia, a pesar de las ponderaciones de Garcilaso y Lope de Vega. También extrañamos mucho los extravagantes nombres de los hombres y mujeres, pero el buen viejo nos dijo que eran de santos nuevos que había introducido el doctor don Cosme Bueno en su calendario, y que por lo regular los santos nuevos hacían más milagros que los antiguos, que ya estaban cansados de pedir a Dios por hombres y mujeres, de cuya extravagancia nos reímos todos y no quisimos desengañarlos porque

96 *Trafacías:* vulg. trapacerías, artificios engañosos e ilícitos con que se perjudica o engaña a alguien
97 *Patarata:* ficción, mentira, patraña

el visitador hizo una cruz perfecta de su boca, atravesándola con el índice. Aunque los mozos unos a otros se dicen machos, como asimismo a cualquiera pasajero, no nos hizo mucha fuerza, pero nos pareció mal, que a las mozas llamasen machas; pero el visitador nos dijo que en este modo de explicarse imitaban al insigne Quevedo, que dijo con mucha propiedad y gracia: "Pobres y pobras", así éstos dicen machos y machas, pero sólo aplican estos dictados a los mozos y mozas.

Esta gente, que comporte la mayor parte del Tucumán, fuera la más feliz del mundo si sus costumbres se arreglaran a los preceptos evangélicos, porque el país es delicioso por su temperamento, y así la tierra produce cuántos frutos la siembran, a costa de poco trabajo. Es tan abundante de madera para fabricar viviendas cómodas, que pudieran alojarse en ellas los dos mayores reinos de la Europa, con tierras útiles para su subsistencia. Solamente les falta piedra para fuertes edificios, mares y puertos para sus comercios, en distancias proporcionadas, para costear la conducción de sus efectos; pero la falta mayor es la de colonos, porque una provincia tan dilatada y fértil apenas tiene cien mil habitantes, según el cómputo de los que más se extienden. Las dos mayores poblaciones son Córdoba y Salta. Las tres del camino itinerario, que son Santiago del Estero, San Miguel del Tucumán y Jujuy, apenas componen un pueblo igual al de Córdoba y Salta, y todas cinco poblaciones, con el nombre de ciudades, no pudieran componer igual número de vecinos a la de Buenos Aires. Cien mil habitantes en tierras fértiles componen veinte mil vecinos de a cinco personas, de que se podían formar 200 pueblos numerosos de a cien vecinos, con 500 almas cada uno, y en pocos años se podrían formar multitud de pueblos cercanos a los caudalosos ríos que hay desde el Carcarañá hasta Jujuy.

En la travesía no falta agua, y aunque suele sumirse, se podrían hacer norias con gran facilidad, porque con la abundancia de madera podían afianzar las excavaciones para los grandes pozos. La multitud de cueros que se desperdician les daría sogas y cubos en abundancia, y la infinidad de ganados de todas especies trabajaría en las sacas de las aguas, sin otro auxilio que el de remudarlos a ciertas horas, y solamente costaría trabajo formar estanques por falta de piedra, cal y ladrillo; pero en este caso podían suplir bien los gruesos troncos de árboles, cuadrándolos a boca de hacha o haciéndoles a lo menos sus asientos, como se practica en Ica y otras partes. No hay necesidad de que estos pozos tengan más profundidad que la de una vara, con tal que su circunferencia sea correspondiente a la necesidad del hacendado o colonos unidos, y cuando les pareciere que estas obras son muy laboriosas y costosas, se puede hacer la excavación a modo de las naturales, que forman competentes lagunas para que beba el ganado, como sucede en las cercanías del río Tercero y en otras infinitas partes del reino. Es cierto, como llevo dicho, que esta especie de lagunillas se hace impenetrable a todo género de ganado menos al vacuno, porque con la mucha concurrencia se hacen grandes atolladeros en sus bordes, en tiempo de secas, lo que no sucedería en las lagunas, que no se sujetan a proveerse de las lluvias.

Si la centésima parte de los pequeños y míseros labradores que hay en España, Portugal y Francia, tuvieran perfecto conocimiento de este país, abandonarían el suyo y se trasladarían a él: el cántabro español, de buena gana; el lusitano, en *boahora,* y el francés *trés volontiers,* con tal que el Gran Carlos nuestro Monarca, les costeara el viaje con los instrumentos de la labor del campo y se les diera por cuenta de su real erario una ayuda de costas, que sería muy corta, para comprar cada familia dos yuntas de bueyes, un par de vacas y dos jumentos, señalándoles tierras para la labranza y pastos de ganado bajo de unos límites estrechos y proporcionados a su familia, para que se trabajasen bien, y no como actualmente sucede, que un sólo hacendado tiene doce leguas de circunferencia, no pudiendo trabajar con su familia dos, de que resulta, como lo he visto prácticamente, que alojándose en los términos de su hacienda, una a dos familias cortas se acomodan en unos estrechos ranchos, que fabrican de la mañana a la noche, y una corta ramada para defenderse de los rigores del sol, y preguntándoles que por qué no hacían casas más cómodas y desahogadas, respecto de tener abundantes maderas, respondieron que porque no los echasen del sitio o hiciesen pagar un crecido arrendamiento cada año, de cuatro a seis pesos; para esta gente inasequible, pues aunque vendan algunos pollos, huevos o corderos a algún pasajero no les alcanza su valor para proveerse de aquel vestuario que no fabrican sus mujeres, y para zapatos y alguna yerba del Paraguay, que beben en agua hirviendo, sin azúcar, por gran regalo.

No conoce esta miserable gente, en tierra tan abundante, más regalo que la yerba del Paraguay, y tabaco, azúcar y aguardiente, y así piden estas especies de limosna, como para socorrer enfermos, no rehusando dar por ellas sus gallinas, pollos y terneras, mejor que por la plata sellada. Para comer no tienen hora fija, y cada individuo de estos rústicos campestres, no siendo casado, se asa su carne, que es principio, medio y postre. A las orillas del río Cuarto hay hombre que no teniendo con qué comprar unas polainas y calzones mata todos los días una vaca o novillo para mantener de siete a ocho personas, principalmente si es tiempo de lluvias. Voy a explicar cómo se consume esta res. Salen dos o tres mozos al campo a rodear su ganado, y a la vuelta traen una vaca o novillo de los más gordos, que encierran en el corral y matan a cuchillo después de liado de pies y manos, y medio muerto le desuellan mal, y sin hacer caso más que de los cuatro cuartos, y tal vez del pellejo y lengua, cuelgan cada uno en los cuatro ángulos del corral, que regularmente se componen de cuatro troncos fuertes de aquel inmortal guarango. De ellos corta cada individuo el trozo necesario para desayunarse, y queda el resto colgado y expuesto a la lluvia, caranchos y multitud de moscones.

A las cuatro de la tarde ya aquella buena familia encuentra aquella carne roída y con algunos gusanos, y les es preciso descarnarla bien para aprovecharse de la que está cerca de los huesos, que con ellos arriman a sus grandes fuegos y aprovechan los caracúes, y al siguiente día se ejecuta la misma tragedia, que se representa de Enero a Enero. Toda esta grandeza, que acaso asombraría toda la Europa, se reduce a ocho reales de gasto de valor intrínseco, respecto de la abundancia y situación del país.

Desde luego que la gente de poca reflexión graduará este gasto por una grandeza apetecible, y en particular aquellos pobres que jamás comen carne en un año a su satisfacción. Si estuvieran seis meses en estos países, desearían con ansia y como gran regalo sus menestras [98] aderezadas con una escasa lonja de tocino y unos cortos trozos de carne salada, pies y orejas de puerco, que no les faltan diariamente, como las migas y ensaladas de la Mancha y Andalucía, con la diferencia que estos colonos, por desidiosos, no gozan de un fruto que a poco trabajo podía producir su país, y aquellos por el mucho costo que les tiene el ganado, que reservan para pagar sus deudas, tributos y gabelas. En la Europa, la matanza por navidad de un cebón, que es una vaca o buey viejo invernado y gordo, dos o tres cochinos, también cebados, es el principal alimento de una familia rural de siete a ocho personas para aderezar las menestras de habas, frijoles, garbanzos y nabos, de que hacen unas ollas muy abundantes y opíparas, independientes de las ensaladas, tanto cocidas como crudas, de que abundan por su industria, como de las castañas y poleadas [99], que todo ayuda para un alimento poco costoso y de agradable gusto, a que se agrega el condimento de ajos y cebollas y algún pimiento para excitar el gusto, de que carecen estos bárbaros por su desidia, en un país más propio por su temperamento para producir estas especies. Estos así están contentos, pero son inútiles al estado, porque no se aumentan por medio de los casamientos ni tienen otro pie fijo y determinado para formar poblaciones capaces de resistir cualquiera invasión de indios bárbaros.

A éstos jamás se conquistarán con campañas anuales, porque un ejército volante de dos a tres mil hombres no hará más que retirar a los indios de un corto espacio del Chaco, y si dejan algunos destacamentos, que precisamente serán cortos, los exponen a ser víctimas de la multitud de indios, que se opondrán a lo menos cincuenta contra uno. Para la reducción de éstos no hay otro arbitrio, que el de que se multipliquen nuestras poblaciones por medio de los casamientos, sujetando a los vagantes a territorios estrechos y sólo capaces de mantenerlos con abundancia, con los correspondientes ganados, obligando a los hacendados de dilatado territorio a que admitan colonos perpetuos hasta cierto número, con una corta pensión los primeros diez años, y que en lo sucesivo paguen alguna cosa más, con proporción a los intereses que reportaren de la calidad de las tierras y más a menos industria, aunque creo sería más acertado como sucede en algunas provincias de la Eu-

98 *Menestras*: guisados o potajes de yerbas y legumbres
99 *Poleadas*: gachas, puches o pulientas, comida a base de harinas, miel y agua cocida al fuego. Masa muy blanda con algo de líquido

ropa, el que estos colonos pagasen sus censos en las especies que cogiesen de la misma tierra, como trigo, maíz y cebada, los labradores; los pastores y criadores de ganado en vacas o novillos, carneros, gallinas, etc., para que unos y otros procurasen aumentar estas especies y alimentarse mejor, y sacar de sus sobrantes para pagar el vestido.

Si los caminantes supieran que estos colonos gastaban pan, se ahorrarían el trabajo de cargarlo muchas veces para más de treinta días, como nos sucedió a nosotros varias veces, con la precisión de comerlo tan verde como la alfalfa y tan lleno de moho que era preciso desperdiciar de ocho partes las siete, y lo propio digo de otras especies necesarias para el regalo y para pasar la vida sin tantas miserias. Un pasajero a la ligera, con necesidad de comer, se ve precisado a detenerse cuatro o cinco horas mientras le traen un cordero de mucha distancia y le asan un trozo; pero si le quiere sancochado, en muchos parajes apenas se encuentra sal, y muchas veces ni un jarro de agua para beber, porque de nada tienen providencia, viviendo como los israelitas en el desierto, que no podían hacerla de un día para otro, a excepción del viernes para el sábado, en que se les había prohibido todo género de trabajo por la ley antigua. Estos colonos, o por mejor decir gauderios, no tienen otra providencia que la de un trozo grande de carne bajo de su ramada, y muchas veces expuesto a la inclemencia del tiempo, fundando todo su regalo en esta provisión. Sus muebles se reducen a un mal lecho, peor techo, una olla y un asador de palo; silla, freno, sudaderos, lazos y bolas, para remudar caballos y ejercitarse únicamente en violentas carreras y visitas impertinentes. A esta gente, que compone la mayor parte de los habitantes de la dilatada y fértil provincia del Tucumán, se debía sujetar por medio de una contribución opuesta a la que por extravagancia impusieron los emperadores de México y el Perú.

Estos señores despóticos tenían a sus vasallos en un continuo movimiento y sujetos a un tributo anual, pero usaron de una extravagante y bárbara máxima de cobrar a ciertas naciones groseras y asquerosas la talla o tributo en piojos, en que verdaderamente aumentaban esta inmunda especie, porque era cosa natural que aquellos vasallos procurasen adelantar la cría. Si Moctezuma y el último Inca mandara a sus asquerosos vasallos que pagasen por cada piojo que se les encontrase en su cuerpo un guajolote, o cui, procurarían aumentar esta especie tan útil y sabrosa, y casi aniquilar la asquerosa, impertinente y molesta. Yo no sé si aquellos bárbaros tenían por regalo comer los piojos, porque me consta que actualmente los comen algunas indias, mestizas y también señoras españolas serranas, aunque éstas ocultan este asqueroso vicio, como las que preñadas tienen la manía de comer barros olorosos y muchas veces pedazos de adobe, que es una compasión ver sus resultas. Finalmente, los habitantes del Tucumán, por lo general, se pueden comparar a las vacas de Faraón, que estaban flacas en pasto fértil. Los principa-

les de esta provincia se mantienen con competente decencia, principalmente en Córdoba y Salta, y dan a sus hijos la crianza correspondiente, envián-
dolos con tiempo a la casa de estudios, y así se ven sujetos sobresalientes. Todos los demás habitantes son gente muy capaz de civilización. La mayor
parte de las mujeres saben la lengua quichua, para manejarse con sus criados, pero hablan el castellano sin resabio alguno, lo que no experimenté en
los pueblos de la Nueva España, y mucho más en los del Perú, como decla-
raré cuando llegue a esos países, por los que pasaré precipitadamente; y
mientras llega Mosteiro de la comisión con que pasó a Yavi, y descansamos
algunas horas en la Quiaca, a donde finaliza la gran provincia del Tucumán,
daremos una vuelta fantástica por las pampas, hasta la capital del reino de
Chile.

Capítulo IX

Ruta desde Buenos Aires a Santiago de Chile. - Las postas por Mendoza. - Habitantes de la campaña. - Sus costumbres. - El juego de la chueca y del pato. - El puente del Inca

Desde Buenos Aires hasta el Saladillo de Ruy-Díaz: postas, 8; leguas		96
Del Saladillo al Paso		2
A la frontera nombrada el Sauce		24
A la Carreta Quemada		13
A San José		6
Al río Cuarto		4
Al principio de la Lagunilla		3
Al paso de la Lagunilla		1
Al paso de las Lajas		9
Al Morro		10
A la ciudad de San Luis de Loyola		25
A la Cieneguita de Corocorto		37
A Médano grande		2
A la vuelta de la Ciénaga		26
A la ciudad de Mendoza		6
Postas, 22; leguas		264

Desde Buenos Aires al Saladillo de Ruy-Díaz son comunes las postas a las dos carreras de Potosí y Chile. Antes se apartaban en el pueblo nombrado la Cruz Alta, y algunos correos atravesaban desde el Pergamino a la punta del Sauce, llevando caballos propios, pero el visitador, con dictamen de hombres prácticos, dispuso se dividiesen los correos en el Saladillo de Ruy-Díaz, por la mayor facilidad y seguridad, hasta el fuerte nombrado el Sauce. Siendo preciso al visitador hacerse cargo de la ruta general

hasta Lima por Potosí, destinó a don Juan Moreno, persona de mucha agilidad, para que situase las postas desde el referido Saladillo hasta Mendoza, y,
en caso necesario hasta el puerto de Valparaíso, bajo de sus instrucciones, y
con la precaución que tomó, hasta el referido Saladillo.

Los correos de Buenos Aires que pasan a Chile, y lo mismo los pasajeros
que caminasen por la posta, pueden pasar desde la Cabeza del Tigre al paso
del Saladillo, con los mismos caballos, porque sólo hay de distancia siete leguas, y se ahorrarán la detención de las remudas en una tan corta de dos leguas, aunque siempre será acertado informarse del postillón del paraje en
que hay mejores y más prontos caballos.

Las leguas desde el Saladillo hasta Mendoza, acaso no estarán bien reguladas, porque en este tránsito hay pocos sujetos de observación, pero basta
que sean leguas comunales, o consideradas entre los habitantes. La gran desigualdad de las postas consiste en los despoblados y aquellas que parece se
pudieran omitir por constar de número corto de leguas, se establecieron con
respecto a la continua mudanza que hacen aquellos colonos de uno a otro sitio, y para que no falte fácilmente sujeto que por obligación provea de caballos a correos y pasajeros. En las travesías a la frontera de la punta del Sauce, San Luis de Loyola, Corocorto y la vuelta de la Ciénaga, será conveniente, y aún necesario, llevar remuda de caballos, tomando las medidas para
avanzarse todo lo posible, y aún concluir las más desde las 4 de la tarde hasta las 8 o 10 del día siguiente, por la falta de agua en tiempos de seca.

Los habitantes, desde Buenos Aires hasta Mendoza, ocupan un territorio llano, dilatado y de piso fuerte por lo general. Sus diversiones, fuera de
sus casas, se reducen a jugar la chueca [100] bárbaramente, y sin orden, porque
aunque es un género de malla, es solamente una bola entre muchos sujetos,
que a porfía la golpean. Algunos se avanzan para cogerla, y como la bola,
por el desorden, no lleva siempre el movimiento recto, hay cabezas rotas, y
muchas veces pies y piernas lastimadas. También juegan al pato [101] en competentes cuadrillas. Una de éstas, entre Luján y Buenos Aires, llegó hasta el
camino real cerca de la oración, al mismo tiempo que pasaba don Juan Antonio Casau con algunas mulas cargadas de un caudal considerable, y habiéndose espantado y disparado por distintos rumbos, se halló con la falta de
un zurrón de doblones que importaba 3200 pesos, quien después de algunas

100 *Chueca*: juego mapuche, al que llamaban palitún. Se jugaba formando dos bandos, armado
     cada individuo de un garrote encorvado en uno de los extremos, con el cual se disputaban
     una pelota de madera que debía ser lanzada al campo contrario, en medio de una confusa
     gritería. Muchas veces dirimían sus disputas en partidos de chueca.
101 *Pato*: Se estima que el Juego de Pato tiene más de 400 años de antigüedad. En sus comienzos
     era peligroso y con trágicos resultados, por lo que fue prohibido por Rivadavia en la
     Provincia de Buenos Aires. La competencia se realizaba entre doscientos jinetes con aperos
     de plata y oro, caballos cuidados, que se dividían en dos grupos; a veces el campo de juego
     era de estancia a estancia. El pulpero, generalmente era quien entregaba un pato intro-
     ducido en una bolsa de cuero con cuatro largas manijas. Y allí comenzaba la lucha, los
     forcejeos, pechadas, tirones hercúleos, tropeles y confusión, con pérdida de equilibrio, y
     tremendas consecuencias, hasta que un jinete lograba llevar el trofeo hasta la estancia si-
     guiente, en donde esperaba un público ansioso por vitorear al vencedor.

diligencias pasó con el resto a Buenos Aires, a donde por su dicha halló a don Cristóbal Francisco Rodríguez, con quien comunicó su desgracia, dando por perdido el zurrón; pero don Cristóbal, sin turbarse, pasó a ver al gobernador, quien le dio una escolta de dragones para que le acompañasen con el alguacil mayor. Los buenos de los gauderios rompieron el zurrón y repartieron entre sí las dos mil piezas de a ocho escudos, que con la oscuridad de la noche tuvieron por pesos dobles, que es la moneda que comúnmente pasa de Lima y Potosí a Buenos Aires, a donde sólo por casualidad se ven doblones.

Por la mañana se hallaron asombrados al ver convertido el color blanco en rojo, creyendo que Dios, en castigo del hurto, había reducido los pesos a medallas de cobre, y así las entregaron a sus mujeres y hermanas, a excepción de unos muchachos hijos de un hombre honrado, que se desaparecieron con poco más de dos mil pesos. Don Cristóbal, sin perder momentos, cercó todo el pago con su escolta y recogió todos los doblones, a excepción de dos mil y tantos pesos, que se llevaron los muchachos advertidos, pero los pagó su padre dentro de un corto plazo, con los costos correspondientes. Los demás delincuentes, que simplemente se dejaron prender, por parecerles que cumplían con entregar la presa, o por considerarla de muy corto valor, fueron a trabajar por algunos años a las obras de Montevideo. Lo cierto es que si Casau no encuentra con la viveza y suma diligencia de Rodríguez, pierde seguramente la mayor parte de los 3200 pesos, porque no dio lugar a que reflexionasen los gauderios y preguntasen a algunos el valor de las medallas. Verdaderamente que, así esta gente campestre como la del Tucumán no es inclinada al robo, ni en todo el Perú se ha visto invasión formal a las muchas recuas de plata, así en barras como en oro, que atraviesan todo el reino con tan débil custodia que pudiera ponerla en fuga o sacrificarla un solo hombre, pues muchas veces sucede que dos arrieros solos caminan dilatadas distancias con diez cargas de plata. No conviene hablar más sobre este asunto, pero advierto a los conductores de los situados, que pasan de Potosí a Buenos Aires, tengan más cautela cuando se camina entre los espesos y dilatados montes del Tucumán.

En el camino, como llevo dicho, no falta carne de vaca, carnero y pollos, aunque a distancias dilatadas, como se ve por el itinerario, y así se proveerá cada uno de los pasajeros con arreglo a su familia y más o menos lentitud del viaje, previniendo que la leña escasea en muchas partes y es preciso muchas veces robar los estacones de los corrales, porque sus dueños no los quieren vender y los defienden con tesón y causa justa en los parajes distantes de la saucería, que es la única madera que hay en aquellas distancias a orillas de los ríos, para hacer sus casas y corrales, pues aunque se encuentran raros bosquecillos, son de duraznos de corto y tortuoso tronco, como asimismo de otros arbolillos del propio tamaño. Todo lo contrario sucede en el Tucumán, desde el río Tercero hasta más adelante de Jujuy, que se pueden quemar árboles enteros sólo por divertirse con su iluminación, en particular desde la entrada a Córdoba hasta la de Salta, pero prevengo de paso, por habérseme olvidado notarlo en su lugar, que los pasajeros exceptúan del incendio aquellos hermosos, elevados y coposos árboles que parece crió la naturaleza en las pascanas para alivio y recreación de los caminantes. Digo esto porque muchos insensatos tienen la simple complacencia de abrasar el mejor árbol por la noche, después de haberse deleitado con su sombra por el día, y todo esto se hace por falta de una corta reflexión.

Desde Mendoza a Santiago de Chile se regulan cien leguas, y aunque en aquella ciudad hay maestro de postas, se debe reputar como un arriero común de los del reino de Chile, que son los mejores de ambas Américas, y solamente pagándoles remudas se puede hacer el viaje, sin embargo de las arriesgadas y penosas laderas, en cuatro días, con pocas y livianas cargas. En Mendoza se proveerán de las cosas necesarias hasta el valle del Aconcagua, como llevo dicho.

En este tránsito no hay cosa más notable que los riesgos y precipicios, y un puente que llaman del Inca, que viene a ser una gran peña atravesada en la caja del río capaz de detener las aguas que descienden copiosamente de la montaña, y puede ser que alguno de los incas haya mandado horadar aquella peña o que las mismas aguas hiciesen su excavación para su regular curso. La bóveda de la peña, por la superficie está llana y muy fácil para pasar por ella, hasta la inmediata falda del opuesto cerro, que es todo de lajería, y al fin de ella, como en el tamaño de una sábana, hay una porción de ojos de agua, que empiezan desde fría en sumo grado hasta tan caliente que no pueden resistir los dedos dentro de ella.

Tengo por muy conveniente que los caminantes precisados a hacer sus viajes con arrieros pidan al dueño de la recua un peón de mano práctico en el camino. Este sirve de muchísimo alivio al pasajero que quiere caminar con alguna comodidad desde Mendoza hasta el valle del Aconcagua. Los criados que llevan los pasajeros, que comúnmente son negros esclavos, son unos trastos inútiles y casi perjudiciales, porque además de su natural torpeza y ninguna práctica en los caminos, son tan sensibles al frío que muchas veces se quedan inmóviles y helados, que es preciso ponerlos en movimiento al golpe del látigo y ensillarles sus caballerías y quitarles la cama para que se vistan, lo que sucede alguna vez con tal cual español, a quien es preciso provocar con alguna injuria para que entre en cólera y circule la sangre. Los arrieros chilenos madrugan mucho para concluir su jornada a las cuatro de la tarde, cuando el sol tiene suficiente calor para calentar y secar el sudor de sus mulas. En esta detención, hasta ponerse el sol, plantan los toldos de los dueños de las cargas. Hacen sus fuegos y traen agua con mucha prontitud. El peón de mano dirige al pasajero o pasajeros dos horas antes de salir la recua, prevenido de fiambres y lo necesario para darle de comer a las doce del día, y muchas veces antes, en sitio cómodo y distante solamente una cuarta parte de la jornada, con agua y leña. Estas tres partes las hace el que va a la ligera en sitios ásperos en cinco horas, de modo que si sale a las cinco de la mañana, llega a las diez del día, con descanso de más de cuatro a cinco horas, saliendo a completar la jornada a las tres a cuatro de la tarde y llegando a hora en que ya está todo prevenido para hacer la cena y sancochar la carne para comer al mediodía del siguiente, cocida, asada y competentemente aderezada. Este peón, en mi tiempo, sólo ganaba en las referidas cien leguas cinco pesos, llevando mula propia, y hacia el viaje muy gustoso, porque comía bien y tenía menos trabajo que caminando con la recua. El que se acomodare a caminar tras de ella y a comer cosa fría por el ahorro de cinco pesos en cien leguas, con otras incomodidades, desprecie mi consejo y gradúele de inútil, a costa de sus incomodidades; y adiós, caballeros, que ya me vuelvo a la Quiaca sin cansancio, después de haber andado en pocos minutos 728 leguas, de ida y vuelta, que otras tantas hay desde Buenos Aires a Santiago, que es la capital del fértil reino de Chile, según mi itinerario.

Sigue el general desde Buenos Aires a Lima por el Tucumán en la forma siguiente, con división de provincias. Desde la Quiaca da principio la provincia de los Chichas.

Capítulo X

La provincia de Chichas. - Riquezas minerales. - La provincia de Porco. -
Fin de la primera parte

Provincia de Chichas

De la Quiaca a Mojos		7
A Suipacha		8
A la Ramada		12
A Santiago de Cotagaita		8
A Escara		4
A Quirve		6
Postas, 6;	leguas	45

Esta provincia es árida de pastos y escasa de bastimentos. Se provee de carnes y otros efectos del Tucumán y de algunos estrechos valles y quebradas que producen vino y aguardiente, con algunas menestras; pero en ella da principio la riqueza del Perú en minerales de plata. Sus piñas [102] hacen uno de los principales fondos de las fundiciones de la gran casa de moneda de Potosí. Esta provincia tiene tres nombres, que son el de Santiago de Cotagaita, Tarija y Chichas, que es el nombre de los indios que la ocupaban y ocupan actualmente. El sitio nombrado Mojo, perteneciente a la señora doña Josefa Yribarre, está en un alto muy combatido de los vientos, que forman en sus calles grandes médanos de arena, y principalmente al rededor de su casa. Hay un cómodo tambo y no faltan gallinas, huevos y algunas otras menudencias, que tiene esta señora en una pulpería pegada al mismo tambo.

A cualquiera persona decente franquea su casa, y en caso de necesidad provee de medicamentos y asistencia. A la entrada hay un río que no indica ser caudaloso, pero capaz de proveer a varios molinos, por medio de una

---

102 *Plata Piña*: masa esponjosa de mineral de plata virgen luego de un proceso de amasado y cocido en moldes a manera de panes para extraer el azogue.

acequia bien trabajada y costosa, que tiene esta señora para proveer sobradamente de aguas a los molinos necesarios para su gasto y de harina a todo aquel territorio. El pueblo nombrado Suipacha tiene un río a su entrada de bastante caudal, pero como se extiende mucho en su dilatada playa, no es de profundidad. El pueblo está bien resguardado, por estar situado en un alto. Hasta el sitio nombrado las Peñas, no hay agua en cinco leguas de buen camino, y piedra menuda suelta, con una bajada algo perpendicular. Desde las orillas del río Blanco, distante de Piscuno de cinco a seis leguas, hay algunas cuestecillas, medias laderas y reventazones[103], pero todo es camino de trotar sin riesgo. Del río Blanco a la Ramada hay una cuesta de subida algo arriesgada, pero sobre la izquierda, con muy corto rodeo, está otro camino más ancho por donde pasan las cargas, que se van a juntar a la eminencia. La bajada no tiene riesgo alguno, pero es muy pedregosa. Los tres cuartos de legua, por una quebrada muy llana, hasta la Ramada, se camina sobre un arroyo de agua cristalina, que a trechos se oculta entre la guijosa arena, y de este sitio se pasa al pueblo nombrado Santiago de Cotagaita, que dista ocho leguas de camino llano, con algún descenso, y a su entrada tiene un río de agua cristalina y de poco caudal.

En este pueblo, que es de bastante vecindario, pueden descansar los pasajeros y proveerse de lo necesario, porque en Escara, que dista cuatro leguas por una quebrada de subida y bajada muy extendidas, camino algo pedregoso, pero de buenas sendas y capaz de galopar, sólo se encuentran gallinas y cabritos, que no es despreciable socorro para los que llevan el aderezo correspondiente, con pan y vino. En este sitio se encuentran los primeros arrieros que sacan cargas de Salta y Jujuy, como llevo dicho, para estas provincias y Potosí. Desde Escara a Quirve, que dista seis leguas, no hay agua, y desde este sitio da principio la

Provincia de Porco

De Quirve a Soropalca	7
A Caiza	7
A Potosí	12
Postas, 3; leguas	21

Esta provincia tiene muchos minerales de plata, cuyas pastas, como las de los Chichas, pasan a Potosí.

Por la quebrada de Quirve corre un arroyo de agua algo salada, pero no faltan pozos de agua dulce. El camino tiene dos cuestecillas algo empinadas, pero de buena senda. El resto es piedra suelta y camino de trote y galope. Desde Quirve a Soropalca se pasa un río que tiene por nombre Grande, y riega el valle de Sinti. Este valle produce algún vino semejante en el color,

---

103 *Reventazones:* metáf. lomadas escarpadas. Específicamente se designa así a las rompientes del mar o río embravecido.

gusto y fortaleza al ordinario de Rivadavia [104], de que también se saca algún
aguardiente, y se proveen de él pasajeros y pasa el resto a Potosí y Chuquisaca. El río Grande, en distancia de media legua se pasa más de seis veces,
por los caracoles que hace en la caja; luego se junta otro de la mitad del caudal del Grande, de agua turbia y algo salada, nombrado Torcocha. Aquí se
deja a la izquierda el río Grande, que pasa inmediato al pueblo nombrado
Toropalca. Sigue después otro río nombrado Pancoche, de agua dulce y ca-
na, que se pasa más de veinte veces por los caracoles que hace y estar el camino real sobre su caja. Para el tránsito de estos impertinentes ríos son de
mucho auxilio las botas fuertes, pues de lo contrario se enfadan los pasajeros
de levantar cada instante los pies, teniendo por menor molestia mojarse, como nos sucedió a todos menos al visitador, que además de las fuertes botas
inglesas, tenía unos estribos hechos en Asturias, de madera fuerte y con faja
de hierro, en que afianzaba sus pies hasta el talón y se preservaba de toda humedad, y así salió con ellos desde Buenos Aires y llegó a Lima en una silla
de brida de asiento muy duro, sin pellón ni otro resguardo. Tampoco usó en
todo el camino de poncho, capa ni cabriolé, guantes ni quitasol, pero cami-
naba siempre bien aforrado interiormente. Todo lo demás decía que eran estorbos.

Dos leguas antes de llegar a Caiza se aparecen unos grandes ojos de agua
caliente que asombrarían a cualquiera que no fuese prevenido, porque hace
cada uno tanto ruido como una fragua de herrero, arrojando las aguas y hu-
mos con el mismo ímpetu que aquellas despiden humo y chispas de fuego.
A una corta distancia se había empezado a fabricar una casa para baños y
hacer algunas granjerías; pero considerando el dueño que era un disparate,
abandonó la empresa, porque los vecinos de las dos únicas poblaciones de
Potosí y Chuquisaca tienen este recurso más cerca y con mejores comodidades, como diré después. El pueblo nombrado Caiza dista de Potosí doce leguas, que rara vez las caminan los arrieros en una jornada. A las seis leguas
de regular camino hay un sitio nombrado Lajatambo, en donde se hospedan
los pasajeros y se les venden a subido precio algunos comestibles, siendo la
más estimable la cebada para las mulas, porque aquel sitio es de puna muy
rígida y si se echaran al campo las bestias, le desampararían hasta buscar alivio en distante quebrada; y por esta razón no se situó posta en un paraje que
pudiera ser de grande importancia, así para el alivio de las mulas como para aligerar esta jornada, que verdaderamente es molestosa, porque cuatro le-

104 *Rivadavia*: o Ribadavia, ciudad al Oeste de Ourense, en Galicia, famosa por sus vinos. Una
de los primeros indicios de protección en el derecho español se encuentra en el Archivo
Regional de Galicia, Legajo 26.362 n° 31 y está referido al Vino de Ribadavia de 1564:
*"El vino de Ribadavia ha de ser de la viña de Ribadavia hasta la fuente San Clodio, de las partes
siguientes: primeramente feligresía Sampayo, San Andrés de Camporredondo, Esposende, Po-
zoshermos, hasta llegar a la dicha fuente de San Clodio, toda la orilla del río Avia y de allí re-
volver abajo, Vieyte, Beade, etc.". "Otro sí porque de meterse vino en esta villa de partes donde
no se hace bueno e ay daño e ynconbeniente porque debaxo de una cuba de buen vino benden
a los mercaderes otro que no es tal, y los compradores después se allan engañados, y no es vino
que se pueda cargar sobre el mar"*

guas antes de llegar a Potosí hay tanta piedra suelta que no se puede trotar
si no se tiran a matar las mulas de los miserables indios carboneros, que proveen aquella gran villa de mulas flacas, cojas y mancas, y éstas son las que
comúnmente arrean para los correos, que salen de la villa hasta Caiza. La dicha es que estos correos sólo ocupan tres mulas, que son la de silla, la de las
valijas, que son de poco peso, y la del postillón, que muchas veces ahorra el
miserable y hace la jornada a pie, por que descanse su mula.

Después de haber descansado dos días en Potosí, pidió el visitador este
diario, que cotejó con sus memorias y le halló puntual en las postas y leguas;
y aunque le pareció difuso el tratado de mulas permitió que corriese así, porque no todos comprenden las condiciones. Quise omitir las coplas de los
gauderios, y no lo permitió, porque sería privar al público del conocimiento
e idea del carácter de los gauderios, que no se pueden graduar por tales sin
la música y poesía, y solamente me hizo sustituir la cuarta copla, por contener sentido doble, que se podía aplicar a determinados sujetos muy distantes de los gauderios, lo que ejecuté puntualmente, como asimismo omití muchas advertencias, por no hacer dilatada esta primera parte de mi diario, re-
servándolas para la segunda, que dará principio en la gran villa de Potosí
hasta dar fin en la capital de Lima.

SEGUNDA PARTE

Capítulo XI

Potosí. - La Villa. - Riquezas del Cerro. - Los tambos

Ya, señor Concolorcorvo, me dijo el visitador, está Vd. en sus tierras; quiero decir en aquellas que más frecuentaron sus antepasados. Desde los Chichas a los Guarochiríes, a donde da fin mi comisión, están todos los cerros preñados de plata y oro, con más o menos ley, de cuyos beneficios usaron poco sus antepasados, que no teniendo comercio con otras naciones pudieron haber formado unos grandes ídolos de oro en templos de plata, como asimismo los muebles de sus incas y caciques, por lo que discurro que las grandes riquezas que dicen enterraron y arrojaron a las lagunas, a la entrada de los españoles, fue artificio de los indios o sueño de aquéllos, o a lo menos mala inteligencia. Más plata y oro sacaron los españoles de las entrañas de estas tierras en diez años que los paisanos de Vd. en más de dos mil, que se establecieron en ellas, según el cómputo de los hombres más juiciosos. No piense Vd. dilatarse mucho en la descripción de estos países, pues aunque son mucho más poblados que los que deja atrás, son más conocidos y trajinados de los españoles, que residen desde Lima a

Potosí

Nimborum patriam loca feta furentibus austris.

Esta imperial villa se fundó por los españoles a los principios de la conquista, sobre una media loma que divide el cerro por medio de una quebrada, a donde descienden las aguas y forman un arroyo grande, suficiente para proveer a todas las haciendas de sus lavaderos de metal, que están de la banda del cerro, y estas copiosas sangrías dan tránsito cómodo de la villa al

cerro y haciendas. El vecindario de la villa y su ribera se compone de forasteros entrantes y salientes, de todas clases de gentes. La frialdad del territorio consiste en su elevación y cercanía a los nevados cerros que la rodean, y
causan molestia en los días ventosos, pero las casas de los españoles y mestizos son bastante abrigadas por sus estrechas piezas y mamparas que las dividen, a que se agrega el socorro de los repetidos zaumerios y mates de agua
caliente que continuamente toman las mujeres, y es el agasajo que hacen a
los hombres a todas horas. Dicen que desde el descubrimiento de las riquezas de aquel gran cerro se señalaron 15.000 indios para su trabajo y el de las
haciendas en que se beneficia la plata.

La decadencia de ley en los metales, u otras causas, redujo este número
a 3.500, que concurren actualmente, la mayor parte con sus mujeres e hijos,
que se puede contar sobre un número de más de 12.000 almas, con los que
se quedan voluntariamente y se emplean en el honrado ejercicio de Chalcas,
que son unos ladrones de metales que acometen de noche las minas, y como
prácticos en ellas, sacan los más preciosos, que benefician y llevan al banco
que el Rey tiene de rescate, siendo cierto que estos permitidos piratas sacan
más plata que los propietarios mineros. Aunque el cerro de Potosí está hoy
día en mucha decadencia, por la escasez de la ley de los metales, la providencia a la diligencia de los hombres inclinados a buscar las riquezas en el centro de la tierra, ha descubierto en las provincias de Chichas, Porco y otras
circunvecinas, minerales que contribuyen a la real caja de moneda de Potosí, con mayor número de marcos.

Sin embargo de tanta riqueza, no hay en esta villa un edificio suntuoso,
a excepción de la actual caja de moneda, costeada por el Rey, que es verdaderamente magnífica, y un modelo de la de Lima en las piezas bajas y algunas oficinas altas, pero el resto, incluyendo la vivienda del superintendente,
se compone de piezas estrechas. El superintendente actual adornó la fachada con unos balcones muy sobresalientes, en que imitó las popas de los antiguos bajeles de guerra. Sostienen éstos unas figuras feas para ángeles y nada
horribles para demonios, pero facilitan el acceso a las piezas del superintendente, que se comunican con las demás de toda la casa, de que pudiera resultar algún considerable robo. Siempre esta buena villa fue gobernada por
personas distinguidas con la superintendencia de la casa de moneda y banco. Tiene su cabildo secular, compuesto de dos alcaldes y varios regidores, en
cuyos honoríficos empleos interesan a cualquier forastero, sin más averiguación que la de tener la cara blanca y los posibles suficientes para mantener la
decencia.

Administra los correos don Pedro de la Revilla, mozo instruido y fecundo en proyectos. Se divulgó en Potosí que había sido titiritero en España,
porque le vieron hacer algunos juegos de manos. "Por otro tanto, dijo el visitador, denunciaron en Popayán, y fue llamado a la inquisición, don Pedro

Sánchez Villalba, sujeto más conocido en este reino que Revilla, pero entre los dos Pedros hay la diferencia que los potosinos lo hicieron por malicia, y los popayanes con sencillez. Cierto bufón probó en Arequipa que don José Gorosabel era descendiente de judíos, porque leyó en el libro de la generación del mayor hombre que hubo y habrá en el mundo, las siguientes palabras: *Sabathiel autem genuit Zorobabel*. Lo cierto es, señor Concolorcorvo, que de cien hombres apenas hallará uno que no sea titiritero, y así ríase Vd. de los potosinos y popayanos con los dos Pedros y celebre cuatro P P P P tan memorables como las de Lima, y a Gorosabel dele el parabién de que Matorras le haya emparentado con los *Romances*, y Vd. siga su discurso sin hacer juicio de bagatelas".

La villa está siempre bien abastecida de alimentos comunes, que concurren de los más dilatados valles, por los muchos españoles que se mantienen en ella. El congrio seco que llega de la costa de Arica, se puede reputar por el mejor pescado fresco, y se vende a un precio cómodo, como asimismo otros regalos que acarrea el mucho consumo y la seguridad de que no se corrompen, porque a corta distancia de la costa o valles entra la puna tan rígida que no permite infecto alguno. Con cualquier viento penetra el frío, porque la villa está rodeada de nevados cerros, como llevo dicho, y aunque las lluvias son copiosas no se hacen intransitables las calles, por la desigualdad del terreno, que da corriente a las aguas sobre regulares empedrados.

El dístico que se puso al frente comprende mucha parte la discordia que siempre reina entre los principales vecinos. Esta se convierte en plata que va a parar a la ciudad de este nombre. El principal lujo de esta villa, como casi sucede en los demás pueblos grandes del reino, consiste en los soberbios trajes, porque hay dama común que tiene más vestidos guarnecidos de plata y oro que la Princesa de Asturias.

Ninguna población de la carrera tiene igual necesidad de casa de postas, porque en las inmediaciones de esta villa y sus contornos no hay arrieros, a causa de la escasez de pastos. Los arrieros que entran con bastimentos de provincias distantes, llegan con sus mulas tan estropeadas, que apenas pueden con el aparejo. Las de los indios, que proveen de carbón diariamente, están de peor condición. Los indios de Yocalla, que regresaban sus mulas en tiempo del conde del Castillejo, se han retirado por ser actualmente estrecha la detención que se hace en Potosí, por lo que no tienen lugar a pasar a su pueblo, que dista diez leguas de mal camino, a traer cuatriplicado número de mulas para sacar las encomiendas de plata y oro, por lo que se ve precisado el administrador de correos de aquella villa a pedir mulas a la justicia, que por medio de sus criados y ministriles, se ejercita en una tiranía con los arrieros y carboneros digna de la mayor compasión. Este perjuicio tan notable les había atajado el visitador, porque los panaderos de esta villa, que comúnmente tienen mulas gordas y descansadas en sus corrales se habían obligado a dar mulas al precio regulado, con sólo la condición de que se les eximiese de una contribución que hacían anualmente para una fiesta profana, y en que se serviría a Dios suprimiéndola; pero quedaron frustradas sus diligencias porque se opuso cierto ministro de espíritu negativo. Estos primeros pasos que dio el visitador para el arreglo de los correos de Potosí, aunque no le abatieron el ánimo, le hicieron desconfiar del buen éxito de su visita, pero luego que concluyó por lo respectivo a los productos de aquella estafeta, resolvió pasar a Chuquisaca para establecer aquella, que estaba en arriendo desde el tiempo del conde del Castillejo, en cantidad de doscientos pesos anuales. Esta travesía es de veinte y cinco leguas, reguladas en la forma siguiente:

De Potosí a Tambo Bartolo	8
A Tambo nuevo	9
A Chuquisaca	<u>8</u>
Leguas	25

Este tránsito o travesía tiene de ocho a nueve leguas de camino corriente, digo de trotar y galopar. El resto es de piedra suelta, lajas y algunas cuestas de camino contemplativo. A las cuatro leguas de la salida de Potosí hay un muy buen tambo, actualmente inútil, porque a corta distancia está, en agradable sitio, una casa que llaman de los Baños. Esta en la realidad es más que competente y muy bien labrada, con buenos cuartos y división de corrales para las caballerías, y provisión de paja. El baño está en un cuarto cuadrilongo, cerrado de bóveda, y de la profundidad de una pica, desde las primeras escalas, por donde se desciende. El agua asciende más de vara y media y se introduce por un canal de la correspondiente altura. Es naturalmente caliente, y aunque dicen que es saludable y medicinal para ciertas enfermedades, piensa el visitador que es muy perjudicial en lo moral, y aún en lo físico. En lo moral, porque se bañan hombres y mujeres promiscuamente, sin reparo alguno ni cautela del administrador, como hemos visto, de que resultan desórdenes extraordinarios, hasta entre personas que no se han comunicado. En lo físico, porque se bañan en unas mismas aguas enfermos y sanos, tres y cuatro días sin remudarlas ni evaporación, porque la pieza está tan cerrada que apenas entra el ambiente necesario, para que no se apaguen las artificiales luces, que se mantienen opacas o casi moribundas entre la multitud de vapores que exhala el agua caliente y nitrosa, como asimismo la de los cuerpos enfermos y sanos.

Esta bárbara introducción es la que atrae la multitud de concurrentes, aunque no faltan algunas cortas familias distinguidas que tienen la precaución de bañarse en aguas puras, con la prevención de lavar y barrer bien el aposento y abrir puertas y ventanas, para que exhalen los vapores; pero estas familias son raras, y más raros los casos en que van a gozar de un beneficio que sólo tienen por diversión, y no por remedio para sus dolencias. Tambo Bartolo se dice así porque a un tiro de cañón está un pueblo llamado Bartolo. El tambo, en la realidad, es una corta hacienda que no produce más que alguna cebada, a por mejor decir paja mal granada, para el sustento de las bestias necesarias a su cultivo y para vender a los pasajeros. Aquí se situó posta para esta travesía, con cargo de paga doble. Esto es para los correos del Rey a real por legua de cada caballería de carga y silla, y para los particulares a dos reales, en atención a su estéril sitio.

El Tambo nuevo lo es en realidad, porque se fabricó pocos días antes de haber pasado nosotros por el sitio. Tiene dos piezas para los pasajeros capaces de hospedar cómodamente veinte personas, con corrales para bestias, cocina y una pulpería surtida de las cosas que más necesita la gente común, y que muchas veces sirven a los hombres decentes y de providencia. Este es el único sitio, en esta travesía, que puede mantener mulas al pasto para los correos y particulares; pero como los primeros dan corta utilidad, no puede hacer juicio de ella el dueño, que solamente se aplica a hacer acopio de cebada para los transeúntes, con la venta de algunos comestibles y aguardiente; pero de esta primera providencia resulta que el dueño del tambo, con las sobras de la paja y cebada, mantiene tres o cuatro mulas para su servicio y habilitación de correos.

En esta corta travesía, en que no tuvo, por conveniente el visitador situar más que las referidas dos postas, hay más de diez tambillos, con providencia de aposentos rurales y bastimentos comunes a hombres y bestias. En la quebrada Honda hay un tambo que regularmente es el más provisto de toda esta carrera. Tiene una buena sala, con dos dormitorios y cuatro catres muy buenos, pero esta pieza sólo se franquea a la gente de real o aparente distinción, porque los hombres ordinarios y comunes usan comúnmente unas groserías que ofenden los oídos y vista de cualquier sujeto noble de vida relajada, y por esta razón el dueño prohíbe esta habitación a los hombres de baja esfera, o que la manifiestan por sus modales. Además de las deshonestidades que con carbones imprimen en las paredes, no hay mesa ni banca en que no esté esculpido el apellido y nombre a golpe de hierro de estos necios. Este último uso es muy antiguo entre los peregrinos de distantes países, para dar noticias de sus rutas a los que los buscasen por el camino real, poniendo las fechas en las paredes de los hospitales, cuyo uso se hizo tan común en la América, que no hay tambo ni cueva que no esté adornada de nombres, apellidos y de palabras obscenas.

En las mansiones públicas de postas, se debía prohibir este abuso con una pena pecuniaria, proporcionada a la mayor o menor insolencia, teniendo mucho cuidado los mitayos de advertir a los pasajeros de las penas en que incurrían con semejantes inscripciones, y otras indecencias, que hacen en los aposentos, de que resulta el fastidio de la gente de buena crianza, y abandono de las públicas mansiones. Los corregidores y alcaldes deben velar sobre una policía tan útil en lo moral, como en lo político, y formar unos aranceles para su observación, bajo de unas penas correspondientes, y que se lleven a debido efecto en cada pueblo, o mansión situada en paraje desierto, no dando multas alos contraventores, u ocultándoles las suyas, hasta la satisfacción de la pena impuesta por juez competente. Este justificado medio será muy útil a la sociedad humana, como asimismo el que ninguna persona haga cocina de los aposentos, ni meta en ellos caballería alguna, para que de este modo no se arruinen insensiblemente, por condescendencia de los mitayos, sino que cada pasajero use de los corrales comunes, y destine un criado, o mitayo pagado, para cuidar las caballerías de su uso y estimación.

Desde Tambo nuevo van regularmente los pasajeros a comer y sestiar a las orillas del gran río nombrado Pilcomayo. Se baja a él por una cuesta perpendicular de un cuarto de legua, aunque sin grave riesgo, porque tiene buen piso. La quebrada es caliente y agradable. De la banda de Potosí hay varias rancherías con algunos cortos sembrados de maíz y cebada. Si sucede alguna avenida, aunque no sea muy copiosa, cargará el río con casas, efectos y habitantes. Esta buena gente, además de los cortos frutos de sus chacritas, se ejercita en el servicio de chimbadores [105], porque el paso común de los que van por Potosí a Chuquisaca, que es el mayor número, atraviesan el río por el vado; pero estos colonos procuran arruinarle formando varios pozos para que los pasajeros mezquinos o demasiado resueltos caigan en la trampa, muchas veces con riesgo de ahogarse, y que el diablo lleve rocín y manzanas, como dijeron los antiguos españoles. Estos, que por tales se tienen, aunque con más mezclas que el chocolate, reservan un canal o vereda tortuosa de que ellos solamente están bien informados, como pilotos prácticos, lo que sucede en todos los ríos de esta dilatada gobernación. Si algún pasajero a la ligera se viera precisado a atravesar el río solo, por no haber chimbadores, y llevare mula o caballo baqueano, déjese gobernar de su instinto o práctica, porque de otro modo, y queriéndose gobernar por su razón natural, se expone a perder la vida, porque la bestia, afligida del freno y la espuela, se precipitará. A medio cuarto de legua del vado, caminando por la opuesta orilla, se ve claramente el famoso puente del río para pasar a Chuquisaca. No creo que se haya hecho obra más suntuosa e impertinente, porque sólo usan de aquel famoso puente los arrieros que atraviesan de Escara a Chuquisaca, huyendo de Potosí.

El puente es magnífico, fuerte y adornado en sus bordes de lápidas con sus inscripciones, en que se pusieron los nombres de los ministros que destinó la real audiencia de Chuquisaca para su perfección. Las aguas se inclinan a la banda del cerro que corresponde a Potosí. Por la parte de Chuquisaca hay varios canales o vertientes del principal brazo del río. El puente conclu-

---

105 *Chimbador*: persona especialista en cruzar a pie un río

ye a orillas del principal, acaso por falta de providencias. El maestro bien reconoció que su obra estaba imperfecta, como asimismo el último ministro superintendente de ella, y para paliar la cura de una enfermedad de difícil remedio, por falta de dinero, tiró unas barbacanas [106] para que las aguas, tropezando en ellas, inclinasen su curso al opuesto cerro, pasando por el principal canal, que abraza el único arco y soberbio elevado puente, que en tiempos regulares es inútil, porque el río tiene vado. En las grandes avenidas lo es, porque está cercado de la banda de Chuquisaca de algunos brazos con que el gran río se desahoga, y que no caben en el canal principal. Sin embargo de la imperfección del puente, dijo el visitador que podía ser útil en muchos casos de extraordinarias avenidas, porque en estas se facilitaría mejor el vado, de dos o tres canales que el de la travesía de todo el río por una extendida playa llena de pozos y excavaciones que hacen las aguas en las arenas. El camino que formó sobre el cerro de Chuquisaca el arquitecto, dijo el visitador que no era tan superfluo como había notado la gente común, porque podía darse el caso en que los canales se inclinasen a la quebrada, y entonces serviría aquel camino para precaverse y libertarse de los atolladeros y riesgos, a costa de algún corto rodeo. La idea de este puente fue muy buena, pero no se pudo perfeccionar en un reino y provincia abundante de plata, pero escasa de colonos y frutos.

Al gran Pilcomayo sigue Cachimayo, que pasa por quebrada más deleitable, extensa y poblada; esta es el Aranjuez de Chuquisaca. Por una y otra banda está poblada: por la de Potosí de varios colonos pobres, que se mantienen de cortas sementeras. La banda de Chuquisaca tiene algunas casas muy dispersas cubiertas de tejas, con alguna extensión de territorio, con similitud a las solariegas de la Cantabria. En ellas se alojan las familias que bajan de Chuquisaca a divertirse de la una y de la otra banda del Cachi, que no tiene nada artificial, porque ninguno eligió alguna porción de aquel sitio para el deleite ni magnificencia. Este río es muy caudaloso, pues habiéndole pasado en tiempo de secas, reconocimos en su vado tantas aguas como en las de su inmediato el Pilcomayo, con la diferencia que el Cachi tiene la caja a canales por donde pasa más sólidos; pero en tiempo de avenidas detiene a los correos y pasajeros algunos días, porque no tiene ni aun el medio puente Pilco. En uno ni en otro hemos visto instrumentos de pesca en las casas de los habitantes, lo que puede resultar de su abandono y desprecio, de tan útil granjería, o acaso por la rápida corriente de los dos ríos, en las playas de estos habitantes de poca industria y estrecho territorio para formar canales y presas para proveer del regalo de la pesca a dos lugares de tanta población como la villa de Potosí y ciudad de La Plata.

---

106 *Barbacana:* o *falsabraga,* obra de defensa avanzada y aislada que se ponía delante de las murallas, más baja que la principal servía para defender el foso.

Capítulo XII

La plata. - Descripción de la ciudad. - El oro de Los Cerros

Así se nombra la capital de la dilatada jurisdicción de la real audiencia de Chuquisaca, que se compone de varios ministros togados con un presidente de capa y espada, siendo voz común que estos señores se hacen respetar tanto, que mandan a los alcaldes ordinarios y regimiento sus criados y ministriles, y que cuando alguno sale a pasearse a pie cierran los comerciantes sus lonjas para acompañarlos y cortejarlos, hasta que se restituyen a sus casas, por lo cual aseguran que cierta matrona piadosa y devota destinó en su testamento una cantidad correspondiente para que se consiguiese en la corte una garnacha[107] para el Santísimo Sacramento, reprendiendo a los vecinos por que salían a acompañar a los oidores y estaban satisfechos con hacer una reverencia al pasar la Consagrada Hostia que se llevaba a un enfermo. Supongo yo que ésta es una sátira mal fundada. Es natural la seriedad en los ministros públicos, y también el respeto, aunque violento, en algunos súbditos. En todos hay algo de artificio, con la diferencia de que los señores ministros piensan que aquel rendimiento les es debido, y el público, como ve que es artificial, vitupera lo que hace por su conveniencia y particulares intereses, y exagera la vanidad y soberbia de unos hombres que no pensaron en semejantes rendimientos. No sé lo que sucedería antaño, pero ogaño reconocemos que estos señores ministros, conservando su seriedad, son muy moderados y atentos en la calle, y en sus casas muy políticos y condescendientes en todo aquello que no se opone a las buenas costumbres y urbanidad.

La ciudad de La Plata está situada en una ampolla o intumescencia de la tierra, rodeada de una quebrada no muy profunda, aunque estrecha, estéril y rodeada de una cadena de collados [108] muy perfectos por su figura orbicular, que parecen obra de arte. Su temperamento es benigno. Las calles an-

107 *Garnacha*: vestidura talar con mangas y una vuelta que desde los hombros cae a las espaldas a manera de una toga senatorial. La usaban los consejeros y jueces de la Real Audiencia

108 *Collado*: altura de tierra que no llega a ser monte

chas. El palacio en que vive el presidente es un caserón viejo, cayéndose por muchas partes, que manifiesta su mucha antigüedad, como asimismo la casa del cabildo, o ayuntamiento secular. Hay muchas y grandes casas que se pueden reputar por palacios, y cree el visitador que es la ciudad más bien plantada de cuantas ha visto y que contiene tanta gente pulida como la que se pudiera entresacar de Potosí, Oruro, Paz, Cuzco y Guamanga, por lo que toca al bello sexo. Es verdad que el temperamento ayuda a la tez. La comunicación con hombres de letras las hace advertidas, y la concurrencia de litigantes y curas ricos atrae los mejores bultos y láminas de los contornos, y muchas veces de dilatadas distancias. No entramos en el palacio arzobispal porque no están tan patentes los de los eclesiásticos como los de los seculares. Aquellos, como más serios, infunden pavor sagrado. Estos convidan con su alegría a que gocen de ella los mortales.

La Catedral está en la plaza mayor. El edificio es común, y se conoce que se fabricó antes que el arzobispado fuera tan opulento. Su adorno interior sólo tiene una especialidad, que nadie de nosotros notamos ni hemos visto notar sino al visitador, que quiso saber de nosotros la especialidad de aquella iglesia. Uno dijo que los muchos espejos con cantoneras de plata que adornaban el altar mayor. Otro dijo que eran muy hermosos los blandones [109] de plata, y así fue diciendo cada uno su dictamen, pero el visitador nos dijo que todos éramos unos ciegos, pues no habíamos observado una maravilla patente y una particularidad que no se veía en iglesia alguna de los dominios de España.

La maravilla es, que siendo los blandones de un metal tan sólido como la plata, y de dos varas de alto, con su grueso correspondiente, los maneja y suspende sin artificio alguno un monacillo como del codo a la mano. En esto hay un gran misterio; pero dejando aparte este prodigio, porque nada me importa su averiguación, voy a declarar a Vds. la particularidad de esta iglesia, para lo cual les voy a preguntar a Vds. si han visto alguna en todo lo que han andado que no tenga algún colgajo en bóveda, techo o viga atravesada. La iglesia más pobre de España tiene una lámpara colgada, aunque sea de cobre o bronce, pero la mayor parte de las iglesias de pueblos grandes están rodeadas de lámparas y arañas pendientes de unas sogas de cáñamo sujetas a una inflamación o a otro accidente, que rompiéndose cause la muerte a un devoto, que le toque un sitio perpendicular a una lámpara, araña, farol o candil, dejando aparte las manchas que se originan del aceite y cera, o de las pavesas que se descuelgan de las velas.

No se piense que lo que llevo dicho es una sátira. Protesto que si viviera en Chuquisaca no iría a orar a otro templo que a la catedral, por quitarme de andar buscando sitio libre de un riesgo, que turba mucho mi imaginación. Supongamos que ésta sea extravagante y que el riesgo esté muy distante en cuanto a perder la vida o recibir un golpe que le ocasione muchos do-

109 *Blandón*: candelero en el cual se coloca un cirio

lores y una dilatada curación. Pero ¿cómo nos preservamos de las manchas de gotas de cera, que precisamente caen de las velas encendidas en las arañas, pavesas e incomodidades que causan los sirvientes del templo al tiempo de dar principio a los oficios divinos, que es cuando le da esta fantástica iluminación, y que el pueblo está ya acomodado en el sitio que eligió? Dirán algunos genios superficiales que esta iluminación se dirige a la grandeza del santuario y magnificar al Señor. No dudo que los cultos exteriores, en ciertos casos, mueven al pueblo a la sumisión y respeto debido a la deidad; pero estos cultos me parecía a mí que se debían proporcionar a la seriedad con que regularmente se gobiernan las catedrales. En ellas se observa un fausto que respira grandeza. La circunspección de los ministros, la seriedad y silencio, es trascendente a todos los concurrentes.

Una iluminación extravagante esparcida en todo el templo, sólo ofrece humo en lugar de incienso. La multitud de figuras de ángeles y de santos ricamente adornados, no hacen más que ocupar la mitad del templo y distraer al pueblo, para que no se aplique a lo que debe y le conviene, atrayéndole solamente por medio de la curiosidad, que consiste en el artificio, música de teatro o tripudio pastoril.

En conclusión, la ciudad de La Plata, como llevo dicho, es la más hermosa y la más bien plantada de todo este virreinato. Su temperamento es muy benigno. El trato de las gentes, agradable. Abunda de todo lo necesario para pasar la vida humana con regalo; y aunque todos generalmente convienen en que es escasa de agua, por el corto manantial de que se provee, hemos observado que en las más de las casas principales tienen en el patio una fuente o pila, como aquí se dice, de una paja de agua, o a lo menos de media, que franquean al vulgo sin irritarse de sus molestias y groserías, de suerte que los señores ministros y personas distinguidas sólo gozan el privilegio de inmediación, a costa de un continuo ruido y pendencia inexcusables. Si la carencia de agua fuera tan grande como ponderan algunos, hubieran inventado cisternas o aljibes, recogiendo las aguas que el cielo les envían anualmente con tanta abundancia en un territorio fuerte, en que a poca costa se podían construir. Los techos son todos de teja o ladrillo, con el correspondiente declive para que desciendan las aguas a su tiempo con violencia, después de lavados los techos con el primer aguacero, por medio de uno o dos cañones, techándose los aljibes para que no se introduzcan en ellos las arenas y tierras que levantan las borrascas y caiga el granizo y nieve. Todos los naturalistas convienen que las mejores aguas son las de las lluvias en días serenos y como venidas del cielo, y así es preciso que convengan también en la providencia de aljibes o cisternas para reservarlas, por lo que si a los señores propietarios de las principales casas de Chuquisaca, que no tienen agua, quisieren a poca costa hacer construir un aljibe, beberían los inquilinos la mejor agua que desciende a la tierra.

Supongo yo que los que tienen privilegio de agua o pila no pensarán en hacer este gasto; pero les prevengo que el agua de las fuentes es menos saludable que la de las lluvias, y aún de los ríos que corren por territorios limpios de salitres. Las fuentes de las ciudades grandes, además de las impurezas que traen de su origen, pasan por unos conductos muy sospechosos, y en partes muy asquerosos. Las aguas que descienden de las nubes serenas, y se recogen en tiempo oportuno de los limpios techos en aseadas cisternas, son las más apreciables y conformes a la naturaleza, o se engañaron todos los filósofos experimentales. Confieso que esta recolección de agua no pudiera servir para otros usos sin mucho costo. Los riegos de jardines y macetas; los de las casas, limpieza de batería de cocina y servicios de cuartos de dormir y recámaras, y en particular el abrevadero de caballos y mulas, necesitan mucha agua, y si no corre por las calles públicas a particulares acequias, será preciso buscarla en depósitos distantes en todas aquellas poblaciones que no socorrió la naturaleza con ríos o manantiales suficientes para sus necesidades. Esta misma reflexión manifiesta lo útil de los aljibes o cisternas y provisión del agua de las lluvias en un territorio como el de Chuquisaca, y otros de iguales proporciones y necesidad de arbitrios.

El oficio de correos de esta ciudad le tenía en arrendamiento un vecino de ella sólo con la obligación de pagar doscientos pesos anualmente por el valor de las encomiendas y correspondencias de tierra; y reflexionando el visitador que la real hacienda estaba perjudicada gravemente, y que al mismo tiempo era preciso averiguar los legítimos valores para formar un reglamento sólido, nombró de administrador de dicho oficio a don Juan Antonio Ruiz de Tagle, persona inteligente y de mucha formalidad, señalándole provisionalmente un quince por ciento sobre el producto líquido de aquel oficio; y concluida esta diligencia pidió bagajes el visitador para continuar su comisión; pero antes de salir me parece justo prevenir al público, y aún a los señores directores generales de la renta de correos, la diferencia que hay de los señores ministros de carácter y letras a los demás jueces inferiores, sin letras ni ápice de reflexión, por lo general.

El visitador se presentó a los señores presidente y real audiencia que reside en esta capital, para que se pagasen de las penas de cámara los portes atrasados de la correspondencia de oficio y se estableciera un método seguro y claro para en lo sucesivo, y estos señores, que injustamente son calumniados de soberbios y vanos, como de lentos en sus resoluciones, proveyeron en el día que con asistencia del visitador deliberasen el asunto los señores Lisperguer, oidor decano de aquella real audiencia, y Álvarez de Acevedo, fiscal de dicha real audiencia. En el mismo día se citó al visitador para que concurriera al siguiente por la tarde a la casa del señor Lisperguer, adonde halló ya al señor Acevedo, y en menos de un cuarto de hora se resolvieron todas las dudas y dificultades, y al tercer día se expidió auto para que se pa-

gasen las legítimas correspondencias de oficio de las penas de cámara regis-
tradas, y atendiendo a la poca formalidad que había llevado en las cuentas
de las correspondencias marítimas el arrendatario, y quitar cualquier duda
con el nuevo administrador, pasase a la llegada de todos los correos, así de
mar como de tierra, el escribano de cámara y dejase recibo formal de todos
los pliegos de oficio, con distinción de su peso y valor, y otras circunstancias
que constan de dicho auto acordado, de que se le dio al visitador un testimonio duplicado, que dejó uno al administrador de correos de Chuquisaca, para su gobierno.

Con bastante pena salimos todos de una ciudad tan agradable en todas
sus circunstancias, y el visitador nos previno que volviésemos a reconocer
juntamente con él aquella travesía, que hallamos conforme a las observaciones que habíamos hecho a la ida a Potosí. Así como salimos con repugnancia de Chuquisaca, o por mejor decir de la ciudad de La Plata, dejamos gustosos la villa de Potosí, no tanto por su temperatura rígida cuanto por la discordia de sus habitadores. Son muy raros los hombres que mantienen amistad perfecta una semana entera. Al que aplaudieron por la mañana, vitupe-
ran por la tarde, sobre un propio asunto, y sólo son constantes en las pasiones amorosas, por lo que se experimenta que las verdaderas coquetas hacen
progresos favorables, y se han visto más de cuatro de pocos años a esta parte retirarse del comercio ilícito con competente subsistencia, ya obligando a
su último galán a casarse con ellas o a buscar marido de aquellos que se aco-
modaban a todo y tienen una fuerte testa, o al que lleva la opinión de lo que
no fue en su año, no es en su daño.

A la salida de esta memorable villa nos previno el comisionado que ob-
servásemos los laberintos que formaban las cabañas de los indios con sus
muchas veredas y la facilidad con que se podía extraviar una carga de plata
en una noche tenebrosa y aún clara, porque saliendo los indios de Potosí alu-
cinados con la chicha y aguardiente, sueltan las mulas y cada una sigue distinta senda; y por esta causa dispuso saliesen los correos de Potosí a las doce
del día, dos horas más o menos. De esta villa se pasa a la de Oruro, por las
postas siguientes.

Capítulo XIII

Provincias de Porco, Poopo y Oruro. - El arrendamiento del oficio de correos. -
Inconvenientes del privilegio. - La ciudad y sus costumbres

Porco

De Potosí a Yocalla	10
A la Leña	6
A Lagunillas	6

Poopo

A Vilcapugio	8
A Ancato	5
A las Peñas	4
A Yruma	4
A la Venta de en medio	4

Oruro

A Oruro	9
Postas, 9; leguas	57

La salida de Potosí y quebrada de San Bartolomé están al presente transitables a trote por haberse aderezado el camino, aunque en partes está tan débilmente aderezado que en la primera avenida quedará como antes. En este tránsito, hasta Yocalla, hay dos cuestas en figura de una S, bien penosa por ser de lajería [110] la mayor parte; pero en la última bajada al pueblo hay un puente de cantería [111] muy fuerte y hermoso, y es el segundo de esta fábrica que será eterno si no hay una conmoción extraordinaria de la tierra o total abandono de los corregidores y demás justicias en alguna irrupción de las aguas y continuo trajín de los bagajes. En toda esta distancia no hay

110 *Lajería*: arte de recubrir con piedra laja
111 *Cantería*: arte de labrar las piedras para edificios

riesgo de precipicio. El pueblo de Yocalla es viceparroquia del curato de Tin-
quipaya. No hay tambo en que se alojen los pasajeros. Los indios tienen unos
alojamientos que parecen cuevas u hornos, por donde con dificultad se puede introducir un corto almofre [112] y formar una estrecha cama, quedándose
todo el bagaje apilado en el estrecho y sucinto patio, y sin embargo de esta miseria, a que se acomodan los indios mejor que otra nación alguna, labraron
una casa grande, con bastantes oficinas, patios, traspatios y corrales para alojar a su cura o teniente seis días al año, que viene a celebrar sus fiestas y recoger sus derechos, por lo que el visitador aconseja a correos y pasajeros se apo-
deren de una o dos piezas de las muchas que tiene la casa, para asegurar sus
cargas y descansar, valiéndose de los corrales y cocina, para que con el humo
se mantengan los dioses caseros. Los indios de este pueblo son laboriosos y
bastante racionales. Sólo pagaban antes nueve leguas hasta Potosí los correos
del Rey, y considerando el visitador lo mucho que trabajaban las mulas de
estos miserables en la subida, reguló diez leguas de paga, así a la ida como a
la vuelta, que fue lo mismo que aumentarle dos leguas, aunque por el itinerario no consta más, que de una.

Todo el resto del camino, hasta Oruro, es de trote largo y sin riesgo. Los
tambos están sin puertas. Las mulas flacas, porque el país es estéril, y el ganado menor y los hielos aniquilan el poco pasto. Las jornadas de las Peñas a
Oruro eran de nueve leguas, que no podían hacer sin descanso las débiles
mulas de los pobres indios, por lo que el visitador cortó la de Yruma en la
Venta de en medio, poniéndola al cargo de un gobernador y cacique, que
acaso es de los más privilegiados del reino, quien al instante mandó traer
materiales suficientes para formar una mansión cómoda, independiente a su
casa, que regularmente franquea a cualquier hombre de bien; pero el actual
corregidor, que no quiero nombrar por no ridiculizarle, ni menos exponer-
le a un castigo, se opuso a un beneficio que se había hecho a pedimento de
los indios de su provincia, bajo de unos pretextos tan frívolos y ridículos, que
causa pudor expresarlos. A las cinco leguas de la Venta de en medio, y cuatro distante de Oruro, está un pueblo nombrado Sorafora, en donde pensó
el visitador dividir la otra posta; pero como los indios sólo se ejercitan en la
conducción de metales para proveer el grande ingenio de don Diego Flores,
no usan más que de carneros de la tierra [113] y carecen de mulas, porque no
las necesitan para otros trajines, y así se quedó la jornada de en medio de
nueve leguas hasta

Oruro

Esta villa sigue a Potosí en grandeza, porque hay cajas reales y se fun-
den en ellas anualmente sobre seiscientas barras de a doscientos marcos de
plata de ley de once dineros y veinte y dos granos, que valen un millón y dos-

112 *Almofre*: o almofrez, funda en la que se lleva la cama de viaje
113 *Carneros de la tierra*: llamas

cientos mil pesos, poco más a menos. La mayor parte es producto de los minerales de las inmediatas riberas, porque el gran cerro pegado al extremo de la misma villa, y tan cómodo para disfrutar sus metales, ha escaseado de ley, con respecto a la que necesita para costear su labor por la falta de agua para los lavaderos. Esta buena villa está situada en medio de una dilatada pampa de casi nueve leguas, la mayor parte salitrosa y cenagosa. Se provee de los principales bastimentos del fértil valle de Cochabamba, como también Potosí. El azúcar, vino y otras bebidas, como asimismo la aceituna, pasas y almendras, llegan de gran distancia, y respecto de ella se venden estas especies a moderado precio, porque el mucho consumo, atrae la abundancia y por consiguiente el ínfimo precio, la mayor parte del año.

Este oficio de correos estaba en arrendamiento en un buen viejo que decía ser pariente de los condes de Castillejo. Tenía cuatro mitayos, que no tenían más utilidad y provecho que el de arrear mulas, esto es, quitarlas a los pobres arrieros para el despacho de correos y pasajeros y encerrarlas en un gran corral escoltadas de ministriles del corregidor y alcaldes, que entre todos componían una competente cuadrilla de ladrones, porque recogiendo cuatro veces más mulas de las que se necesitaban, se veían precisados sus dueños a rescatarlas a fuerza de plata, que repartían entre sí aquellos inhumanos satélites, quedándose encerradas para el servicio de los correos las mulas de los más pobres, y por consiguiente las más flacas y estropeadas. No hay voces verdaderamente con que explicar esta tiranía. Los arrieros se veían muchas veces precisados a malbaratar algunas mulas para dar de comer a las que estaban encerradas en un corral que apenas tenía estiércol y que les esperaba una jornada de ocho o nueve leguas a trote largo con carga doble, de modo que unas mulas no llegaban a la otra posta porque se tendían de rendidas y otras llegaban deslomadas y casi incapaces de cargar el aparejo para restituirse al pasto. La noticia de esta crueldad pasaba a los arrieros que lucraban en el abasto de esta villa y si consideraban que estaba próxima la salida, o entrada de los correos se detenían algunas leguas antes, por no aniquilar sus flacas y cansadas mulas, y muchas veces carecía la villa de algunos bastimentos. Una queja tan general y tan bien fundada de vecinos y forasteros obligó al visitador a solicitar un vecino honrado que se hiciese cargo de la maestría de postas, para proveer en aquella villa de caballerías de silla y carga a correos de Su Majestad y a pasajeros.

El pensamiento del visitador le salió con tanta felicidad que no pudo hallar sujeto más a propósito que la persona de don Manuel de Campo Verde y Choquetilla, español, y descendiente por línea materna de legítimos caciques y gobernador de indios. Es verdad que este pensamiento le sugirieron y corroboraron sus íntimos amigos don Joaquín Rubín de Zelis y don Manuel de Aurrecoechea, en cuya casa estaba aposentado don Alonso. Los mitayos del arrendatario de correos habían dado una fuerte queja por escrito

contra él, porque no les pagaba su trabajo y servicio de sus mujeres en la mecánica de casa. El visitador dio su título al gobernador Choquetilla con un testimonio de las reales ordenanzas, para que se presentase al cabildo secular y que constasen los privilegios que Su Majestad le concedía por maestro de postas; pero cuando el visitador esperaba que el corregidor y cabildo le diese las gracias por tan importante servicio, se halló con la oposición que había hecho el corregidor. Este era un capitán de más de sesenta años de edad, cuyo nombre me mandó don Alonso que no expresase en mi itinerario por no exponerlo al desprecio de todo el mundo como lo ejecutaré con todos los demás que desprecian las reales ordenanzas, ni tampoco diré los motivos que este corregidor y otros tienen para semejantes atentados, porque causa pudor expresarlos; pero para no mezclar en esta causa a los señores justicia y regimiento de Oruro, debo advertir que al siguiente cabildo recibieron al referido maestro de postas, sin embargo de la repugnancia del corregidor.

Ya tenía el visitador dado cuenta a este superior gobierno de las resultas del primer cabildo, y a vuelta de correo recibió un expreso mandato de su excelencia para que se recibiese en la maestría de postas al sujeto que nombró el comisionado. Todos nos asombramos de ver la repugnancia de estos jueces inferiores a las reales ordenanzas, y llegando a percibir el visitador nuestra crítica nos dijo que éramos unos bisoños o poco instruidos en las máximas y soberanías de la mayor parte de estos corregidorcitos poco instruidos, y añadió que el de La Paz había puesto en la cárcel pocos días antes al arrendatario de correos, porque no le entregó sus cartas francas, que recogió sin paga alguna y entregó el resto al pillaje. Saben todos que los arrendatarios de cualquier ramo de real hacienda gozan del mismo privilegio que los administradores. El del Cuzco, nombrado por este superior gobierno, porque se resistió a aquel corregidor en no obedecer sus órdenes sobre el gobierno económico, en la entrada y salida de correos, arrestó al administrador y tuvo preso en la casa del cabildo, con abandono de una real oficina en que no solamente había intereses del Rey, sino del público, en las correspondencias atrasadas y otros papeles de confianza.

No quiero poner otros ejemplares, sino que Vds. reflexionen la gravedad de estos excesos, y a que otros mayores estarán expuestos los particulares que no gozan de privilegios, y mucho más la gente inferior, y, en conclusión, lo que puedo asegurar a Vds. es que a excepción de un corto número de racionales corregidos, que comuniqué por más de veinte años en todas estas provincias, todos los demás me han parecido unos locos, por lo que creo cualquiera extravagancia que se refiera de ellos. "¿En qué consiste (dije al visitador) esta mudanza de los hombres? Esto es, ¿que de hombres suaves y de apacible trato se conviertan en ásperos y soberbios?" "No hay tal mudanza, replicó el visitador. La mayor parte de los hombres es una tropa de locos.

Los unos son furiosos y se huye de ellos. Los otros son graciosos, y se divierte con ellos; y el resto son disimulados y contienen sus furias por cobardes y de recelo de encontrar mayores fuerzas y perder un par de costillas a garrotazos, y así éstos, cuando se ven autorizados, son peores que los locos furiosos, porque a éstos cualquiera los contiene con la fuerza o con el arte, y para aquéllos sólo sirve una determinación criminal o una tolerancia insufrible, porque no siempre se proporciona la fuga". No hablo por ahora de las injusticias que hacen, porque va largo este punto, o llámese número, o párrafo, que para lo del mundo todo es uno, como olivo y aceituno.

En esta gran villa, así como en la imperial de Potosí, no se encuentra edificio correspondiente a los inmensos caudales que se gastaron de doscientos años a esta parte en profanidades de galas, paseos, juegos y banquetes. Si el gremio de mineros depositara un real por cada marco que funde, y lo mismo digo de los particulares, que rescatan piñas y por precisa necesidad las llevan a aquella callana [114], tuvieran insensiblemente todos los años quince mil pesos, y al cabo de diez se hallarían con 150.000 pesos para emprender una obra de que podía resultarles un gran beneficio, y a lo menos conseguirían dar agua competente a toda la villa, y acaso proveerla de la suficiente para lavar algunos metales, que no se costean conducidos a las riberas, a emprender otras obras útiles a la república. Potosí y Oruro no dejarán de ser poblaciones de fundamento ínterin se mantengan las minas próximas a sus riberas, que son inagotables, con más o menos ley, que de cualquier modo alienta a unos y empeña a otros. También fueran en esta villa muy útiles las cisternas o aljibes. En estos campos crece poco el pasto, porque este terreno es salitroso y que apetece mucho el ganado menor, que continuamente come en él. Sus carnes son sabrosas, pero algo duras. Toda su gordura y sustancia se acumula desde el fin de la cola hasta el de los riñones, con tanta monstruosidad que en los principios recelamos que fuese artificio de los carniceros, porque las faldas de los carneros no parecen más que unos delgados pergaminos.

Así en esta villa como en la de Potosí han sido felices las coquetas, porque algunas se han retirado en estado de matrimonio, introduciéndose en los concursos de las matronas, que no juzgan de la vida pasada. Hemos reconocido que los vecinos de esta villa, y aún los forasteros que viven de asiento en ella, no mantienen entre sí rencor dilatado tiempo, y que son dóciles a la reconciliación, por lo que el visitador estuvo muy gustoso en ella, sin embargo de la oposición del corregidor, que despreció generosamente por lo mismo, que estaba mal fundada; y aunque todos creímos que hubiese puesto fin a su visita en esta villa, por considerar que el comisionado y administrador general que había llegado a Lima hubiese reformado e instruido a los administradores de esta carrera, pero finalmente abandonó la ruta pensada a Tacna por considerarla poco útil a la renta y al público, por lo que tomamos la de La Paz por las postas siguientes.

114 *Callana*: del quicha *Kallana*. Tiesto de barro cocido para tostar maíz o trigo.

Capítulo XIV

Provincia de Poopo y Sicafica. - Paz de Chuquiapo. - Lavaderos de oro. -
Producción de la coca

Poopo
De Oruro a Caracollo	8

Sicafica
A Panduro	5
A Sicafica	8
A Ayoayo	8
A Caxamarca	5
A la Ventanilla	6
A La Paz	4
Postas, 7; leguas	44

La salida de Oruro se hace sobre una pampa salitrosa de más de cuatro leguas, que en tiempo de seca se caminan a trote en dos horas y media, pero en tiempo de aguas se hacen unos atolladeros arriesgados y lagunillas en los pozos que tiene. En este tiempo la gente prudente se dirige por la falda de los inmediatos collados, con rodeo de más de dos leguas, y toda aquella detención que causa la desigualdad del camino en cortas subidas y bajadas, de modo que en tiempo de seca a trote regular o paso llano se puede llegar desde Oruro a Caracollo, que dista ocho leguas, en cinco horas; y en tiempo de aguas, siguiendo las lomadas, se gastaran ocho, y si se acomete la pampa, principalmente de parte de noche, se exponen los caminantes a pasar en ella hasta el día del juicio final. El resto del camino no tiene más riesgo que el que ocasiona el ardor y la precipitación de los caminantes. Todo el camino, hasta llegar a la entrada de La Paz, es de trote y galope, a excepción de algunas cortas reventazones que se forman a la entrada y salida de los pueblos, que parece que son unas divisiones o linderos que preparó la naturaleza para evitar pleitos y discusiones. En todo este país encuentran en todos tiempos mis amados caminantes: tambos sin puertas, mulas flacas y con muchas mañas, corderos y pollos flacos y huevos con pollos nonatos o helados, porque las buenas indias venden siempre los añejos. Sin embargo, se puede pasar decentemente con algunas precauciones y gastos, como nos sucedió a nosotros, por la práctica y providencia del visitador.

Paz de Chuquiapo

Esta ciudad está situada en medio de la distancia que hay desde Potosí al Cuzco, en una quebrada honda de muy buen temperamento. Es antípoda de la de Toledo, porque aquella está en alto y ésta en bajo. Ambas ocupan territorio desigual, pero las calles de la Paz son con mucho exceso más regulares. Si en el tiempo de marras se encontraba mucho oro entre las arenas del Tajo, actualmente se coge mucho en los arroyos que entretejen la ciudad de Chuquiapo. Las indias tienen sus lavaderos a distancia de aquellas estrechas quebradas, en donde recogen algunos granos de que se mantienen, y mucho más con la esperanza de hacer una buena pesca, como sucede a los que tratan en la de las conchas que crían las perlas. Este renglón no es considerable.

De la provincia de Laricaja y otras, se puede asegurar que entran en La Paz anualmente cinco mil marcos de oro, en tiempos regulares. Dos mil y cuatrocientos pasan a Lima por los correos de cada año, según las cuentas que reconoció el visitador de más de siete, y aunque sólo caminen por particulares otros tantos y sólo se extravíen y gasten en alhajas doscientos, tenemos completo el cálculo de cinco mil, que valen seiscientos veinte y cinco mil pesos, independiente de los muchos zurrones de plata que entran en la ciudad del valor de la coca, que aunque actualmente está a precio bajo, rinde muchos miles a los hacendados de la ciudad, porque hacen todos los años tres cosechas, que llaman mitas.

La coca sólo es producción de las montañas muy calientes, y es una hoja que seca se equivoca con la del olivo o laurel y se cría en unos arbolitos de corta estatura. Son muy raros los españoles, mestizos y negros que la usan, pero es grande su consumo entre los indios, y en particular cuando trabajan en las minas de plata y oro. Unos la mascan simplemente, como los marineros la hoja del tabaco, y lo que hemos podido observar es que causa los mismos efectos de atraer mucha saliva y fruncir las encías a los principiantes en este uso. Muchos indios que las tienen ya muy castradas y que no sienten su natural efecto, usan de una salsa bien extraordinaria, porque se compone de sal molida y no sé qué otro ingrediente muy picante[115], que llevan en un ma-

---

115 Se refiere a la *Llipta*, estimulante, preparado con lejía y salitre que los indios mascan con la coca.

tecito de cuello que llevan colgado al suyo, y de allí sacan unos polvitos para rociar las hojas y darles un vigor extraordinario. En conclusión, los indios cuentan de su coca lo mismo que los aficionados del tabaco, por ser un equivalente, como la yerba del Paraguay al té y café.

La ciudad es una de las más ricas del reino, pero no tiene edificio particular. Su salida y entrada, sin embargo de hacerse por dos cuestas perpendiculares, están actualmente bien aderezadas, por lo que no tienen riesgo de precipicio. La catedral, que está situada en la plaza mayor, no tiene más particularidad que la de celebrarse los divinos oficios con seriedad. Las casas particulares están tan embarazadas de muebles, de espejos y láminas, que confunden la vista. Las alhajas exquisitas están mezcladas con muchas muy ridículas. No hay casa de mediana decencia que no tenga algunas salvillas [116] y potosinos de oro macizo. Los trajes que no son de tisúes de plata y oro, de terciopelos y de otras telas bordadas de realce del propio metal, se gradúan por ordinarios y comunes, pero en medio de un lujo tan ostentoso, no se ve decadencia en las familias, como en otros lugares de la América, verbigracia en Potosí y Oruro, a donde la riqueza es pasajera, porque no tienen otra que la de la plata que se saca de sus minerales. En conclusión, la riqueza de esta ciudad conviene con su nombre; pero la mayor que puede contar al presente es tener por prelado y pastor al ilustrísimo señor don Gregorio del Campo, persona completa y de quien se puede decir sin lisonja que en su rostro se están leyendo sus virtudes, y en particular la de la caridad.

Habiéndose fenecido el término de la escritura del arrendamiento de correos de esta ciudad, entró a administrarlos de cuenta de Su Majestad don Jacinto Antonio López Inclán, sujeto de juicio y de una exactitud y puntualidad que toca en el extremo de nimia. El visitador le dio sus instrucciones por escrito y de palabra, que observó don Jacinto, y mediante ellas y la apacibilidad de su genio, se logró en aquel oficio tranquilidad y ventajas a favor de la renta. Fenecida esta diligencia, salimos para la gran ciudad del Cuzco, por el camino de las postas siguientes.

116 *Salvilla*: bandeja pequeña

Capítulo XV

Provincias de Omasuyos, Pacages, Chucuyto, Paucarcolla, Lampa, Tinta y Quispicanchi. -
Los indios mitayos. - El trabajo de las minas. - Aventuras del obispo de Nueva Vizcaya. -
Los longevos de Combapata. -El Cuzco

Omasuyas
De La Paz a Laja   7

Pacages
A Tiay Guanaco   7
A Guaqui   4
A Cepita   7

Chucuyto
A Pomata   7
A Julí   4
A Ylave   5
A Acora   5
A Chucuyto   3

Paucarcolla
A Puno   4
A Paucarcolla   2
Lampa
A Juliaca   6
A Nicasio   6
A Pucará   6
A Ayaviri   6
A Chungará   9

Tinta

A Lurucachi	9
A Caccha: suprimido el de Sicuani	6

Quispicanchi

A Quiquijaca: suprimido el de Checacupi	10
A Oropesa: suprimido el de Urcos	8
Al Cuzco	5
Postas, 21;　leguas	126

Se previene a los señores pasajeros que no llevan postas seguidas, que entre Paucarcolla y Juliaca hay dos riachuelos que en tiempo de aguas se atraviesan en balsas con rodeo de una legua por Atuncolla. Los que van por las postas no necesitan esta advertencia, porque los postillones los conducirán por donde más convenga, con arreglo a la estación y circunstancias del tiempo. Estos, arroyos en tiempo de secas y ríos caudalosos en el de lluvias, pasan por unas profundas madres o barrancos sin piedras con una lentitud casi imperceptible, por ser el territorio llano, de que no puede resultar accidente fatal sino en el caso de un notable descuido.

La segunda posta está situada en un corto pueblo nombrado Tiay-Guanaco, que significa "siéntate guanaco" que es un animal que corre tanto como un venado. Este nombre quedó de uno de los incas, que hallándose en aquel sitio recibió un correo con tanta velocidad como si lo hubiera conducido un guanaco. Esto mismo prueba que no siempre los correos estaban a cortas distancias, como dice el inca Garcilaso, porque los indios apostados no entendían los quipus ni se detenían a formar partes, porque en ese caso no serían tan veloces las carreras. Este, desde luego, sería algún extraordinario muy diligente. Lo cierto es que si a todos los hombres se compararan a los perros, los indios fueran los galgos, no porque en la realidad su primera partida sea muy veloz, sino por la continuación y facilidad que tienen en las subidas y bajadas de estrechas y perpendiculares veredas, en que ahorran mucho camino.

Antes de entrar en la provincia de Chucuyto está el Desaguadero, nombrado así porque concluye la laguna por aquel lado, en donde se sumen las aguas sobrantes y vertientes de la gran caja. Para su tránsito hay un puente que está sostenido de unas balsas de totora, casi a la flor del agua, de paso muy fácil, pero arriesgado en cualquier caída por la mucha lama [117] de grande profundidad en que se ahogará el hombre de más brío. En la mitad del puente se divide la provincia de Pacages de la de Chucuyto, y las dos están obligadas a renovarle. En la pampa de Pacages se juntan los mitayos de aquellas provincias, que pasan a Potosí a trabajar a las minas de aquel gran cerro, y se hace en ella una feria divertida, porque los indios se despiden allí

---

117 *Lama*: cieno y lodo que se forma en el agua

unos con alegría y otros con llanto, de sus parientes y amigos, y gastan los socorros del camino [118], que llaman leguaje. Estas numerosas familias, nombradas así porque cada indio casado conduce consigo a su mujer e hijos, se dividen en cuadrillas con sus pabelloncitos, que llevan en carneros de la tierra o llamas, y otros en borriquitos, siendo muy raros los que llevan mula o caballo, a que no son inclinados los indios en sus dilatados viajes. En tan largo tránsito hace esta gente un perjuicio semejante al de la langosta, porque si ésta consume los sembrados por donde pasa, aquéllos se mantienen de los ganados, matando vacas y corderos para su alimento, sin perdonar las papas que están en sazón, a título de criados del Rey y como si fueran tropas en país enemigo. La provincia de Chucuyto tiene seis postas al camino real en otros tantos pueblos numerosos. Los más de sus habitantes, que son mestizos e indios, tienen muchas mulas para sus particulares comercios, y así no faltan avíos para correos y pasajeros, y hay abundancia de los bastimentos comunes. La que sigue se nombra Paucarcolla, con una villa al tránsito llamada Puno, a cuya falda concluye la gran laguna que llaman de Chucuyto. Algunos indios tienen sus balsitas de totora y sus redes, con que pescan unos pequeños peces que llaman boguillas, bien desabridas, y de que hacen algún comercio para las provincias interiores. La villa es de mucho vecindario, la mayor parte españoles y mestizos, y hubiera excedido en doce años a Potosí si no se hubiera aguado la gran mina de la compañía y descaecido el trabajo con la muerte del magnánimo asturiano San Román. Hubo ocasión que este administrador y principal compañero, falto de moneda sellada, envió a Arequipa sesenta barras de plata, que valían más de 1300 pesos para que le enviasen 600, de modo que su apoderado fiaba las barras de plata a los mercaderes, que antes las compraban adelantando el dinero, y en aquella ocasión al que tenía mil pesos en moneda sellada, le daban una barra, que importaba más de dos, a pagar el resto cuando vendiese o cobrase, y así pudo juntar don Lorenzo Oyanguren los 600 pesos que le pidió San Román en plata sellada. Este gran hombre en su línea, ya fuese por su fortuna o por su talento, sacó en su tiempo tanta copia de metales, que además de pagar sus suertes a los compañeros les dio más de 500 pesos a cada uno. Dejó las canchas llenas de poderosos metales para que se aprovechasen de ellos en el caso de una escasez u obras precisas para los desagües, y dejó una magnífica iglesia de cantería labrada para que sirviese de parroquia, hasta la última cornisa, con lo que fue Dios servido acabase sus días este buen hombre, que todavía llora aquella villa.

Desde la muerte de éste fue cayendo la mina, hasta que se disolvió la compañía por falta de fondos. La iglesia se concluyó, aunque con imperfección, y no se pudo adornar a correspondencia de las líneas que había echado San Román. Tiene la villa dos tambos muy buenos en que se pueden alojar cómodamente los pasajeros con división de caballerizas, y abunda de lo ne-

118 *Socorros del camino*: provisiones de alimentos para el viaje

cesario para hombres y bestias. En tiempo de seca es lugar enfermizo, porque menguando mucho la laguna deja en sus orillas una hedionda lama que infesta el aire y causa muchas indigestiones, lo que no sucede en Chucuyto, que está situado en más altura y terreno peñascoso. A las dos leguas de Puno, camino algo escabroso sin riesgo y de trotar, está el pueblo de Paucarcolla, que fue la capital de la provincia y que actualmente está arruinado, pero sin vestigios de haber sido de alguna consideración. En él se proveen de mulas correos pasajeros con mucha prontitud, porque hay abundancia. A la salida, que se hace por una cuesta algo extendida y sin riesgo, se presenta a su falda un trivio en que es fácil se pierdan los pasajeros que no llevan guía, porque a la derecha hay dos caminos muy trillados que conducen a los pueblos de la provincia que están situados a las orillas de la laguna y a la izquierda hay una corta vereda que dirige y casi entra en la gran provincia de Lampa, hasta llegar al tambo o posta de Juliaca, con la diferencia que en tiempo de aguas se pasa desde Paucarcolla a Caracoto, que dista cuatro leguas, y de Caracoto a Calapuja, seis, saliendo a Pucará, que dista otras seis leguas, como se explicará con más claridad en el itinerario retrógrado.

Esta provincia tiene cinco postas. Las cuatro en grandes pueblos y la última y primera de la vuelta nombrada Chungará, está a un lado del pueblo de Santa Rosa, que el visitador mandó mudar a él, así porque se proveyesen los pasajeros de lo necesario como para evitar las recíprocas tiranías que regularmente se cometen en los despoblados, debiendo advertir, en obsequio de la verdad, que los españoles siempre en estos casos son agraviados porque los indios, si no les pagan a satisfacción los leguajes y sus comestibles, no dan éstos ni aprontan mulas, deteniéndolos dos y tres días con título de haberse desparramado por los cerros y quebradas. Si es español o mestizo, encarga eficazmente a los mitayos en presencia del pasajero, para que traigan las mulas antes de amanecer, e inmediatamente, como que habla de otros asuntos, les dice en su idioma que vayan a otros negocios y que no traigan los avíos hasta después de dos días o los que a él se le antoje, en cuya trampa son los indios muy hábiles y disimulados.

Me parece viene al caso un chiste que nos contó el visitador y sucedió a cierto obispo de Durango, en la Nueva Vizcaya, del virreinato de México. Este buen prelado, estando en visita llegó a una misión (así llamaban los jesuitas a las grandes haciendas administradas por un solo padre y un coadjutor) llegó, vuelvo a decir, a una de estas misiones, que administraba un padre que por lo rollizo podía serlo de una dilatada familia, y por lo diestro en todo género de comercios, prior del mayor consulado del mundo; era sujeto maduro y provecto en particular en la ciencia que llaman de corte. Divirtió mucho en una tarde y una noche al obispo y familiares, a quienes dio una competente cena sin costo alguno, y por postre presentó al obispo una docena de epigramas latinos llenos de lisonjas, que celebraron todos mucho. Al amanecer estuvo pronto el chocolate en grandes jícaras, porque el buen obispo no calentaba mucho los asientos del tránsito, por no ser gravoso; pero como al más santo no le falta un familiar, para hacer equivoca su virtud, ponderó en presencia del padre y del obispo lo fatigado de las mulas del coche, y que con dificultad llegarían al paraje a donde se iba a sestear, que era sin recurso de remudas. El buen padre, que creo no se quitaba sus grandes anteojos ni aun para dormir, se dio una palmada en la frente y al mismo tiempo mandó en presencia de todos que saliesen al campo seis diligentes jinetes y que escogiesen las mejores mulas de tiro, saliesen al encuentro del señor obispo y le presentasen en su nombre las doce mejores, para que caminase con satisfacción. El santo obispo, aunque docto, era sencillo, y dijo que solamente las aceptaba para que le sirviesen hasta tal hacienda, adonde un amigo suyo le tenía prevenido remudas. "No puede ser eso, ilustrísimo señor, replicó el padre, porque mula que sirve a V. S. I. no volverá a esta hacienda". Viendo el buen padre que los mozos ya tenían ensillados los caballos y sus lazos prontos, se salió al corredor y les dijo en lengua mejicana que sólo llevasen al obispo dos mulas flacas e inútiles, y que dijesen que no habían podido encontrar más en la campaña, por haberse trasmontado el ganado gordo y de servicio.

Satisfecho el obispo de la política del padre, se despidió de él y entró en su carroza con su capellán y un pajecito, y después de haber concluido su rezo, ayudado de su capellán, y caminando a paso lento, alabó la política del padre y de toda su religión en general. El pajecillo hacía esfuerzos por contener la risa, y reparándolo el obispo le reprendió, y en lugar de dar alguna satisfacción prorrumpió en fuerte cachinos, que dieron lugar al obispo a discurrir algún misterio. El muchacho se enjugó narices y ojos para satisfacer al obispo, pero la risa siempre se asomaba a las ventanas del corazón, por lo que sólo pudo decir que el buen padre era mejor chusco. Casi el obispo suelta la risa, como dijo el capellán, pero serenándose dijo al muchacho que le explicase con libertad el motivo de su risa, quien se serenó un poquito y le dijo todavía risueño y soltando lágrimas, que el buen padre había mandado en lengua a los cholos que no llevasen a su ilustrísima más que dos mulas flacas. El buen obispo le preguntó si sabía la lengua mejicana y le respondió que no sabía ni una palabra, pero que un cholito que le servía, y de quien no hizo caso el padre, le había declarado el misterio. El obispo se armó de su autoridad y volvió a reprender al paje y a alabar al reverendo, pero como hubiese llegado al sitio de la siesta, y que no aparecía la oferta del padre, empezó a dudar, hasta que llegaron los mozos con las dos mulas flacas, a quienes despidió mandando al cholo intérprete del paje que repitiese la orden última que les dio el reverendo, la que se puso por escrito para perpetua memoria. Desengañado el buen obispo, dijo de sobremesa que le parecían más útiles para la sociedad humana los hombres rústicos que los muy hábiles, porque aquéllos descubrían al instante sus buenas o malas intenciones, y éstos las cubrían con un velo espeso, que no podía penetrar la vista más lince, y que sólo por una casualidad se llegaban a percibir, y añadió "A todos vosotros os consta la sencillez de estos hacendados, de que sólo pondré un ejemplo en el Tío Menéndez, que siendo el único que podía hacer fe sobre la imputación de una calumnia, respondió primera, segunda y tercera vez: *Que no había tales carneros,* que fue lo mismo que decir que todo era una falsedad, de cuya expresión no hubo conjuro que le sacase. Este buen hombre ofreció remudas de mulas para toda la comitiva y equipajes hasta Talamantes, que cumplió dobladamente con los correspondientes peones, y nos dio una comida campestre, abundante y limpia, y proveyó a los criados de todo lo necesario, pero a la despedida no hizo más demostración que quitarse su sombrero, besarme la mano y decirme: Ilustrísimo señor, en llegando a Talamantes: *quitolis.* Yo no entendí el término, dijo el obispo, pero como tenía tan buen intérprete en el cholito del paje, le consultó y dijo que el buen viejo sólo le prestaba las mulas hasta Talamantes, y que desde allí se volverían con ellas sus criados, que era lo mismo que quitárselas. El buen obispo se volvió a reír y alabó la ingenuidad y sencillez del hacendado. No todos son tan rústicos, porque en aquella dilatada gobernación, no faltan sujetos hacendados de mucho esplendor. Basta de digresión y volvamos a tomar el hilo de nuestro discurso."

Desde Chungará, o pueblo de Santa Rosa, se empiezan a notar algunos rigores de la cordillera de Vilcanota. Pucará es el pueblo más cercano a su falda y que experimenta más sus rigores de rayos y nevadas. Estas, en medio cuarto de hora cubren todas las calles e impiden el tránsito, aun en las mismas casas, en las oficinas independientes, como cocina, aposento de criados, patio y corral. Las tormentas no son de mucha duración, y por esta causa los habitantes no han tomado las precauciones necesarias para evitar su ruina. Luego que cesa el granizo empieza la lluvia, y rozando sus cimientos forma unos precipitados arroyos que se llevan a sus espaldas unos formidables trozos de granizo, capaces de arrollar a cualquiera que a caballo quiere atravesar sus calles. Desde Chungará a Santa Rosa hay una corta subida y se empieza a bajar sin riesgo, pero con las incomodidades de la cordillera, que rara vez deja de arrojar granizo y agua helada, y algunos vientos tan sutiles que traspasan los cuerpos. Casi al pie de la cordillera, o por mejor decir a la falda, pues en la realidad por ella se transita, hay unas estrechas cabañas que nos parecieron palacios, porque nos abrigaron del frío y pudimos en ellas comer con brevedad cosa caliente, de las carnes sancochadas que traíamos. Parece que aquellos ranchos se han puesto allí para granjería, pues sus pobres dueños tenían al fuego una grande olla de habas campestremente aderezadas, y en otro puchero algunos trozos de chalona, que así llaman a la salada carne de oveja, de que se hacen en estos países de todas aquellas que por viejas o machorras no hay esperanza de que paran, porque hemos reparado que se aprovechaban de este rústico alimento los pobres transeúntes, y aun el visitador mandó dar a sus criados e indios que le acompañaban una gran fuente, para que se entretuviesen y calentasen mientras se aderezaba la comida. En este sitio, con diferencia corta, se divide la jurisdicción de Lampa de la de Tinta, pues a las cuatro leguas, poco más o menos, está situada la primera posta, nombrada Lurucachi, que corresponde a la referida provincia de Tinta. Desde Potosí a este sitio, es país frío y muy expuesto a que los rigurosos hielos aniquilen los campos de pasto, y en tiempo de muchas aguas se forman unos atolladeros peligrosos, por lo que es preciso se hagan dilatados rodeos o que no se camine de noche, y de día que se ejecute con un buen práctico del país, pues muchas veces a nosotros, que caminamos antes de la fuerza de las aguas, nos detenía un estrecho sequión medio cuarto de hora, para tentar su tránsito, habiendo advertido que las mulas prevenían el riesgo de la repugnancia de no querer atravesarla. Esta no es regla indefectible, por la timidez y desconfianza natural de estos animales. Lo más seguro es detenerse y observar el riesgo a costa del práctico a baqueano, como se dice vulgarmente, que por lo regular elige bestia de igual destreza. Todo lo principal de la provincia de Lampa al camino real está atravesado de estos sequiones, que sirven de abrevaderos para el mucho ganado menor que mantienen aquellos llanos, que también por este medio se desahogan.

Desde Lurucachi hasta la gran ciudad del Cuzco, se camina por país templado, y en partes caliente, sin incomodidad. La provincia de Tinta tenía antes cuatro casas de postas a tambos, y el visitador tuvo por conveniente suprimir los de Sicuani y Checacupi. El primero, por estar a corta distancia de Lurucachi y ser el país, hasta Caccha, que sólo dista seis leguas, de tierra muy llana, y además, de no costearse los maestros de postas en un territorio fértil de pastos y a sus regulares tiempos fecundo de rastrojos, por estar la quebrada en las planicies de la una y de la otra banda del río sembradas todo el año de trigo, maíz y cebada, y variedad de legumbres, y al mismo tiempo evitar las detenciones de los correos en una distancia tan corta y de camino muy llano y cómodo para las bestias; y el segundo, por estar mal servido y haberse obligado el maestro de postas de Caccha hasta Quiquijana, como asimismo éste hasta Caccha. El pueblo de Combapata está situado en un alto del camino real de esta jurisdicción. Aseguran todos que es el territorio más sano de todo el Perú, y que con sólo ir a tomar sus aires, sanan y convalecen hombres y mujeres en poco tiempo, de todo género de enfermedades. Nos aseguró un español muy robusto, de ochenta años, que había conocido a don Simón de Herrera, de 145 años, y a doña Tomasa Aballón, de 137, aunque Herrera la acusaba de cercenarse a lo menos 8 años, y que apostaban a quien corría más. Al mismo tiempo conoció cuatro indias de la misma edad, según afirmaban los dos longevos españoles, que las conocían desde su tierna edad. El pueblo es corto y creo que no pasan de cien habitantes, entre mozos y viejos, y si en tan corto vecindario se encontraban seis individuos de a 140 años, uno con otro, podía competir en sanidad, y aún exceder, al memorable pueblo de San Juan del Poyo, en el reino de Galicia, pues los trece parroquianos de él no llegaban uno con otro a 116 años. De la agilidad de los españoles certifican casi todos los del pueblo, pues apostaban a la carrera; esto es, a caminar a pie con velocidad y sin muletas. Nada se dice de las indias, pero es regular y sabido que ellas y ellos mantienen hasta la muerte aquel trabajo ordinario para su subsistencia, y que conservan su limitado talento. Don Lucas Luján, minero de Aporoma, de la provincia de Carabaya, de edad de 130 años, camina actualmente con zuecos, y sube con ellos a su mina. Lee y escribe con bastante acierto. De estos ejemplares pudiéramos referir muchísimos en unos países que todos generalmente gradúan por insanos.

A corta distancia de este pueblo entra la provincia de Urcos, más conocida por Quispicanchi. El pueblo de Quiquijana le divide un gran río, que se pasa por un puente de sogas y palos, que llaman Oroyas, en lengua quichua. Las mulas de carga y silla pasan en pelo con mucha dificultad y trabajo por el vado, que es ancho y de rápida corriente. De la banda del Cuzco está situada la posta, y se hizo cargo de habilitar de mulas a correos y pasajeros, desde este sitio hasta Caccha, y como llevo dicho, de él a Oropesa, don Antonio Escudero García de la Vega, español acomodado, de honor y de mucha experiencia en la provincia; y siendo este sitio la garganta precisa por donde deben pasar todas las correspondencias, desde Buenos Aires hasta el Cuzco, y lo mismo a la vuelta, desde Lima sería muy conveniente a este ramo de la real hacienda, y aun al público, dar una comisión fuerte a este maestro de postas, para que no dejase pasar correo particular ni cañari [119] que no presentase sus licencias y manifestase el número de cartas y pliegos, para saber si convenía con los enunciados en el parte; y asimismo facultad para comisar cualesquier carta y pliegos, procesos y piezas impresas que condujesen los pasajeros, de cualquier calidad o condición que fuesen, señalándole la mitad de sus portes y pagándoselos por el administrador del Cuzco *incontinenti,* para que el premio le estimulase a la mayor diligencia, pues no es de razón que costeando el Rey una carta desde Lima al Cuzco por dos reales, y a Potosí y Chuquisaca por tres, le defrauden los vasallos un estipendio tan limitado, siendo digno de reparo que en la travesía de Potosí a Chuquisaca, desde donde hay una continua y recíproca correspondencia, no pueda costear la renta un cañari, que tiene de costo doce pesos de ida y vuelta, por la avaricia de no pagar un real por carta sencilla y doble, y dos reales por la triple y de onza, despreciando el trabajo y molestia de buscar a los pasajeros, que muchas veces interpolan las cartas entre la ropa de su uso, y las entregan tarde o nunca, a excepción de aquellas que conducen por respeto de

---

119 *Cañarí:* miembro del pueblo perteneciente a la nación quichua que alcanzó un desarrollo relativamente importante durante la era pre-incásica

alguna persona distinguida a para sujeto de igual carácter a de su estimación, que llevan en sus carteras particulares.

Zurite es otra garganta, y la primera y última posta para la entrada o salida del Cuzco. El que provee actualmente es don Ventura Herrera, hombre fuerte, y el único que ha comisado algunas correspondencias sin reparo de persona, a quien se debe dar igual comisión que al de Quiquijana e imponer graves penas al maestro de postas de Limatambo, para que no dé mulas más que hasta Zurite, porque desde aquélla se suelen pasar particulares correos y pasajeros hasta el Cuzco, con perjuicio de este maestro de postas y de la real hacienda. Todas estas advertencias nos hizo el visitador, quien considerando que el tambo de Urcos no solamente era inútil por la corta distancia desde Quiquijana, sino por los perjuicios que hacían seis u ocho indios continuamente ebrios a los pobres arrieros que pasaban por la quebrada, lo suprimió. Estos borrachos alcaldes, regidores y alguaciles, se mantenían del latrocinio, porque cuatro días antes de la llegada de los correos detenían a los míseros arrieros varias mulas, con el pretexto del real servicio. Estos, o conducían cargas de ropa de la tierra y azúcar para las provincias interiores, hasta Potosí, o regresaban a media carga, a vacías y aniquiladas de tan dilatado viaje. La detención de una estrecha quebrada en uno y otro viaje causaba a estos miserables, además de la detención, una pérdida y atraso considerable. Muchos, y éste era el fin de aquella canalla, las rescataban por dinero, y los pobrecillos pegujaleros, como he dicho adelante, y que no podían rescatar sus mulas, las sacrificaban a una violenta jornada. Esta consideración movió al visitador a suprimir esta tiránica posta.

El pueblo de Oropesa es a propósito para la primera posta al Cuzco o Quiquijana, porque tiene buenos pastos en sus contornos y dentro del mismo pueblo rastrojos de alfalfa, cebada y otros frutos, para que las mulas del maestro de postas se mantengan en aquella demora, que puede ocasionar la lentitud del despacho de los correos, y para que los pasajeros que vienen de Potosí refuercen sus particulares mulas y se desahoguen de tan continuas jornadas. Esta posta sólo dista del Cuzco cinco leguas de buen camino en tiempo de secas, y muy penoso en el de aguas, por las muchas sartenejas que se forman en sus estrechos callejones, que dividen las haciendas que están situadas a la una y otra banda, como asimismo desde la estrecha quebrada de Quiquijana. Luego que llegamos a divisar los techos y torres de la mayor ciudad que en los principios y medios tuvo el gran imperio peruano, se detuvo el visitador y me dijo: "Ahí está la capital de sus antepasados, señor Concolorcorvo, muy mejorada por los españoles"; pero como yo había salido de ella muy niño, no tenía idea fija de sus edificios, entradas y salidas, y solamente me acordé que mi padre vivía en unos cuartos bajos bien estrechos y con un dilatado corralón. Al instante se aparecieron varios amigos del comisionado, y con recíproca alegría y parabienes nos introdujeron en el lugar de mi nacimiento, nombrado la ciudad del Cuzco.

Capítulo XVI

El Cuzco. - Descripción de la ciudad. - Defensa del conquistador. - Inhumanidad de los indios. - El trabajo de las minas. - Reseña de las conquistas mejicana y peruana. - Defensa del autor. - Opinión del visitador

L os criollos naturales decimos Cozco. Ignoro si la corruptela será nuestra o de los españoles. El visitador me dijo que los indios habían cooperado mucho a la corrupción de sus voces, y para esto me sacó el ejemplo del maíz, que pidiendo unos soldados de Cortés forraje para sus caballos, y viendo los indios que aquellos prodigiosos animales apetecían la yerba verde, recogieron cantidad de puntas de las plantas que hoy llamamos maíz, y otros trigo de la tierra, y al tiempo de entregar sus hacecillos dijeron: Mabi, señor, que significa: "Toma, señor", de que infirieron los españoles que nombraban aquella planta y a su fruto maíz, y mientras no se hizo la cosecha, pedían siempre los soldados maíz para sus caballos, porque lo comían con gusto y vieron sus buenos efectos, y en lo sucesivo continuaron los mismos indios llamando maíz al fruto, ya en mazorca o ya desgranado, por lo que les pareció que aquél era su verdadero nombre en castellano.

Muchos críticos superficiales notan de groseros y rústicos a los primeros españoles por no haber edificado la ciudad en Andaguaylillas u otro de los muchos campos y llanos inmediatos. Otros, que piensan defender a los españoles antiguos, alegan a su favor que aprovecharon aquel sitio alto y desigual por reservar los llanos para pastos de la mucha caballería que mantenían y sembrar trigo y maíz con otras menestras. En mi concepto, tanto erraron los unos como los otros, y solamente acertaron los antiguos, que siguieron a los indios.

Nadie duda que los sitios altos son más sanos que los bajos, y aunque el Cuzco rigurosamente no está en sitio muy elevado, domina toda la campaña, que se inunda en tiempo de lluvias. La desigualdad del sitio en una media ladera, da lugar a que desciendan las aguas y limpien la ciudad de las inmundicias de hombres y bestias, que se juntan en los guatanayes[120], calles y plazuelas. Los muchos materiales que tenían los indios en templos y casas, no se podían aprovechar en Andaguaylillas, sin mucho costo y perdiéndose al mismo tiempo varios cimientos y trozos considerables de paredes, como se ven en las estrechas calles, que regularmente serían así todas las de mis antepasados, como lo fueron las de todas las demás naciones del mundo antiguo. Si esta gran ciudad se hubiera establecido en Andaguaylillas u otro campo inmediato, además del sumo gasto que hubieran hecho los primeros pobladores en la conducción de materiales y diformes piedras que labraron los indios, se harían inhabitables en el espacio de diez años. El Cuzco mantiene más de dos mil bestias diariamente, con desperdicio de la mitad de lo que comen, porque caballos y mulas pisan la alfalfa y alcacer, en que son pródigos todos aquellos habitantes. Además del copioso número de almas que contiene la ciudad, que creo pasan de treinta mil, entran diariamente de las provincias cercanas con bastimentos y efectos más de mil indios, sin los arrieros de otras partes. Así hombres como bestias comen y beben, y, por consiguiente, dejan en ella las consecuencias, que se arrastran con las lluvias por medio del declive que hace esta ciudad a los guatanayes y salidas de ella.

Este término *guatanay* equivale en la lengua castellana a un gran sequión o acequias que se hacen en los lugares grandes por donde corre agua perenne o de lluvia para la limpieza de las ciudades. La de Lima tiene infinitos, aunque mal repartidos. México tiene muchos bien dispuestos, pero como está en sitio llano apenas tienen curso las aguas, y es preciso limpiarlos casi diariamente por los encarcelados por delitos, que no merecen otra pena. Madrid, además de otras providencias, tiene sus sumideros, y Valladolid sus espolones, que se formaron del gran Esgueva, y así otras muchísimas ciudades populosas que necesitan estas providencias para su limpieza y sanidad. El territorio llano no puede gozar de estas comodidades, sino con unos grandísimos costos o exponiéndose por instantes a una inundación. Finalmente, la ciudad del Cuzco está situada juiciosamente en el mejor sitio que se pudo discurrir.

No hay duda que pudiera dirigirse mejor en tiempos de tranquilidad, y con preferencia de su soberano, pero aseguro que los primeros españoles que la formaron tumultuariamente, fueron unos hombres de más juicio que los presentes. La plaza mayor, a donde está erigida la catedral, templo y casa que fue de los regulares de la compañía, es perfecta y rodeada de portales, a excepción de lo que ocupa la catedral y colegio, que son dos templos que pudieran lucir en Europa. Las casas de la plaza son las peores que tiene la ciudad, como sucede en casi todo el mundo, porque los conquistadores y dueños de aquellos sitios tiraron a aprovecharlas para que sirvieran a los comerciantes estables, que son los que mejor pagan los arrendamientos. La misma idea llevaron los propietarios de la plazuela del Regocijo, nombrada plazue-

---

120 *Guatanay*: probablemente derivado de Huatanay, río afluente del Vilcanota, a cuyas orillas se encuentra la ciudad del Cuzco.

la para distinguirla de la que tiene el nombre de Mayor, pues en la realidad, desde sus principios tuvo mayor extensión aquélla, en cuadrilongo, como se puede ver, quitándole la isleta que se formó para casa de moneda y después se aplicó, no sé por qué motivo, a la religión de la Merced, que tiene un suntuoso convento enfrente de su principal puerta. Otras muchas plazas tiene el Cuzco a proporcionadas distancias, que por estar fuera del comercio público, formaron en ellas sus palacios los conquistadores.

Estos grandes hombres fueron injustamente, y lo son, perseguidos de propios y extraños. A los primeros no quiero llamarlos envidiosos, sino imprudentes, en haber declamado tanto contra unas tiranías que, en la realidad, eran imaginarias, dando lugar a los envidiosos extranjeros, para que todo el mundo se horrorice de su crueldad. El origen procede desde el primer descubrimiento que hizo Colón de la isla Española, conocida hoy por Santo Domingo. Colón no hizo otra cosa en aquellas islas que establecer un comercio y buena amistad con los príncipes y vasallos de ellas. Se hicieron varios cambios de unos efectos por otros, sin tiranía alguna, porque al indio le era inútil el oro y le pareció que engañaba al español dándole una libra de este precioso metal por cien libras de hierro en palas, picos y azadones, y otros instrumentos para labrar sus campos. Formó Colón un puertecillo de madera y dejó en él un puñado de hombres para que cultivasen la amistad con los caciques más inmediatos dejándoles algunos bastimentos y otros efectos para rescatar algunos del país para su cómoda subsistencia hasta su vuelta. Los inmensos trabajos que pasó Colón con todo su equipaje, hasta llegar a España, constan en las historias propias y extrañas. A la vuelta no halló hombre de los que había dejado, porque los indios los sacrificaron a sus manos.

Los indios, viendo a Colón que volvía con más número de gente y buenos oficiales, que eran capaces de sacrificar mil indios por cada español, publicaron que los españoles que habían dejado allí habían perecido a manos de la multitud de los indios, que justamente defendieron el honor y sus haciendas. Los españoles reconocieron la inhumanidad de los indios y desde entonces dio principio la desconfianza que tuvieron de ellos y los trataron como a unos hombres que era preciso contenerlos con alguna especie de rigor y atemorizarlos con algún castigo, aún en faltas leves, para no ser confundidos y arruinados de la multitud. A los piadosos eclesiásticos que destinó el gran Carlos Primero, Rey de España, les pareció que este trato era inhumano, y por lo mismo escribieron a la corte con plumas ensangrentadas, de cuyo contenido se aprovecharon los extranjeros para llenar sus historias de dicterios [121] contra los españoles y primeros conquistadores. Cierto moderno francés dijo que aquéllos encerraban a los indios siete y ocho meses dentro de las minas, sin ver la luz del día, para que sacasen los metales de plata y oro, para saciar su codicia.

Es constante que los indios jamás supieron ni saben el modo de benefi-

---

121 *Dicterio*: dicho satírico y mordaz, que hiere e infama

ciar las minas, y que solamente dirigidos de los españoles saben sacar el metal fuera de las minas, y que los barreteros [122] mestizos e inteligentes les juntan para llenar sus tenates [123], capachos [124] o zurrones [125], de un peso liviano. Estos no podían hacer sus faenas sin la asistencia de los españoles y mestizos; pero si con todo eso dijesen nuestros buenos vecinos que los españoles que dirigían a los indios y que se ocupaban en el trabajo más rudo, como es el de la barreta, salían de la mina a dormir a sus casas y gozar del ambiente, afirmo que fueron engañados, o que mienten sólo con el fin de tratar a los españoles de tiranos e inhumanos; pero quisiera preguntar yo a este crítico naturalista por qué influjo se convirtieron estos hombres feroces en tan humanos, pues a pocas líneas dice que los españoles actuales de la isla usan de tanta moderación con sus esclavos (habla de los negros, que compran a otras naciones), que para enviarlos a cualquier diligencia de sólo la distancia de un cuarto de legua, los hacen montar a caballo. Esto no nace de falta de crítica de los franceses, sino de sobra de malicia, y lo mismo digo de los italianos e ingleses, que son los que más disfrutan las conquistas de los españoles en el consumo de los efectos que se trabajan en sus provincias, y que las mantienen florecientes.

Iba a insertar, o como dicen los vulgares españoles, a ensartar, en compendio, todo lo sustancial sobre las conquistas de los españoles en las Américas, pero el visitador, que tenía ya conocido mi genio difuso, me atajó más de setecientos pliegos que había escrito en defensa de los españoles y honor de los indios cuzqueños, por parecerle asunto impertinente a un diarista, y asimismo me previno que no me excediese en los elogios de mi patria, por hallarme incapaz de desempeñarlo con todo el aire y energía que merece un lugar que fue corte principal de los incas, mis antepasados, y el más estimado de los españoles conquistadores y principales pobladores. A éstos, que desde sus principios ennoblecieron la ciudad con suntuosos edificios de iglesias y conventos, en que resplandeció su piedad y culto al verdadero Dios, y en sus palacios y obras públicas su magnanimidad, se les acusa alguna soberbia. Esta la atajaron los piadosos Monarcas de España suprimiendo las encomiendas, acaso mal informados, pero ésta es materia que no se debe disputar y en que es preciso conformarnos con el dictamen de los superiores y obedecer las leyes ciegamente. La situación de la ciudad pedía por una razón natural y sus proporciones, que fuese la corte del imperio del Perú, pero el gran Pizarro la situó en Lima, por la cercanía al mar y puerto del Callao, para comunicarse más prontamente con el reino de Chile y tierra firme.

Con licencia de Vd., señor don Alonso, voy a pegar dos coscorrones a los extranjeros envidiosos de la gloria de los españoles. Luego que éstos saltaron en Veracruz, procuraron... "¿Qué procuraron?, dijo el visitador, ¿cansado inca?" Solicitar, le dije, la amistad con los habitantes de aquel vasto imperio, y no pudiéndola conseguir fue preciso valerse de las armas para subsistir en-

122 *Barretero*: quien trabaja con barra, cuña o pico
123 *Tenate*: canasta tejida en palma
124 *Capacho*: o carpancho, batea redonda hecha de mimbres
125 *Zurrón*: bolsa grande de pellejo que usan los pastores para llevar comida u objetos

tre tanta multitud de bárbaros, que no tocaban a pelo de hombres y caballos. Los tlascaltecas, república numerosa y de tanto valor que hacía frente y contenía todo el poder de Moctezuma, fue la primera que resistió formalmente a los españoles, hasta que experimentó sus fuerzas insuperables, y a persuasión del viejo Xicotencal, se hicieron las paces sin gravamen de los indios. Desde entonces, Cortés envió su embajada a Moctezuma, pidiéndole permiso para pasar a su corte con un corto número de españoles, y sin embargo de que este monarca se la negó, no se valió de la fuerza que tenía de sus auxiliares los tlascaltecas, y que deseaban mucho castigar la soberbia de los mexicanos. Pasó Cortés a México con sólo los españoles, en donde al parecer fue urbanamente recibido, pero viéndose obligado a contener el orgullo de Pánfilo de Narváez, si no se acomodaba con él, dejó con una corta escolta en México al gran Pedro de Alvarado, y cuando volvió con doblado número de españoles, halló la corte de México sublevada. Hubo varios encuentros, pero aunque cada español matase en ellos veinte indios por uno de los nuestros, parece que de cada indio de los que morían resucitaban mil.

Ya los españoles y caballos se iban cansando con los repetidos choques, pero lo que más les hizo dudar de su subsistencia fue la desgraciada muerte de Moctezuma, de una pedrada que le tiró uno de los suyos, por lo que creció la insolencia y se aumentó el riesgo de los españoles, que resolvieron abandonar la ciudad en una noche a costa de mucho trabajo y esfuerzo, porque los indios habían cortado los puentecillos y llovían sobre ellos pedradas como granizo, que arrojaban de los terrados hombres, mujeres y niños, y aunque en Otumba desbarataron los españoles un ejército de más de ochenta mil indios, salieron tan descalabrados que a no haber encontrado asilo en los nobles tlascaltecas hubieran perecido todos. Estos republicanos no solamente los curaron, regalaron y consolaron, sino que alistaron un poderoso ejército para vengar a los españoles y vengarse también ellos de los mejicanos. Dieron el mando a Xicotencal el mozo, que aunque era desafecto a los españoles, se consideraba por el más valiente y arriesgado, para que peleas bajo las órdenes de Cortés, y a pocos días de haberse puesto sitio a México, con gusto de los españoles e indios, se retiró el indio mozo con un cuerpo de los suyos, hasta llegar a Tlascala. Aquellos nobles y sabios republicanos, con dictamen del justificado padre de Xicontecal el mozo, le enviaron preso para que Cortés le castigase a usanza de guerra, y en el primer consejo, con dictamen de los jefes principales, así españoles como indios, se condenó a muerte a este espíritu revoltoso.

Se ganó la gran ciudad, que se defendió hasta el último barrio con valor y tesón. Se declaró por monarca al Rey de España, porque ya los electores le habían nombrado Emperador, después de la muerte de Moctezuma. "En esta elección, dijo el visitador, desde luego que hubo alguna trampilla por parte de los españoles, porque las elecciones de estos imperios no se hacen sino después de la muerte de los poseedores"; pero para la legítima posesión y perpetua herencia de los Reyes de España bastó el consentimiento de los tlascaltecas, que tenían tanto derecho para conquistar como para ser conquistados de los mejicanos, como sucedió en todo el mundo. "¿Qué tiene Vd. que decir, señor inca, sobre el imperio del Perú?" dijo el visitador. "Reventara, le respondí, si así como hablé de la entrada de los españoles en el imperio de México, bajo de la buena fe del insigne Solís, no dijera lo mismo de la que hicieron en el Perú, como refiere el juicioso Herrera".

Dice, pues, éste, que luego que los españoles saltaron en las tierras del Virú, supieron que se hallaba en Caxamarca un ascendiente mío bastardo, que se había levantado con la mitad del Perú y que pretendía destronar a su hermano, legítimo emperador, que tenía su corte en el Cuzco. No le pesó a Pizarro esta discordia, y así, con toda diligencia despachó al caxamarquino, que era el más próximo, sus embajadores, quien sin embargo de su valor y fuerzas hizo mal concepto de los no esperados huéspedes, que consideró como enviados del cielo para hacer justicia a su hermano y legítimo señor, por lo que desamparó la ciudad y se acampó a corta distancia, y en sitio ventajoso, con todas sus riquezas y numeroso ejército. Este cobarde procedimiento infundió valor a Pizarro y a todos los españoles, que según creo no pasaban de doscientos, para marchar alegres a ocupar la ciudad. Desde ella volvió Pizarro a intimar a Capac que se restituyese a su capital, escoltado de buena guardia, en donde experimentaría el buen trato y sumisión de los buenos españoles, dejando el grueso de su ejército en la campaña para resguardo de sus mujeres y tesoros. Después de varias contestaciones convino el inca en parlar con Pizarro, escoltado de doce mil hombres sin armas, a que convino el español, pero habiendo tenido noticia que los indios traían armas ocultas, y por consiguiente un designio de mala fe, eligió el medio de ser antes agresor que herido. Apostó toda su gente en las entradas y salidas de la plaza mayor, y luego que entró en ella el inca con sus principales guardias, mandó acometerlos y destrozarlos, reservando la real persona, que hizo prisionera.

Mi pariente, o de mis parientes, carecía de destreza militar, y aún de valor, por haber abandonado la capital con un ejército de ochenta mil hombres, que podía oponer cuatrocientos a cada español; pero, dejando aparte una multitud de reflexiones que destruyen la tradición y particulares historietas, afirmo que Manco fue un hombre de mala fe, traidor y aleve, porque habiéndole propuesto Pizarro que diese orden a sus generales para que despidiesen sus tropas, y que se retirasen a sus pueblos, y ofrecido ejecutarlo, hizo todo lo contrario, como se justificó por sus quipus, y mucho más por las operaciones de los jefes; pero lo que acabó de irritar a los españoles fue la alevosa muerte que mandó ejecutar en su hermano, el verdadero inca, que desde el Cuzco había salido a tratar con Pizarro de buena fe. La promesa que hizo el tirano, como dicen los vulgares españoles, de que daría por su rescate tanto oro como el que cabía en el salón en que estaba aposentado, y tenía de largo y ancho lo mismo que tienen los actuales de los españoles, fue una entretenida fantástica. Lo que dicen los indios, de que habiendo sabido la muerte de su emperador, enterraron en los altos de Guamanga aquel inmenso tesoro, es una quimera, la más extravagante que se pueda imaginar, porque si el tirano sólo era dueño de los pueblos y tierras desde Quito a Piura, ¿cómo pasó ese oro por los altos de Guamanga? ¿Cuántos indios, vuelvo a decir, conducían el oro que ofreció Manco a los españoles? ¿En qué parte tenía estos tesoros inmensos? ¿De qué minas los sacaba? ¿Porqué todas las estériles de este precioso metal estaban en los dominios de su hermano y legítimo señor? Si se dijera que mi buen ascendiente había pedido el oro al Chocó, provincia de Pataz, y otras de su gobernación o imperio, parecería actualmente algo fundada la promesa a los españoles poco instruidos en la sustancia de las minas.

Aunque los conquistadores no podían estar ciertos de la promesa de Manco, la consideraron por fraudulenta, en vista de la infidelidad de las órdenes que había dado a sus generales para mantener los ejércitos y tener a todos los pueblos sublevados contra los españoles, y mucho más contra su señor legítimo y natural, a quien había sacrificado inhumanamente, por lo que los españoles tuvieron por conveniente deshacerse de un hombre capaz de turbar todo el imperio y sacrificar a su odio, no solamente a los españoles, sino a los descendientes del verdadero inca. El imperio se empezó a dividir entre varios dependientes, pero como llegase Almagro, compañero de Pizarro en la conquista, con igual número de tropas, a por más puntualmente decir, con igual número de soldados que tenía Pizarro, y se juntase con él en Caxamarca, ya compusieron un pie de ejército de quinientos hombres de infantería y caballería, capaz de pasearse por el reino, pero no de conquistarle. Reforzó este pequeño pie la tropa que introdujo en el reino el gran Pedro de Alvarado, que había salido desde Guatemala con el designio de hacer alguna conquista en estos dilatados reinos, y que por una composición amigable con Pizarro y Almagro, cedió, mediante una crecida ayuda de costas para compensar los gastos que había hecho.

Con tan débiles principios se hizo una conquista de más de siete millones de indios, que todos tomaban las armas en defensa de la patria y servicio de sus incas y caciques. No debemos creer que esta prodigiosa conquista se hubiese hecho solamente por el valor de los españoles, pero si fue así, confiesen todas las naciones del mundo que fueron los más valerosos, que excedieron a los romanos, porque éstos fueron más en número cuando cercaron la ciudad y fueron venciendo poco a poco a sus vecinos divididos, más con la astucia que con las armas, valiéndose muchas veces de medios viles. Los españoles no usaron de artificios para vencer a mis paisanos, ni tuvieron tropa auxiliar fiel y constante como los conquistadores del gran imperio mexicano, ni próximo el socorro de los españoles europeos. No por esto pretendo yo igualar a Pizarro y Almagro con Cortés, porque sin disputa fue este mayor hombre, y, sobre todo, los conquistadores del Perú sirvieron bajo del mando de Cortés, y aunque no pudieron seguir sus máximas, imitaron su valor y constancia, y hubieran en igual tiempo conquistado y pacificado todo el reino si no se hubiese suscitado una guerra civil y funesta entre los mismos españoles. Esta, verdaderamente, fue la que arruinó a los conquistadores y apagó el esplendor de la gran ciudad del Cuzco, mi patria, suprimiendo o quitándoles a los conquistadores y a sus descendientes cuarenta encomiendas, que podían mantener una grandeza que no ha tenido iguales principios en la mayor corte del mundo.

"No pase Vd. adelante, señor inca, me dijo el visitador, porque esta es una materia que ya no tiene remedio. Me parece que Vd. con sus principios pretende probar que la conquista de los españoles fue justa y legítima, y acaso la más bien fundada de cuantas se han hecho en el mundo". "Así lo siento, le dije, por sus resultas en ambos imperios, porque si los españoles, siguiendo el sistema de las demás naciones del mundo, hubieran ocupado los principales puertos y puestos de estos dos grandes imperios con buenas guarniciones, y tuvieran unos grandes almacenes surtidos de bagatelas, con algunos instrumentos de hierro para trabajar cómodamente las minas y los campos, y al mismo tiempo hubieran repartido algunos buenos operarios para que se les enseñasen su uso, y dejasen a los incas, caciques y señores pueblos en su libertad y ejerciendo abominables pecados, lograría la monarquía de España sacar de las Indias más considerables intereses. Mis antepasados estarían más gustosos y los envidiosos extranjeros no tendrían tantos motivos para vituperar a los conquistadores y pobladores antiguos y modernos". "Suspenda Vd. la pluma, dijo el visitador, porque a éstos me toca a mí defenderlos de las tiranías, como más práctico en ambas Américas, y que le consta a Vd. mi indiferencia en éste y otros asuntos".

"Prescindo de que Vd. habló o no con juicio e ingenuidad sobre la conquista. No dudo que fue conveniente a los indios, porque los españoles los sacaron de muchos errores y abominaciones que repugnan a la naturaleza. En tiempo de sus incas se sacrificaban a sus inhumanos dioses a los prisioneros de guerra, y que el pueblo comía estas carnes con más gusto que las de las bestias. Los incas, caciques y demás señores y oficiales de guerra, reservaban para sí una gran multitud de mujeres, que consideradas en igual número que los hombres, resultaba que el común no tenía el suficiente para propagarse, y menos para el carnal deleite, por lo que era muy común el pecado nefando y bestial que hallaron muy propagado los españoles, y que casi extinguieron con el buen orden y establecimiento de los casamientos a tiempo oportuno, imponiendo graves penas a los delincuentes y castigándolos con proporción a su corto talento y fragilidad, y por esta misma causa y motivo dispensó el santo tribunal de la inquisición tratarlos con la seriedad que a los españoles, mestizos y mulatos, dejando a los vicarios eclesiásticos la represión y castigo, como a las justicias ordinarias seculares castigar y encorozar a los públicos hechiceros, que no son otra cosa que unos embusteros, para que el común de los indios deteste sus engaños e insensiblemente entre en juicio". Muchos ejemplares podía traer de estas providencias, dadas por algunos prudentes corregidores, pero las omito por no hacer dilatado este diario, que ya me tiene fastidiado, por lo que paso a defender a los buenos españoles de las injurias que publican los extranjeros de sus tiranías con los indios, en que convienen muchos de los nuestros por ignorancia, falta de práctica y conocimiento del reino. Para su clara inteligencia dividiré las acusaciones, sin otro fin que el de esclarecer a los españoles poco ilustrados en estas materias, y no den tanto crédito a los charlatanes extranjeros, y en particular a ciertos viajeros, que para hacer apacibles sus diarios andan a caza de extravagancias, fábulas y cuentos, que algunos españoles les inspiran para ridiculizar sus memorias entre los hombres sabios.

Capítulo XVII

Acusaciones a los españoles. - Los repartimientos de indios. - Imaginaria tiranía de los conquistadores. - Segunda acusación - Esclavitud de los indios. - La tiranía en el trabajo de los obrajes

Primera acusación o imaginaria tiranía. - Repartimientos

Desde que se fijó este imperio en la casa de los Reyes de Castilla y se establecieron jueces de provincias, con título de corregidores, se señaló a cada uno por razón de su sueldo anual mil pesos ensayados [126] para su subsistencia, con cargo de administrar justicia a los indios sin cobrarles derechos, cobrar los tributos y entregarlos en las cajas reales y responder por las faltas y moneda falsa, en que también se entiende la muy gastada o cercenada. El estado del reino en los principios, y aún ahora, no sufre los sueldos correspondientes a los muchos gastos que se impenden en unas provincias, que reguladas unas con otras no bajan de veinte pueblos, cada uno a distancias dilatadas, de caminos fragosos y peligrosos, por lo general, por lo que los primeros corregidores establecieron comercio entre los indios, con el nombre de reparticiones, para costearse con las utilidades, y que los indios y otras personas sin caudal ni crédito se habilitasen de lo necesario para la labor de los campos y minas, y vestuario de su persona y familia, cuya providencia se consintió por este superior gobierno y reales audiencias por más de doscientos años; pero como este comercio no estaba más que consentido, dio lugar a infinitos pleitos y capítulos, que se ponían a los corregidores y que carecían de cierta política, que depende más del genio que del ingenio.

Estas turbaciones dieron motivo a los señores virreyes y tribunales para consultar al supremo oráculo el medio que se debía de tomar para libertar a sus vasallos de unos pleitos interminables, en que se arruinaban unos a otros,

---

126 *Pesos ensayados*: reales mejicanos o peruanos de a ocho, de plata, cuyo valor era el doble que el de los pesos corrientes. El "peso ensayado", era moneda de cuenta para apreciar las barras de plata y se diferenciaba del peso efectivo de 8 reales en un importe que era el derecho de braceaje y señoreaje de la Casa de Moneda.

pero principalmente a los que fiaban sus caudales a los corregidores, y que no tenían parte en sus particulares utilidades, justas o usurarias. La corte de Madrid, con los informes que se dieron de Lima y otras partes, y a consulta de justicias y teólogos, declaró que en lo sucesivo fuesen lícitos los comercios de los corregidores en todos aquellos efectos necesarios para la subsistencia de las provincias, y en particular útiles a los indios, y que se hiciesen aranceles de los efectos que se debían repartir, y sus precios, que redujeron con suma providencia a un ciento por ciento, que es la mitad más del valor que tienen los efectos del lugar de su compra al de donde se hace la venta. Este ciento por ciento, que entre los italianos, por ironía, se tiene por moderada ganancia, lo es en realidad en nuestro caso, porque el ciento por ciento se debe entender en el espacio de cinco años, que sale a veinte por ciento en cada año. De esta utilidad de cinco años se debe rebajar, a lo menos, un veinticinco por ciento, de cuatro por ciento que se paga de alcabalas, sueldos del teniente y cobradores, gajes de caciques y mermas en peso y vara, y pérdidas de ausentes e insolventes, de modo que el ciento por ciento, por una cuenta muy económica, viene a quedar en un setenta y cinco, que sale cada año a quince por ciento, que es una utilidad regular de un particular comerciante que vende al contado o fía con un moderado plazo, pues aunque se diga que en algunos efectos acontece perder, también en otros utiliza mucho más. Incluyo los gastos de los corregidores en los derechos precisos de justicia, y omito las negociaciones de la corte y transportes desde ella hasta estos dominios y portes de efectos hasta las provincias; pero puedo asegurar que un corregidor que entra en una provincia de *repartimiento* de cien mil pesos, procediendo arreglado a arancel y justificadamente, no puede utilizar en ella, si paga intereses de cinco por ciento de la demora de sus pagas arriba de veinte mil pesos en siete años, considerados dos que se pasan en entrada y salida.

Dirán los extranjeros y aun muchos españoles, que los corregidores no se arreglan al arancel y que se exceden en la cantidad y precios. Esta expresión tomada en general, es temeraria, porque me consta que muchos han rebajado del precio y no han podido expender toda la cantidad asignada, por no querer oponerse a una tibia resistencia. Don Felipe Barba de Cabrera, persona muy conocida en esta ciudad ha más de cuarenta años, fue corregidor de la provincia de Pataz, su patria, gobernando el excelentísimo señor marqués de Villagarcía. Don Felipe no hizo otro *repartimiento* de consideración que el de la plata sellada, con cargo a los mineros, de que le prefiriesen en la venta del oro que sacaban de sus minas, sin oponerse a los tratos que tenían algunos con los particulares, ni manifestar odio ni indignación contra ellos. Su éxito fue tan feliz como su generoso principio, por haber cobrado sin violencia todo su *repartimiento,* a excepción de una cantidad de poco más de dos mil pesos que le quedó restando un dependiente y familiar suyo a quien dio las treguas que pidió para pagar sin perjuicio. Algunos ejemplos de esta naturaleza pudiera traer, aunque pocos. *Quia aparent rari nantes in jurgite basto.*

Si todos los hombres nos arregláramos y procediéramos exactamente conforme a las leyes, recaerían los errores sobre ellas y se verían precisados los legisladores a reformarlas o a mantener un desorden perjudicial al estado, que parece cosa imposible, principalmente en los dominios de España, donde se procede con circunspección y seriedad. Los españoles, así europeos como americanos, son los más dóciles y sumisos a la ley que el resto de los europeos y americanos de sus insulares. Estos mantienen por dilatado tiempo sus rebeliones. Los nuestros obedecen sumisamente, representan los inconvenientes con humildad y respeto; y aunque una u otra vez se haya suscitado alguna llamarada, es como el incendio de los *petates,* que alumbra mucho y dura poco. Así como los *monsiures* se jactan del honor de su idioma, por ser el que más se extendió en este siglo en toda la Europa y se escribieron en él tantas obras excelentes, deben tolerar la crítica y agravio que hacen a los españoles los viajeros que en su idioma pretenden denigrar a unos vecinos tan inmediatos como los españoles, que no hacen memoria de ellos sino para elogio y que reciben en sus países sin repugnancia, y muchas veces con una condescendencia más que común; pero estos *monsieures,* o sean milords o ilustrísimos a la francesa, inglesa o italiana, sólo, piensan en abatir a los españoles, publicando primero en sus brochuras, que pasan después a sus historias generales, ignorancias y defectos que casi hacen creer a los españoles poco advertidos, y dar motivo a los sabios a un concepto injusto por falta de práctica de los ingenios americanos, que generalmente están reducidos a sus libros y particulares meditaciones.

Las provincias en que se hace el *repartimiento,* para cobrar en los efectos que producen a los que se trabajan en ellas, como bayetas, pañetes, costales y otras infinitas menudencias que tienen un valor fantástico, desde la primitiva y en que los indios no dispensan, parece a primera vista y a los que miran las cosas superficialmente que los corregidores son unos tiranos porque reparten sus efectos por un precio exorbitante, sin hacerse cargo de la especie que reciben en pago, y a lo que se reduce vendida en plata, después de muchos riesgos que corren. Todos los españoles convienen que los peores corregimientos son aquellos que cobran en especies, aunque reporten a un precio subido; pero los señores extranjeros, de cualquier apariencia les forman una causa criminal. Tengo presente haber leído en ciertas memorias que los españoles en Chiloé vendieron una vara de bayeta de la tierra, que vale en Lima dos reales, por dos pesos, y atendiendo a la distancia solamente se podía vender en París por cincuenta libras tornesas [127], que darían de valor a otros tantos alfileres y en que los españoles reportarían grandes utilidades, en particular en el tiempo presente, que vale cada millar dos reales.

127 *Libra tornesa*: moneda acuñada en Tours, que valía un quinto menos quer la acuñada en
    París y que según los historiadores dió origen a la peseta española. Introducida en Cataluña
    por las tropas francesas en la Guerra de Sucesión en 1714, dio lugar en Francia al llamado
    franco de Germinal que queda definitivamente fijado como unidad monetaria francesa
    en 1803 con Napoleón.

Segunda acusación que se hace a los españoles para probar su tiranía

Dicen que dicen y que repetidas veces oyeron decir, que los españoles se servían de los indios tratándolos como a esclavos, y aun peor, porque o no les pagan o es tan corto el estipendio que apenas se pueden sustentar con él. Lima es el lugar más caro de todo el Perú, y gana un peón de albañil, sea negro o indio, cinco reales todos los días, pudiendo comer abundantemente con dos reales y le quedan tres libres; pero si el indio o negro quiere beber ocho reales de aguardiente y comer en la fonda, desde luego que no le alcanzará el jornal de seis días para beber y comer dos.

Es cierto que viendo los primeros españoles que los indios se contentaban y sustentaban con tantos granos de maíz como una gallina de las nuestras, y que apenas trabajaban ocho indios como dos españoles, regularon el salario de aquellos a un ínfimo precio. Para decir todo lo que se nos ofrece sobre este asunto, sería preciso formar un grueso volumen. En todo el reino están esparcidos extranjeros y no hemos experimentado en ellos más equidad, y aún nos gradúan a nosotros de demasiado indulgentes.

La tercera acusación y la más horrorosa que se puede decir y pensar es la de los obrajes

Confieso que no he leído en libro alguno las tiranías que los dueños de ellos hacen a los miserables indios. Los españoles, sin práctica alguna, y aún muchos señores ministros, informados de aquellos falsos piadosos, han concebido tanto horror, que por sólo oír este nombre, que les parece más obscuro y tenebroso que la cueva de *Trofonio* [128], o que a lo menos tienen una semejanza a las minas de azogue que hay en España, por lo que dijo el gran Quevedo en nombre de un forzado, la siguiente copla:

Zampuzado [129] en un banasto [130]
Me tiene Su Majestad,
En un callejón Noruega
Aprendiendo a gavilán.

Los forzados de los obrajes, o que entran por fuerza en ellos, no necesitan aprender a gavilanes, porque por lo general son conducidos a ellos por diestrísimos, creyendo yo que sucede lo propio con los que van a trabajar a las minas de Gualdalcanal. Nuestros obrajes están regularmente fundados en los países mejores de la circunferencia del Cuzco y provincias inmedia-

128 Cueva de Trofonio: Trofonio, hijo de Apolo, y constituido Deidad infernal por la superstición Gentílica, era consultado como Oráculo en la Cueva que había hecho para bajar al Infierno.Quienes consultaban el Oráculo se preparaban con ciertas expiaciones y ritos bajo la supervisión de los Sacerdotes. En la Cueva el Oráculo les comunicaban secretos, que luego revelaban a los Sacerdotes.
129 *Zampuzado*: sumergido en agua, por similitud *zampado*, metido donde no se vea
130 *Banasto*: especie de banasta (cesta de mimbre alargada que sirve para transportar frutas) pero de forma redonda

tas, de agradable temperamento. Son unas casas de mucha extensión y desahogo. Sus patios y traspatios son como unas plazuelas rodeadas de corredores, para que el sol ni la lluvia aflijan a los que trabajan fuera de las oficinas. Estas son muy proporcionadas, y entre telar y telar hay una competente distancia para poner un fogoncillo para asar a cocer la carne, que se les da de ración, y respectivamente son cómodas todas las demás oficinas de hilanderas, cardadores, tintoreros, etc.

Todos los que trabajan en estas casas tienen igual ración de comida, cuyo precio está reglado equitativamente. Quisiera preguntar a los señores europeos, asiáticos y africanos ¿qué alimento dan a sus forzados, que trabajan triplicadamente que éstos? Dirán, y si lo negasen dígolo yo, que aquellos tienen una ración de bizcocho de cebada o centeno, y por mucha fortuna de pan, que llaman en España de munición, que es de un trigo mal molido mezclado con las aristas, y muchas veces con paja, de cuya masa se podía hacer una fuerte muralla mejor que la del Tapín. Rara vez prueban la carne, y por menestras de gran regalo les dan una conca [131] u hortera [132] de habas sancochadas, sin más condimento ni salsa que la de la hambre. Su lecho, que es un tablón muy fuerte, con una cadena atravesada para sujetarles los pies, más parece potro que lugar de descanso para aliviar las fatigas del día. Nadie ha graduado esta especie de castigo por cruel y tiránico dentro de su país y con los naturales de él, por considerarse necesario para contener a los delincuentes. Tratemos de los forzados de nuestros obrajes dividiéndolos en dos clases. La una es de delincuentes de varios delitos, siendo el principal el de ladrones, y otros, que se ponen en ellos para que paguen deudas legítimas y contestadas, por no tener otro arbitrio que el del sudor de su trabajo en casa de sujeción.

A los primeros se ponen en los obrajes para la mayor seguridad, porque las cárceles de los pueblos de indios son comúnmente unos galpones o cuartos lóbregos y húmedos, de poca seguridad, y de que se huyen diariamente los que quieren, a que contribuyen mucho los indios por eximirse del trabajo de velarlos y mantenerlos, si son forasteros o no tienen parientes que les den lo necesario para su subsistencia. La seguridad de los obrajes, su extensión y sanidad, a que se agrega también la subsistencia por medio de su trabajo, suscitó a los corregidores el medio de asegurarlos en estas casas, poniéndoles su grillete, para que no se huyan, a proporción de su delito; pero el mayor se reduce a dos argollas que ciñen las piernas sobre el tobillo con una cadenilla atravesada, tan ligera y débil que cualquier muchacho puede romper sus eslabones con dos o tres golpes de una piedra del peso de una libra, por lo que esta prisión no le sirve de estorbo para huirse ni de embarazo para sus funciones. Si se aplica a algún trabajo, no teniendo de qué subsistir, se le da su ración regular de comida. Esta se reduce, por lo general, a cecina, algunas menestras, ají, maíz, con leña suficiente, agua y sal, de que

131 *Conca*: cuenco, escudilla
132 *Hortera*: escudilla de madera

estas casas están bien provistas. Si el delincuente es aplicado al trabajo y cumple su tarea, se considera ya como un trabajador voluntario, y se le paga como a tal y se le alivian las prisiones.

Los prisioneros por deudas entran luego al trabajo, porque el fin es de que las pague con él. Hay muchas faenas en los obrajes que no necesitan pericia, y son las de trabajo más rudo, pero si son los deudores inteligentes, los aplica el administrador según la necesidad de los operarios a otras tareas menos fuertes. Esta está reglada con equidad, y la mejor prueba es que muchos voluntarios sacan una y media cada semana; otros una y cuarto, y los más lentos y desidiosos la cumplen llenando su obligación, y en que no se les culpa ni reprende; pero a los deudores que por flojos o soberbios se resisten al trabajo o lo hacen mal, les procuran alentar con la cáscara del novillo, desde la rabadilla hasta donde dan principio las carnes, o por hablar con más claridad, en el paraje a donde se azotan a los muchachos, cuya reprensión reciben los flojos y abandonados al ocio como un juguete, que sólo les sirve de molestia medio cuarto de hora en toda una semana, y ésta es toda la tiranía tan ponderada de los obrajes y obrajeros. Puede suceder que en la Europa, y aún en Lima, no se crea lo que voy a decir en materia de alimentos de los oficiales voluntarios y de todos los que cumplen su tarea, aunque sean forzados. A todos éstos se les da, a lo menos dos veces cada semana, ración competente de carnero gordo y descansado. He visto en más de cuatro obrajes de las provincias inmediatas al Cuzco unos trozos, entre telar y telar colgados, que pudieran apetecerlos los señores de mejor gusto. Acaso parecerá a algunos, así de los nuestros como de los extranjeros, que todo lo que llevo dicho es una ficción poética para vindicar a los dueños de obrajes de las tiranías que se les imputan. No necesito satisfacer a los extranjeros, y menos a los españoles que habitan este continente, porque pueden con facilidad desengañarse o culparme de lisonjero y defensor acérrimo de los señores cuzqueños. Confieso que estimo mucho a éstos por su probidad y generosidad en este género de trato con sus colonos a súbditos.

En todo hay trampa menos en la leche, que le echan agua, y algunas veces se halla un bagrecillo que la manifiesta. No negamos que los obrajeros tienen sus utilidades con los operarios, haciéndoles suplementos en efectos que no valen la mitad del precio a que éstos los venden; pero todo ello no es más que un artificio y engaño recíproco, y de que no se puede hacer juicio, y si se hace alguno prudente es a favor de los operarios y sirvientes, porque no hay ejemplar que éstos paguen estas deudas o préstamos, pues siempre el obrajero está obligado a darles sus raciones competentes de comida, vestirlos de las telas que trabajan, curarles sus enfermedades, y todos los derechos eclesiásticos, hasta enterrarlos; conque, aunque se gane con esta gente perdida, que solamente este nombre merece, es una utilidad que se queda en los libros, y por consiguiente un caudal fantástico.

Si se dijere que los dueños de obrajes son unos insensatos, manteniendo un comercio tan gravoso, satisfago diciendo que en este reino de diez hombres de esta naturaleza, apenas se cuentan dos que trabajen voluntariamente, y así los propietarios de estas fábricas, y aún los arrendatarios, sacrifican de siete a ocho mil pesos por tener el número de operarios suficiente para mantener el obraje en estado de reportar alguna utilidad. Esta apenas llega a veinte por ciento al año, en caso de que la ropa buena se pudiera vender a plata en contado a tres reales vara, que es imposible, según el estado actual del reino. Para asegurar los obrajeros la subsistencia de sus fábricas con alguna utilidad, hacen sus tratos con los comerciantes en efectos de la Europa, a pagar en la tierra a precios de provincia, que es a tres reales y medio vara. El trato regular es recibir el fabricante la mitad en efectos que comúnmente llaman de Castilla a todos los de la Europa, y la otra mitad en plata sellada. Los efectos que dan los comerciantes son generalmente aquellos que no pueden vender, por sus colores o porque no están en uso algunas piezas de tejidos, o porque ofrecen una pérdida considerable, y suponiendo, o por mejor decir, asegurando que el mercader en estos efectos gana cuarenta por ciento, y que el fabricante da estos efectos al mismo precio a los operarios que piden suplementos, o para su consumo o para reducirlos a plata para mantener sus desórdenes, siempre el obrajero gana un veinte por ciento, y si en su fábrica se entregan anualmente ochenta mil varas de bayetas y pañetes, con regulación a los mayores obrajes, gana cinco mil pesos, en el supuesto de que cada vara de ropa no le tiene de costo más que dos reales y medio, según el cómputo de los hombres más inteligentes.

Al presente están los obrajes del Cuzco muy atrasados, porque el comercio con la Europa es más continuo y las bayetas de Inglaterra se dan a un precio ínfimo, como los demás efectos de lanas y lienzos, que con la abundancia envilecen los del país, a que se agrega que en los contornos de La Paz se aumentaron los chorrillos, que proveen mucho las provincias interiores, y todo contribuye a la decadencia de una ciudad que se pudiera contar por la mayor del reino sin disputa alguna, por su situación, terreno y producciones, y rodeada de las provincias más fértiles y más abundantes de frutos y colonos útiles, que son los indios que trabajan en el cultivo de las tierras y obras mecánicas y que atraen el oro y la plata de las provincias más distantes.

Capítulo XVIII

Opinión del visitador Carrió sobre los repartimientos. - El corregidor y el indio. - La indolencia del indio. - Opinión del autor. - El nombre de Concolorcorvo. Virtudes, calidades y costumbres del indio. - El idioma castellano y el quichua

Ya ha visto Vd., señor inca, y lo puede ver cuando quisiere, las dos tiranías mayores que hacen los españoles actuales con los indios, que son los que principalmente llaman la atención de los hombres piadosos. Algunos piensan que no faltarían comerciantes y tratantes en mulas que hicieran los repartimientos a precios equitativos, según su concepto; por ejemplo, las mulas que venden los corregidores a treinta pesos cada una, las repartirían los tucumanos a veinte, y así los demás efectos. Convengo en que algunos hombres sencillos caerían en la tentación de ganar cinco mil pesos más en mil mulas, pero renegarían de la negociación, aun cuando cobrasen en el término de cinco años, porque además de perder a lo menos otro viaje, gastarían el doble en su manutención y paga de sueldos a mozos o caciques, porque el reparto de mil mulas no se podía hacer menos que en tres o cuatro doctrinas de las regulares. Hay otros muchísimos inconvenientes que fuera prolijo explicar y que sólo pueden vencer los corregidores diligentes con bastante dificultad.

Finalmente, señor inca, me atrevo a asegurarle que *los repartimientos* con arreglo a arancel son los que mantienen a los indios en sus tierras y hogares. También me atrevo a afirmar que si absolutamente se prohibiera fiar a los indios el vestido, la mula y el hierro para los instrumentos de la labranza, se arruinarían dentro de diez años y se dejarían comer de los piojos, por su genio desidioso e inclinado solamente a la embriaguez. Estoy cansado de oír a algunos sujetos ponderar una provincia y llamarla descansada porque ha pagado el *repartimiento* a los tres años. Esto ha sucedido muchas veces con los indios serranos; pero quisiera preguntar yo: ¿qué es lo que adelantan estos pueblos en los dos años siguientes? Pensarán acaso que los indios ahorran algún dinero o aumentan algunas yuntas de bueyes o herramientas. Si así lo piensan, están muy engañados, porque en lugar de lograr este beneficio, que resultó de haber doblado el trabajo en los tres años antecedentes, por la actividad del corregidor y sus cobradores, no tienen otro objeto que el de la embriaguez, y para mantenerla venden la mula o vaca, y muchas veces los instrumentos de la labor del campo, contentándose solamente con sembrar un poco de maíz y algunas papas, que les sirven de comida y bebida, y asegurar el tributo para que los caciques y gobernadores no los molesten ni pongan en los obrajes, que aborrecen únicamente por el encierro.

Al contrario sucede, señor inca, cuando los indios deben al corregidor. Entonces parece cada pueblo un enjambre de abejas, y hasta las mujeres y muchachos pasan a las iglesias hilando la lana y algodón, para que sus maridos tejan telas. Todos están en movimiento, y así se percibe la abundancia. El labrador grueso encuentra operarios y el obrajero el cardón [133] y la chamisa [134] a moderado precio, y así de todo lo demás. Los indios son de la calidad de los mulos, a quienes aniquilan el sumo trabajo y entorpece y casi imposibilita el demasiado descanso. Para que el indio se conserve con algunos bienes, es preciso tenerle en un continuo movimiento proporcionado a sus fuerzas, por lo que yo preferiría servir una provincia en que los indios pagasen el último peso a mi antecesor el día de mi ingreso a ella, que hallarlos descansados, como dicen vulgarmente, el espacio de uno o dos años, en que los consideraría debilitados de fuerzas, acostumbrados al ocio y a los vicios que se siguen de él.

Ya el visitador iba concluir un asunto en que conocí hablaba con repugnancia y fastidio; pero habiéndole suplicado con mucha instancia me diese solución a varios cargos que se hacen a sí mismos recíprocamente los españoles de que tiranizan a los indios quitándoles sus bienes y sirviéndose de ellos con más rigor que si fueran esclavos. "Vamos claro, señor inca, ¿cuántas preguntas de éstas me ha de hacer Vd.?" "Más de doscientas", le dije. "Pues váyase Vd. a la cárcel, a donde hay bastantes ociosos de todas castas de pájaros, que allí oirá Vd. mucha variedad de dictámenes, y adopte Vd. los que le pareciere". "No hay tal ociosidad en la cárcel, le repliqué, porque les falta tiempo para rascarse y matarse piojos". "Falta Vd. a la verdad, me dijo, porque los más comen los piojos, si son indios o mestizos. Los españoles, cansados de matar estos fastidiosos animales los encierran en un canuto estrecho, y al pasar cerca de las rejas alguno o alguna que no les da limosna, le arrojan con un solo soplo doscientos piojos por las espaldas, que en menos de un minuto se reparten por la garganta a todo el cuerpo, haciendo un estrago intolerable, porque salen hambrientos de pasto estéril a abundante. Pero, para abreviar, quisiera saber el dictamen de Vd. ingenuamente sobre estas tiranías y extorsiones. Hable Vd. como español, y no olvide el escepticismo general de los indios".

133 *Cardón*: especie de cardo de cuyo tallo salen unas cabezas espinosas que sirven para sacar el pelo al paño antes de tundirle (golpear, enfurtir, para apelmazarlo.
134 *Chamisa*: fogata, leña ligera para la fogata, maleza.

"Poco a poco, señor don Alonso; explíqueme Vd. qué significa escepticismo". "Esta voz, me dijo, significa duda universal de todas las cosas. Los
indios todo lo dudan. Me explicaré con dos ejemplos muy distintos, que el
primero prueba la poca fe que tienen y el segundo su poco talento o sobra de
malicia. Se pregunta un indio instruido en la fe: Si Jesucristo está real, verdaderamente, en la hostia consagrada, responde: Así será. Si le preguntan si
le han robado mil carneros, aunque jamás no haya tenido alguno, responde:
Así será. Conciérteme Vd. estas medidas, señor Concolorcorvo, y responda
a la primera pregunta que le hice". "Confieso, señor, le dije, que los indios
en general no tienen cosa apetecible de los españoles, porque todos sus bienes se reducen, hablando del más acomodado, a una yunta de bueyes, un
arado, un corto rancho en que encierran su escasa cosecha de maíz y papas
y todos sus muebles, que no valen cuatro pesos, manteniendo algunos la mula que les reparte el corregidor para alivio de sus trajines. Los indios ordinarios y desidiosos, que componen la principal parte de las provincias, no tienen la cuarta parte de estos escasos bienes, que proceden de la aplicación y
trabajo. Su casa se reduce a una choza cubierta de paja, que llaman *ycho*, cubierta con una puerta que con dificultad se entra por ella en cuclillas, y correspondencia sus muebles, que si se arrojaran a la calle, sólo los levantaría
otro indio criado en mayores miserias, por lo que discurro que los españoles
de este siglo, y de todos los siglos, dijo el visitador, no tuvieron, ni creo que
tendrán que robar a los indios, y no pensando éstos, por lo general, más que
en su ocio y borracheras, que siguen otras brutalidades, afirmo que mis paisanos no son robados, sino robadores de los españoles".
    "Está muy buena la crítica", dijo el visitador, pero me advirtió que en
tiempos de los monarcas y caciques estaban en peor condición los indios,
porque aquellos príncipes y señores los tenían reducidos a una servidumbre
de mucha fatiga, porque labraban la tierra para su escaso alimento a fuerza
de sus brazos y no conocían otras carnes que las de llamas, vicuñas y alpacas,
de cuya lana tejían su vestido. Los españoles sólo quitaron a estos miserables,
o a lo menos disminuyeron sus abominaciones e introdujeron el útil uso del
vacuno, caballar y mular, de las ovejas, herramientas para la labor de los
campos y minas, con redes y anzuelos para aprovecharse de la producción y
regalo de los ríos y playas de mar, con otra infinidad de artificios e instrumentos para trabajar con menos molestia.
    "¿Con qué nación, le dije, compara Vd. los indios, así por la configura-
ción de su rostro, color y costumbres?" "Consigo mismo, respondió el visitador. Casi toda la nueva España anduve y todo este reino del Perú, y no hallé otra diferencia que la que se encuentra entre los huevos de las gallinas. El
que vio un indio se puede hacer juicio de que los vio todos, y sólo reparé en
las pinturas de sus antepasados los incas, y aún en Vd. y otros que dicen des-
cender de casa real, más deformidad y que sus rostros se acercan a los de los

moros en narices y boca, aunque aquellos tienen el color ceniciento y Vds. de ala de cuervo." "Por eso mismo, acaso, se me puso el renombre de Concolorcorvo". "Sí señor", me dijo. "Pues juro por la batalla de Almansa [135] y por la paz de Nimega [136], que he de perpetuar en mi casa este apellido, como lo hicieron mis antepasados con el de Carlos, que no es tan sonoro y significativo: *¡Concolorcorvo!* es un término retumbante y capaz de atronar un ejército numeroso y de competir con el de Manco-Capac, que siempre me chocó tanto, como el de Miramamolín de Marruecos".

"Hágame Vd. el gusto, señor don Alonso, de decirme alguna cosa sobre las virtudes, calidades y circunstancias de los indios". "Esto mejor lo puede Vd. saber, señor inca, retratando su interior e inclinaciones; pero no porque se ponga Vd. pálido, ya que no puede rubicundo. Digo, que los indios son muy sospechosos en la fe y esperanza, y totalmente sin caridad, ni aun con sus padres, mujeres e hijos. Las hembras son vengativas en sumo grado y hasta pasar a la inhumanidad; pero también las hemos visto presentar el pecho a los hombres armados para defender a sus bienhechores, y con mucha preferencia a sus compadres. En la iglesia y procesiones públicas manifiestan mucha compasión con sus lágrimas y sollozos, de modo que en estos actos exteriores se diferencian de los hombres tanto como lo sensible de lo insensible, aunque unos y otros observan en el templo mucho silencio, seriedad y circunspección, haciendo dos filas diferentes, de hombres y mujeres, con una calle competente en el medio para que entren los que quisieren y se acomoden a su arbitrio, con diferencia de sexos, y sólo a los párvulos y chiquitos permiten introducirse entre las mujeres. Todos asisten puntualmente los días festivos a la misa, que se celebra comúnmente a las once del día, dando principio, el repique de las campanas a las ocho, para que se prevengan los que están distantes, que a las diez precisamente han de estar los hombres en el cementerio, con división de *ayllos* [137], y las mujeres dentro de la iglesia, y para unos y otros están destinados dos doctrineros indios, que les repiten toda la doctrina precisa, y al tiempo de entrar en la iglesia se van llamando a todos por su lista, y al que no concurrió sin motivo grave se le aplica una competente penitencia. A las mujeres, de la cintura para arriba, y a los hombres para abajo, por manos de cualquier indio, que aunque encuentre a la madre que lo parió, a su mujer o hijos, provee en justicia, sin caridad ni diferencia. Voy a concluir este puntito para probar la exactitud de los indios. Mandó un corregidor a estos ministriles que pegasen cien azotes a un esclavo suyo, negro. Lo amarraron fuertemente en la picota, y después de haber-

135 *Batalla de Almansa*: 25 de abril de 1707 cerca del puerto homónimo en Albacete, entre los partidarios de Felipe V de Borbón y los seguidores del Archiduque Carlos de Austria. Los borbónicos estaban comandadas por el duque de Berwick y los austracistas por los generales Galway y Das Minas. La batallaforma parte de la Guerra de Sucesión al trono de España tras la muerte de Carlos II el Hechizado.

136 *Paz de Nimega*: en 1678 la Paz de Nimega pone fin a la guerra que Luis XIV de Francia sostenía contra España, Holanda, Estados alemanes y Dinamarca, y supuso para España la pérdida del Franco Condado y de una serie de plazas en la zona fronteriza entre Francia y los Países Bajos.

137 *Ayllo*: del quechua *Ayllu*, pariente, familiar

le animado más de ochenta azotes se suscitó la duda sobre si le habían arrimado ochenta y cinco u ochenta y seis. El negro afirmaba con juramento que había contado ochenta y seis. Los indios fueron de parecer que sólo habían arrimado ochenta y cinco, y para descargo de sus conciencias volvieron a contar de nuevo. El negro decía de nulidad y rogaba a los indios que le pasasen en cuenta los ochenta y cinco en que estaban convencidos; pero éstos no entendieron sus lamentos y le arrimaron los cien, sobre los ochenta y cinco, que es una prueba de la gran caridad que tienen con el prójimo.

Los niños de ambos sexos pasan al amanecer al patio de la casa del cura o ayudante, en donde se les repasa la doctrina con toda formalidad todos los días, y las repiten los más adultos con puntualidad. No creo que haya nación en el mundo en donde se enseñe la doctrina cristiana y actos exteriores de religión, con más tesón que en las Américas españolas, por lo que toca a las poblaciones unidas, porque verdaderamente en las *estancias,* así de ganado mayor como menor, es preciso que los pastores vivan en la soledad a dilatadas distancias, como asimismo algunos pobres labradores, que aprovechan algunos trozos de tierra menos estéril en laderas y quebradas, los que carecen de este pasto espiritual, y muchas veces mueren como bestias, sin culpa de los pastores, porque no les dan aviso con tiempo sus padres o compañeros, por falta de conocimiento o desidia. Este mal es casi irremediable en la sierra, por la calidad y posición de los territorios. Esta pobre gente que se ve precisada a vivir en las soledades, sin más trato que el de las bestias, es por precisa necesidad más grosera, porque además de no tener comercio con los que hablan el idioma castellano, apenas entienden los signos y procuran ocultarse de cualquier español o mestizo que no les hable en su idioma, y los consideran, como nosotros a ellos, por bárbaros. Así se explicó Ovidio desde el destierro del Ponto, confesando que era bárbaro en aquella tierra porque nadie le entendía. *Barbarus hic ego sum quia non intelligor ulli".*

"Parece, señor don Alonso, que Vd., en el antecedente punto, hizo elogio los señores curas". "Es cierto, señor inca, que la mayor parte cumple con su obligación en este asunto; pero para que crea Vd. que no los lisonjeo ni los gradúo de hombres muy cabales en todas sus partes, voy a hacerles su causa con todo el respeto debido a su alta dignidad en un punto bastantemente delicado en lo moral y político. Es constante que los indios mantienen algunas idolatrías de la tradición y que ésta se mantiene por medio de su idioma en cuentos y cantares, como ha sucedido en todo el mundo. Los curas beneméritos se hacen regularmente de unos hombres sabios en la escritura sagrada, pero como por lo general ignoran el idioma de los indios, solicitan para sus ayudantes unos intérpretes, que solamente se ordenaron título de lenguaraces, como se dice vulgarmente, sin más principio que una tosca latinidad y algunas definiciones de escasos casos de moral y lo que la razón natural les dicta. Los curas explican mal el evangelio a los indios porque no entienden bien su idioma, y los ayudantes porque no entienden el evangelio, ni aun la letra del latín". "Yo he observado esto, dije al visitador, en un pueblo en donde todos los indios decían en el padre nuestro: *Hágase, Señor, tu voluntad, así en el cielo como en la tierra.* Don Miguel Sierralta y su esposa, que son los mejores lenguaraces que hay en la villa de Guancavélica, me aseguraron haber oído en un solo sermón que cierto cura predicó los indios de su pueblo más de veinte herejías y errores crasos. Otros muchos me dijeron lo propio".

"El perjuicio que se sigue en lo político, es de mucha consideración, porque por medio de los cantares y cuentos conservan muchas idolatrías y fantásticas grandezas de sus antepasados, de que resulta aborrecer a los españoles, mirándolos como unos tiranos y única causa de sus miserias, por lo que no hacen escrúpulo de robarles cuanto puedan, y en un tumulto, en que regularmente se juntan cincuenta contra uno, hacen algunos estragos lamentables en los españoles, a que suele concurrir la imprudencia de algunos necios ayudantes de los curas y de los cajeros de los corregidores. Por estas razones y otras muchas que omito, dijo el visitador, se debía poner el mayor empeño para que olvidasen enteramente su idioma natural. Esta hazaña solamente los señores curas la pueden ejecutar con gran facilidad, solamente con mandar se enseñase la doctrina a los jóvenes de ambos sexos en castellano, que la aprenderían sin repugnancia, por serles indiferente el idioma. Con esta diligencia, sin trabajo alguno, se hallarían todos los muchachos a los diez años hablando el castellano, a que se podía agregar hablarles siempre en él, y que respondiesen, celebrando sus solecismos, como lo hacemos con la jerguilla de nuestros hijos y de otros. Los indios, a excepción de muy pocos, que viven en despoblados, entienden la lengua castellana y la hablan. En el tiempo que fui corregidor observé que cuando el intérprete me declaraba su dicho si estaba conforme, me decía: "*Ao*, Señor", que es lo mismo que decir sí, señor; y cuando bajaban mucho la cabeza, era señal de que quedaban muy satisfechos; pero cuando por malicia o ignorancia del intérprete me decían alguna cosa contraria a su dictamen, sin esperar a que concluyese el intérprete, decían *Manan*[138], y al mismo tiempo lo afirmaban moviendo su cabeza a la derecha y a la izquierda como lo hacemos nosotros.

No se piense que estas demostraciones eran de algunos indios medio instruidos. Protesto que en el más bárbaro las observé en diferentes provincias y pueblos, que es una prueba clara de que casi todos entienden el idioma castellano. Todos los alcaldes, gobernadores, caciques, mandones y demás ministriles que en una provincia de veinticinco pueblos no bajan de doscientos individuos empleados, y de más de mil que han sido alcaldes y regidores, todos se explican competentemente en nuestro idioma, pero lo más agraciado es que cuando el vulgo se emborracha, que es un día sí y otro también, hablan el castellano en sus juntas y conciliábulos, que es una maravilla compa-

---

138 *Mana*: "no" en Quechua

rable a la que sucedía en el tiempo de la gentilidad a los que entraban en la cueva de Trofonio, que con los vapores sagrados salían profetas o adivinos, y puede ser suceda lo mismo, y sin puede ser, porque verdaderamente acontece que los vapores de Baco causen el efecto de infundir el don de lenguas.

Nadie puede dudar que los indios son mucho más hábiles que los negros para todas las obras de espíritu. Casi todos los años entran en el reino más de quinientos negros bozales, de idioma áspero y rudo, y a excepción de uno u otro bárbaro, o, por mejor decir, fatuo, todos no entienden y se dan a entender lo suficiente en el espacio de un año y sus hijos, con sólo el trato de sus amos, hablan el castellano como nuestros vulgares. Los negros no tienen intérpretes, ni hubo jamás necesidad de ellos. Los españoles los necesitaron en los principios de la conquista, para tratar con los indios e informarse de sus intenciones y designios. Después no tuvieron lugar con las guerras civiles a enseñar a sus hijos el castellano, y como éstos estaban al cuidado de las madres o amas indias, salieron los mesticillos hablando el idioma de ellas, y se fue extendiendo en toda la sierra con suceso, pues aunque se establecieron escuelas de la lengua castellana y latina, siempre les quedó un resabio del fuste, como a Vd., a quien no pude sacar de los cascos el que deje de pronunciar y escribir *llovía* y *lluver*, con otros infinitos". "No es mucho esto, señor don Alonso, porque yo soy indio neto". "Dejemos lo neto para que lo declare la madre que lo parió, que esto no es del caso, porque Vd. tuvo la misma crianza fuera de casa que el resto de los españoles comunes serranos, y siempre sirvió a Europa y no lee otros libros que los que están escritos en castellano, y aunque ve con sus ojos escrito *lluvia* y *llover*, siempre lo dice al contrario, sin darnos un convencimiento gobernado por la razón natural, porque si siguiera Vd. ésta, dijera de *llover, llovía,* y de *lluvia lluver*".

En Chuquisaca, Potosí y Oruro, hasta las mujeres hablan el castellano muy bien en las conversaciones públicas y estrados de concurrencia. En La Paz hablan competentemente el castellano con los hombres en las conversaciones privadas, pero en sus estrados no se oye más que la lengua aymará, parecida mucho a la de los moros, en que trabaja mucho la garganta. En su pulida ciudad del Cuzco se habla la lengua quichua, que es la más suave de todas las del reino; pero las principales señoras que hablan muy bien el castellano, manifiestan la pasión que tienen al primer idioma, que aprendieron de sus madres, nutrices y criadas, porque en los estrados, aunque concurran bárbaros, según la opinión de los romanos, hablan la lengua quichua entre sí, con tanta velocidad que apenas la perciben los más finos criollos. Las españolas comunes, no solamente en nacimiento y crianza, son las más disculpables en esta falta de atención o etiqueta, porque sabiendo mal el castellano les causa pudor explicarse en él, por no exponerse a la risa de los fisgones, de que abunda tanto el mundo. Cierta dama española, linda y bien vestida, estaba al balcón de su casa con una rosa en la mano, y pasando a su vista un decidor de buenas palabras, quiso lisonjearla con el adagio español siguiente: *Bien sabe la rosa en qué mano posa;* a que respondió con mucha satisfacción: *Qui rosa, qui no rosa, qui no te costó to plata.*

En las demás provincias, desde las vertientes del Cuzco hasta Lima, caminando por los Augaraes, Jaujinos y Guarochiríes, está la lengua general algo corrompida, pero se entienden muy bien unos y otros.

Capítulo XIX

La doctrina entre los indios. - Errores de la enseñanza en quichua. - Vicios del indio. - Su valor e industria. - La conquista del chaco. - Manera de gobernarle

La primera causa que se hace a los señores curas es la de no poner todo su empeño en introducir en sus doctrinas la lengua castellana, por los medios fáciles que propuse. Sólo estos señores ministros de la doctrina pueden conseguir este triunfo, porque los corregidores, que van por cinco años a gobernar treinta pueblos, y muchas veces por dos años, no tienen tiempo ni proporciones para establecer un medio tan útil a la religión y al Estado. Los ayudantes de los señores curas, que por lo general se ordenaron a título de lengua, y que tratan más con los indios, no quieren que éstos hablen otro idioma, y algunos que quieren explicarse en castellano, los reprenden tratándolos de bachilleres y letrados, como me confesó el actual y dignísimo obispo de La Paz. Este medio atrasa el mucho progreso del idioma castellano. Los regulares de la compañía, que fueron en este reino, por más de ciento cincuenta años los principales maestros, procuraron, por una política perjudicial al Estado, que los indios no comunicasen con los españoles, y que no supiesen otro idioma que el natural, que ellos entendían muy bien. No pretendo glosar sus máximas ni combatirlas, porque hallándose ya expatriados, sólo debo hablar de los puntos generales, que siguen sus discípulos y sucesores. Asentaban aquellos buenos padres que los indios, con el trato de los españoles y de aprender su idioma, se contagiaban y se ejercitaban en vicios enormes, que jamás habían llegado a su imaginación. No se puede dudar que estos ministros del evangelio hablaban de mala fe sobre este artículo, porque en todas las historias que se escribieron al principio de la conquista se especifican muchas abominaciones en que no pensaron los españoles, como tengo dicho antes, por lo que a éstos sólo se les puede imputar de que les declarasen en su idioma la enormidad del pecado, y un aborrecimiento a él como la de

comer la carne humana, sacrificar a sus dioses a los prisioneros de guerra, ado-
rar a unos monstruos o troncos de una figura horrenda, y muchas veces a sa-
bandijas ponzoñosas.

La pluralidad de mujeres y los incestos permitidos en su ley, no estaban
en uso entre los españoles, ni el pecado bestial y nefando que hallaron muy
introducidos entre los indios, como se ve actualmente en entre los que no están conquistados. El sexto, séptimo y octavo mandamiento de la ley de Dios,
era, y es tan común su infracción, como entre los españoles y demás naciones del mundo, de que se infiere que éstas no introdujeron pecado alguno
en el reino, de que no estuviese dobladamente surtido. Si se habla de las exe-
craciones o maldiciones, los indios sabían decir *Supaypaguagua*, que quiere
decir hijo del diablo, y tanto lo entendía Dios, y le ofendían en un idioma como en otro, si no se quiere decir que Dios solamente entiende castellano y
sólo castiga a los que le ofenden de palabras en él. La embriaguez se encontró entre los indios más difundida que en otra parte del mundo, y solamente los españoles parecen culpados en haberla introducido por un medio más
violento que el uso del aguardiente y vino. Los señores curas harán un gran
servicio a Dios, al Rey y a los indios en desterrar de sus doctrinas la lengua
índica, sustituyendo la castellana, encargando esta diligencia a sus ayudantes y mandándolo a sus ministriles. Los corregidores, sus tenientes y cajeros,
y todos cuantos transitaren por sus doctrinas, recibirán un notable beneficio,
porque los indios, a título de que no entienden el castellano, se hacen desen-
tendidos en muchas cosas, de que se originan pendencias, disgustos lastimo-
sos; y basta de indios".

"No, por amor de Dios, le dije. No se despida Vd. sin explicarme algo
de lo que siente en cuanto a su valor e industria". "En cuanto a lo primero,
digo que son de la calidad de los galgos, que en tropa son capaces de acometer un león, y que uno a uno apenas rinden una liebre, con la circunstancia
de que lo mismo es sacar a uno una gota de sangre, que ya se reputa muerto, y en el mayor tumulto, como no sea acompañado de la embriaguez, lo
mismo es ver a uno de los suyos muerto, que huyen los demás, aunque sean
cincuenta para cada uno de los nuestros". "Por eso, le repliqué yo, conquistaron los españoles, en número tan limitado, más de siete millones de indios". "Poco entiende Vd., señor inca, me dijo el visitador. Una conquista de
un reino civilizado, y que tienen que perder sus habitantes, que no espera socorro de otras potencias, se conquista con ganar dos o tres batallas campales,
mayormente si perecen los jefes o se hacen prisioneros. Los españoles, con la
derrota del ejército de Otumba, no consiguieron otra cosa que adquirir el
nombre de valientes, pero dieron a entender a los indios que eran mortales
y vulnerables, como sus caballos, pero con la toma de México, ayudados de
los nobles tlascaltecas, sujetaron aquel grande imperio, de más de cuarenta
millones de almas, porque cada príncipe, general o cacique, prestó luego su

obediencia, de temor de ser combatido y arruinado. Si Darío hubiera opuesto a Alejandro el Grande cincuenta mil hombres, con uno o dos buenos generales, aunque fueran vencidos, pudieran en la retirada recoger los oficiales a lo menos veinte mil hombres, y Alejandro, aunque no hubiera perdido
más que cuatro o cinco mil, hubiera ocupado un trozo de su ejército en la
guardia de prisioneros y equipajes. Darío podría acometerle segunda, tercera, cuarta y quinta vez con igual ejército, que precisamente se habían de can-
sar las valerosas tropas de Alejandro y disminuirlas en los choques y precisas guarniciones de las plazas que iba ganando.

Darío acometió a Alejandro como triunfante y no como guerrero. Le pareció que Alejandro se había de asustar de su poderoso ejército, unido y de
la magnitud y bramido de sus elefantes. Con esta confianza presentó la batalla, y en un día perdió con la vida un gran imperio, abandonando al ven-
cedor sus tesoros, con su mujer e hijas. Los chilenos supieron manejarse mejor con los españoles, porque observando que habían sido siempre vencidos
con cuatriplicado número de combatientes, y aún muchas veces con cien
hombres contra uno mudaron su plan y modo de combatir. Consideraron
que los españoles eran más diestros y valerosos que ellos, y que peleaban con
mejores armas, pero conocieron que eran mortales y sujetos a la miseria humana, y así dispusieron presentarles repetidas veces batallas, hasta cansarlos,
vencerlos y retirarlos a sus trincheras, con pérdida de algunas poblaciones.
Estas reflexiones prueban que un numeroso ejército, tumultuosamente dirigido, de doscientos mil hombres, aunque sean soldados veteranos, si los oficiales generales son bisoños, puede ser derrotado y puesto en fuga por treinta mil soldados bien disciplinados, al cargo de caudillos sabios y valerosos.
Pero estas materias están fuera de nuestro discurso y talento, y así diga Vd.,
señor inca, si tiene más que hablar preguntar tocante a sus paisanos".

"Pregunto, pues, que ¿por qué razón, los españoles, que conquistaron y
redujeron a sus costumbres y leyes a siete millones de indios, no pueden reducir y sujetar a los indios del Chaco y de las montañas?" "Esa pregunta sería más a propósito que la hiciese Vd. a uno de sus antepasados incas y caciques; pero ya que aquellos han dado cuenta a Dios de sus operaciones, buenas o malas, me tomaré el trabajo de defenderlos, como asimismo de instruir
a algunos españoles que piensan que con mil hombres de milicia, reglada y
dirigida por buenos oficiales, se puede conquistar el Chaco, y con otros tantos la dilatada montaña. Desde luego confieso que este número de hombres,
a costa de mucho gasto, se pasearán por unas y otras provincias y territorios;
pero los indios bárbaros, que no tienen poblaciones formales ni sementeras,
cambiarán de territorios y se burlarán de las vanas diligencias de los españoles, que no pudiendo fortalecer los sitios, los abandonarán, y los volverían a
recuperar a su arbitrio y con pérdida muy considerable de nuestra parte, como Vd. dijo en su primera parte, juiciosamente.

Por pueblo bárbaro tengo a aquel que no está sujeto a leyes ni magistra-
dos, y que finalmente vive a su arbitrio, siguiendo siempre sus pasiones. De
esta naturaleza son los indios pampas y habitantes del Chaco. En la Nueva
España, viendo la imposibilidad que había de reducir a los indios bárbaros
que habitan en los despoblados llanos del centro de la Nueva Vizcaya, ocu-
pando más de cien leguas al camino real para pasar al valle de San Bartolomé del Parral se formaron cuatro presidios, con distancia de uno al otro de
veinticinco leguas, con cincuenta soldados cada uno y sus oficiales correspondientes. Aquellos precisamente casados y de edad competente para au-
mentarse. Esta gente escoltaba las grandes recuas hasta el presidio siguiente,
cada mes, porque la que no llegaba al tercero día, en que se formaba el cor-
dón, se esperaba en el pasaje hasta el mes siguiente, y así los arrieros tomaban sus medidas para adelantarse o detenerse en pasto fértil y seguro. Por este convoy no se exigía derecho alguno, porque los oficiales y soldados eran y
lo serán bien pagados por el Rey. Los soldados de los tres primeros presidios,
jamás se internaban a la derecha ni a la izquierda arriba de dos leguas, para
resguardar los campos en que mantenían la caballada; pero en el valle de
San Bartolomé, adonde está un pueblo grande de este nombre, muy fértil y
deleitoso, se mantiene una compañía volante, que sale en pelotones a reconocer los campos, a distancias dilatadas, llevando orden de no acometer a los
indios sin tener segura la victoria, porque en caso de hallar un número crecido unido, se observaba el sitio y se daba noticia a todos los presidios y milicianos, para que unidos los acometiesen y esparramasen, con pérdida de algunos.

Rara vez hacían prisioneros, y muy pocas veces admitían en los presidios
a indio alguno de estos bárbaros, porque decían los soldados que no servían
más que para comerles el pan y robarles la caballada, y si se hacía alguna
confianza de ellos. No tenían veinte años los presidios y ya cada uno de ellos
componía una gran población de mestizos y españoles de ambos sexos, con
tierras cultivadas y pastos para ganados, de modo que el presidio del pasaje
se aumentó tanto que el conde de San Pedro del Álamo, que tenía unas
grandes haciendas confinantes con él pidió al gobierno que se trasplantase o
extinguiese, por inútil en aquel sitio, que ya estaba libre de las incursiones de
los indios, que le eran menos perjudiciales que la multitud de mestizos y españoles que se mantenían de sus haciendas, y que finalmente se obligaba con
su gente a limpiar el campo y convoyar las recuas, con el ahorro a favor de
la real hacienda de doce mil pesos anuales que le tenía de costo, que como S.
M. había establecido y dotado aquellos presidios, bajo de la condición de que
al paso que se fuesen poblando aquellos países y alejando los indios, se avan-
zasen, consiguió el conde su pretensión, y acaso al presente no habrá presidio alguno en aquel dilatado territorio, pero si pueblos numerosos, a proporción de la más o menos fecundidad del terreno y aguadas, de que es muy es-

téril la campaña de la Nueva Vizcaya. Voy a concluir este punto con un suceso público y notorio en la Nueva Vizcaya.

Cierto capitán de la compañía volante, de cuyo nombre no me acuerdo, pero si del apellido, Berroterán, a quien los indios bárbaros decían Perroterán, fue varias veces engañado de las promesas que le hacían éstos, atendiendo a la piadosa máxima de nuestros Reyes, que encargan repetidas veces se conceda la paz a los indios que la pidiesen, aunque sea en el medio del combate y casi derrotados. Fiados éstos en la benignidad de nuestras leyes; engañado, vuelvo a decir, repetidas veces de estos infieles, se propuso hacerles la guerra sin cuartel, y así, cuando los indios pedían paz, el buen cántabro interpretaba pan, y respondía que lo tomaría para sí y sus soldados, y cerraba con ellos con más ímpetu, hasta que llegó a aterrorizarlos y desterrarlos de todo aquel territorio, y aun aseguran que a la hora de la muerte, preguntándole el sacerdote que le ayudaba a morir bien si se arrepentía de haber muerto tantos indios, respondió que sólo sentía dejar sobre la tierra una canalla sin religión, fe ni ley, que no pensaba más que en la alevosía y el engaño y vivir a costa del trabajo de los españoles y sudor de los indios civilizados. Lo cierto es que no hay otro medio con los indios bárbaros que el de la defensiva e irlos estrechando por medio de nuestra multiplicación. En el Nuevo México, que dista de la capital ochocientas leguas, se mantienen los españoles bajo del mando de un gobernador, en corto número, entre una multitud de naciones opuestas, sin tomar más partido que el de pedir a la nación vencedora perdone las reliquias del ejército vencido, que buscó su patrocinio. Con esta máxima se hacen temidos y amados de aquellos bárbaros, menos groseros que los pampas y habitantes del Chaco".

"De todo lo dicho infiero yo que Vd. tiene a los indios por gente civil". "Si habla Vd. de los indios sujetos a los emperadores de México y el Perú, y a sus leyes, buenas o malas, digo que no solamente han sido y son civiles, sino que es la nación más obediente a sus superiores que hay en todo el mundo. Desde los chichas hasta los piuranos observé con notable cuidado su modo de gobernarse. Obedecen con puntualidad, desde el regidor, que hace oficio de ministril, hasta el corregidor. Viven de sus cosechas y cría de ganados, sin aspirar a ser ricos, aunque hayan tenido algunas coyunturas por medio de los descubrimientos de minas y huacas [139], contentándose con sacar de ellas un corto socorro para sus fiestas y bacanales. Atribuyen algunos esta nimiedad a recelo de que los españoles los despojen de aquellos tesoros, que por lo general son imaginarios o consisten, como las minas de plata y oro, en la industria de muchos hombres y gasto inmenso. Los españoles se alegrarían mucho de que los indios fuesen ricos, para comerciar con ellos y disfrutar parte de su riqueza, pero la lástima es que en la mayor feria que tienen los indios, que es la de Cocharcas, adonde concurren de varias provincias más de dos mil indios, no se ve que compra ninguno de ellos valor de un real

---

139 *Huaca:* lugar sagrado, usualmente con tumbas y tesoros enterrados

español alguno, porque no se acomodan a sus mecánicas, y así ocurren a las tenderas indias, que tienen paciencia para venderles un cuartillo en una aguja de arriero, un cuartillo de pita, y así lo demás. El comercio de los españoles se hace unos con otros, inclusos los mestizos y otras castas que salen de la esfera de indios, bajando o subiendo. El raro indio que se hace de algunas conveniencias es estimado de los españoles, que le ofrecen sus efectos y se los fían con generosidad, y no desdeñan tratar con ellos y ponerlos a sus mesas".

No es capaz español alguno de engañar a un indio, y si alguno por violencia le ha quitado alguna cosa, lo persigue en justicia hasta el fin de sus días. No por esto digo, como también lo dije antes, que falten tiranías, que no se pueden reputar por tales, respecto de que son recíprocas, por el mal establecimiento de los primeros conquistadores, que se gobernaron por el uso del país.

Capítulo XX

Los negros. - Cantos, bailes y músicas. - Diferencias con las costumbres del indio. - Oficios.
- El mestizo. - El guamanguino. - La población indígena del Perú y México. - Causas de la
disminución. - Retrato de Concolorcorvo

Los negros civilizados en sus reinos son infinitamente más groseros que
los indios. Repare el buen inca la diferencia que hay en los bailes, canto y música de una y otra nación. Los instrumentos de los indios son
las flautillas y algunos otros de cuerda, que tañen y tocan con mucha suavi-
dad, como asimismo los tamborilillos. Su canto es suave, aunque toca siempre a fúnebre. Sus damas son muy serias y acompasadas, y sólo tienen de ridículo para nosotros la multitud de cascabeles que se cuelgan por todo el
cuerpo, hasta llegar a la planta del pie, y que suenan acompasadamente. Es
cierto que los cascabeles los introdujeron los españoles en los pretales de sus
caballos, para alegrar a estos generosos animales y atolondrar a los indios, que
después que conocieron que aquellos no eran espíritus maléficos, los adopta-
ron como tutelares de sus danzas y diversiones. Las diversiones de los negros
bozales son las más bárbaras y groseras que se pueden imaginar. Su canto es
un aúllo. De ver sólo los instrumentos de su música se inferirá lo desagrada-
ble de su sonido. La quijada de un asno, bien descarnada, con su dentadura
floja, son las cuerdas de su principal instrumento, que rascan con un hueso
de carnero, asta u otro palo duro, con que hacen unos altos y tiples tan fastidiosos y desagradables que provocan a tapar los oídos o a correr a los burros,
que son los animales más estólidos y menos espantadizos. En lugar del agradable tamborilillo de los indios, le ciñen un pellejo tosco. Este tambor le carga un negro, tendido sobre su cabeza, y otro va por detrás, con dos palitos en
la mano, en figura de zancos, golpeando el cuero con sus puntas, sin orden y
sólo con el fin de hacer ruido. Los demás instrumentos son igualmente pulidos, y sus danzas se reducen a menear la barriga y las caderas con mucha des-
honestidad, a que acompañan con gestos ridículos, y que traen a la imagina-

ción la fiesta que hacen al diablo los brujos en sus sábados, y finalmente sólo
se parecen las diversiones de los negros a las de los indios, en que todas prin-
cipian y finalizan en borracheras. Algo hay de esto, si hemos de hablar ingenuamente, en todas las funciones de la gente vulgar de España, y principalmente al fin de las romerías sagradas, que algunas veces rematan en palos,
como los entremeses, con la diferencia que en éstos son fantásticos y en aquéllos son tan verdaderos como se ven por sus efectos, porque hay hombre que
se mantiene con el garrote en la mano con un geme [140] de cabeza abierta, arrojando más sangre que un penitente.

Los indios, como dije en otro lugar, al más leve garrotazo que se les da
en la cabeza, y ven colar alguna sangre, se reputan por muertos, porque te-
men que se les exhale el alma, que creen, mejor que Descartes, hallarse co-
locada en la glándula pineal; pero dejando aparte la civilización de los indios, con arreglo a sus leyes y costumbres, y ciega obediencia a sus superiores, no se les puede negar una habilidad más que ordinaria para toda las artes, y aún para las ciencias, a que se aplica un corto número, que ojalá fuera
menor, porque el reino sólo necesita labradores y artesanos, porque para las
letras sobran españoles criollos, a que también se debe agregar el corto número de indios de conocida nobleza. Los indios comunes se inclinan regularmente a aquellas artes en que trabaja poco el cuerpo, y así, para un herrero, por ejemplo, se encuentran veinte pintores, y para un cantero, veinte bordadores de seda, plata y oro. Esta multitud de oficiales que hay en esta ciudad para estos ejercicios, el de tejedores de pasamanería, cordoneros y demás, ataja el progreso de la perfección, porque el indio no estima más que el
trabajo material, y así le parece que le es más útil sujetarse a la pintura un
día por dos reales, en que comen y beben a su satisfacción. que ganar cuatro
reales en el rudo trabajo de la sierra, el martillo y en todo lo que corresponde a un oficial de albañil o cantero, en que verdaderamente procedieran con
juicio si estuvieran seguros de hallar en qué ejercitarse hasta los últimos instantes de su vida y no tuvieran otras obligaciones que las de mantener su
cuerpo con frugalidad; pero este error no nace de su entendimiento, sino de
su desidia y pusilanimidad.

"La mayor parte de estos operarios, dije al visitador, no son indios netos". "Confieso, me respondió, que habrá algunos mesticillos contrahechos,
pero me atrevo a afirmar que de ciento los noventa son indios netos. El indio no se distingue del español en la configuración de su rostro, y así, cuando se dedica a servir a alguno de los nuestros, que le trate con caridad, la primera diligencia es enseñarle limpieza; esto es, que se laven la cara, se peinen
y corten las uñas, y aunque mantenga su propio traje, con aquella providencia y una camisita limpia, aunque sea de tocuyo [141], pasan por cholos, que es
lo mismo que tener mezcla de mestizo. Si su servicio es útil al español, ya le
viste y calza, y los dos meses es un mestizo en el nombre. Si el amo es hom-

---

140 *Geme:* o *xeme*, medida igual a la distancia que existe entre las extremidades del dedo pulgar
       y del índice de una mano

141 *Tocuyo:* tela ligera y flexible utilizada para confeccionar camisas y ropa interior para las-
       clases populares.

bre de probidad y se contenta con un corto servicio, le pregunta si quiere aprender algún oficio, y que elija el que fuere de su agrado, y como los indios, según llevo dicho, jamás se aplican voluntariamente a las obras de trabajo corporal, eligen la pintura, la escultura y todo lo que corresponde a pasamanería. Los dos primeros ejercicios, de pintor y escultor, son para los paisanos de Vd. los más socorridos, porque no falta gente de mal gusto que se aplique a lo más barato. Los pintores tienen un socorro pronto, como asimismo los escultores, que unos y otros se aplican a las imágenes de religiones. Sabiendo formar bien un cerquillo y una corona, con otros signos muy apetecibles y claros, como su ropaje talar, sacan a poca costa a la plaza a todos los patriarcas y santos de las religiones, poniéndoles al pie sus nombres y apellidos. Su mayor dificultad es el retrato de los vivientes, tanto racionales como irracionales, pero en pintando al gran turco y algún animal de la India, cumplen con los ignorantes, con ponerle su nombre al margen, en lugar de linterna.

Entre tanta multitud de pintamonos, no faltan algunos razonables copistas de muy buena idea, pero son tan estrafalarios que en cogiendo un corto socorro de tres o cuatro pesos, no dan pincelada en ocho días, y suelen venir diciendo que les robaron tabla, pincel y pinturas, para tomar nuevo empréstito. Fiados en estas trampas, no reparan en hacer unos ajustes tan bajos que parecen increíbles, por lo que algunos caballeros de esta ciudad, para lograr algunas pinturas de gusto, encierran en sus casas a estos estrafalarios, pero si se descuidan con ellos un instante, se hacen invisibles, para aparecerse en algún pueblo de la comarca en que haya alguna fiesta; y en éstos y los escultores de la legua, como comediantes, tiene Vd., señor inca, otra especie diferente de gauderios de infantería. La divisa de éstos es traer la chuspa [142] sobre el hombro izquierdo, aunque este uso es más común entre los *guamanguinos* [143]. Los bordadores tienen sus trampas peculiares, porque muchas veces se desaparecen con los hilados y telas. De suerte que el que hizo este costo no logra, por lo regular, el aderezo del caballo, que pasa a otro por mitad del precio de su intrínseco valor, y así andan las trampas, hasta que los últimos monos se ahogan. Todos tienen a los gitanos por sutilísimos ladrones, pero estoy cierto que si se aparecieran en el Cuzco y Guamanga tuvieran mucho que aprender, y mucho más en Quito y México, que son las dos mayores universidades que fundó Caco [144].

Los indios que se han establecido en Lima y que se aplicaron al trabajo en los oficios mecánicos y puestos de mantería, son excepción de aquella regla. No piense Vd. sacar de la esfera de indios muchos hombres y mujeres porque los ve Vd. de color más claro, porque esto proviene de la limpieza y mejor trato, ayudado de la benignidad del clima, y así sus descendientes pasan por mestizos finos, y mucho número por españoles. No he visto escrito alguno que trate de la disminución de los indios, y sólo oigo decir que el

---

142 *Chuspa*: Bolsón tejido de lana, que los indios penden del cinturón para guardar la coca.
143 *Guamanquino*: *Huamanquino*, natural de la zona de Huamanca (actual Ayacucho)
144 *Caco*: gigante, hijo de Vulcano, que robó unos bueyes que Hércules había robado al monstruo Geriones. (La Eneida, Libro VIII)

aguardiente que introdujeron los españoles es la principal causa. No puedo negar que el exceso de esta bebida sea causa de que mueran algunos centenares en este dilatado gobierno, pero suponiendo que hubiesen perecido quinientos indios cada año de este exceso, de edad de cuarenta años unos con otros, que es mucho suponer. Los indios, por lo común, se casan de quince a veinte años, cuando apenas han probado el aguardiente, y aunque cada uno de los casados no lograse más que tres hijos, debiera haber un aumento muy considerable, en una nación que no peregrina fuera de sus países ni tiene otro destino ni estado que el del matrimonio. En el imperio de México, no satisfechos los indios con el aguardiente que introdujeron los españoles, usaron y usan los *mescales* [145] y *chinguiritos* [146], que son de doblada actividad que los aguardientes de este reino y causan a los españoles que prueban estos licores fuertes dolores de cabeza y alteraciones grandes en el cuerpo, causa índoles tal fastidio que sólo con su olor se indisponen. Los indios se embriagan, como lo hemos experimentado, y prorrumpen en delirios, y con todo esto los indios son cuatriplicadamente más fecundos que en este reino.

Se asombran los estadistas de que a la entrada del señor Toledo se hubiesen hallado en este dilatado gobierno siete millones de indios. Si se habla de tributarios, es un número casi increíble, porque correspondía más de treinta millones de almas, inclusos los exentos por nobles, y regulado cada indio tributario casado con tres hijos, cuyo número no podía mantener el reino, contando desde los Chichas hasta el valle de Piura. Si actualmente apenas hay un millón de indios, según dicen algunos, ignoran los países en que habitaban y de qué frutos se mantenía aquella multitud. No he visto reliquias de pueblos arruinados correspondientes a la centésima parte de esta multitud de habitantes, sino que viviesen en las montañas, manteniéndose de frutos silvestres; pero suponiendo que los siete millones de indios fuesen de ambos sexos, inclusos sus hijos, siempre prueba que en la mayor parte de este reino, que se compone de punas rígidas, eran poco fecundas las mujeres. España, que apenas tiene la cuarta parte de territorio del que llevo designado en este gobierno, mantiene otros tantos españoles continuamente, sin contar con la infinidad de hombres que salen para la América, se ejercitan en las tropas y armadas y se dedican al estado eclesiástico y clausuras de monjas, que no aumentan el Estado. Este reino se regula por el más despoblado de toda la Europa, y con todo eso excede en tres partes éste, contrayéndome a la nación de los indios, solamente conocidos por tales.

En México, además de estar infinitamente más poblado aquel imperio de indios, no ha tenido los motivos que éste para que se corrompiese esta nación con la entrada de europeos, y mucho menos con la de negros. Esta nación solamente se conoce en poco número de Veracruz a México, porque es muy raro el que pasa a las provincias interiores, en donde no los necesitan y son inútiles para el cultivo de los campos y obrajes, por la abundancia de in-

145 *Mescal*: aguardiente de maguey (Pita o Agave Americana).
146 *Chinguirito*: bebida que se hacía con miel, salvado y agua fermentados, se añadía aguardiente fino de Castilla y se destilaba.

dios coyotes [147] y mestizos, y algunos españoles que la necesidad los obliga a aplicarse a estos ejercicios. La proximidad a la Europa convida a muchas mujeres a pasar al imperio de México, de que proceden muchas españolas, y la abundancia hace barato el género para el abasto común de la sensualidad y proporción de casamientos. Desde Lima a Jujuy, que dista más de quinientas leguas, sólo se encuentran españolas de providencia provisional, con mucha escasez en Guancavélica, Guamanga, Cuzco, Paz, Oruro y Chuquisaca, y en todo el resto hacen sus conquistas españoles, negros, mestizos y otras castas entre las indias, como lo hicieron los primeros españoles, de que procedieron los mestizos.

Estas mezclas inevitables son las que disminuyen más el número de indios netos, por tener un color muy cercano a blanco y las facciones sin deformidad, principalmente en narices y labios. Todos saben que en este reino, y en particular en los valles desde Piura hasta Nasca, están entrando, de más de ciento cincuenta años esta parte, considerables partidas de negros puros, de ambos sexos, y sin embargo de que los hacendados los casan, no vemos que se aumente esta casta, no obstante de su fecundidad, y esto nace de que muchos españoles se mezclan con las negras, de que nacen unos mulatillos que procuran sus padres libertar. Yo creo que si se restituyeran todos los vivientes a sus madres, ni el indio padecería decadencia ni el negro. *Intelligenti pauca*. No negamos que las minas consumen número considerable de indios, pero esto no procede del trabajo que tienen en las minas de plata y de azogue, sino del libertinaje en que viven, pernoctaciones voluntarias y otros excesos, que absolutamente se pueden remediar. El contacto del azogue, y muchísimo menos el de la piedra que lo produce, es lo mismo o hace el propio efecto que otro cualquier metal o piedra bruta; pero supongamos que con las minas se mueran todos los años dos mil indios más de los que mueren en sus hogares y ejercicio más acomodado la naturaleza.

Este número es verdaderamente muy corto, respecto de la multitud de indios que se empadronaron en tiempo del señor Toledo. Algunos aseguran que actualmente no hay más, que un millón de indios de todos sexos y edades, hablando por lo que toca a esta gobernación, y que de este número se rebajan los novecientos mil de mujeres, niños, viejos y exentos, y que sólo haya cien mil indios casados, y que sus mujeres, como tierra de descanso, no paran más que cada dos años, siempre resultarían cincuenta mil de aumento en cada uno, y por consiguiente, en cien años, se aumentarían los indios en cinco millones, porque esta gente no se consume ni en la guerra ni se atrasa en el estado eclesiástico, ni tampoco hemos visto pestes, como en el África, que se llevan millones de almas en sólo una estación del año. Todas estas observaciones prueban claramente que las indias de esta gobernación nunca han sido fecundas, porque no vemos vestigios de poblaciones, ni que los ejércitos que conducían los incas, que arrastraban todo su poder fueran muy nu-

147 *Indio coyote*: hijo de indio con mestiza (hija de español con india)

merosos. El temperamento rígido de las punas no produce más que un escaso pasto para el ganado menor y vacuno, con algunas papas. Las quebradas son estrechas y casi reducidas a un barranco, por donde pasa el agua que desciende de las montañas, a cuyas faldas se siembra algún maíz y cebada, con algunas menestras de poca consideración. Los valles, bien cultivados, pudieran mantener algún número más de almas en las minas de plata y oro, y la única de azogue, pero esto mismo prueba, que si en las minas no se consumieran estos efectos, se trabajaría menos en los valles, porque los propietarios aflojarían en el cultivo o recibirían nuevos colonos, pensionados en una cantidad que no pudieran entregar en plata, porque no tendrán salida de los efectos sobrantes y se aniquilarían todos los que viven en países estériles y sujetos a un solo fruto en un año en que por la injuria de los tiempos se perdiese.

Confesamos que los españoles ocupan un trozo de territorio, el más fecundo para cañaverales y alfalfares, que no necesitaban los indios, pero la mayor parte de este terreno inculto lo han hecho fructífero los españoles, formando acequias y conduciendo aguas de dilatadas distancias, en que se han interesado e interesan muchos indios jornaleros, de modo que en el beneficio de estas tierras, en quebradas hondas y valles de arena, más ganaron que perdieron los indios. Sus caciques, curacas y mandones, son muy culpables en la disminución de los indios, porque corriendo con la cobranza de los reales tributos, se hacen cargo de pagar la tasa del que muere, por aprovecharse de los trozos de tierras que el Rey señaló a los tributarios o agregándolos a las suyas, si están inmediatas, o vendiéndolas a algún hacendado español o mestizo, y se quedan los naturales, sin tierras y precisados a agregarse a las haciendas o pasarlas grandes poblaciones para buscar medios de subsistir, que regularmente son perjudiciales al Estado, porque estos vagabundos regularmente se mantienen en el del celibato, ejercitando todo género de vicios, hasta que por ellos sus deudas se mueren en edad temprana o concluyen sus estudios en los obrajes, como en la Europa en los presidios y galeras. Otras muchas causas pudiera señalar, señor Concolorcovo, para la disminución de los indios, en el estado en que los hallaron nuestros antepasados, pero ese más tiempo se perdería, y si Vd. hace ánimo de acompañarme hasta Lima, prevéngase para salir dentro de dos días, porque aunque esta ciudad es tan agradable a los forasteros, por la generosidad de sus nobles vecinos, diversiones públicas y privadas en sus hermosas haciendas, que franquean a todos los hombres de bien, me precisa a dejarla, por seguir mi destino".

"Estoy pronto, le dije, a seguir a Vd. hasta Lima, a donde hice mi primero y único viaje cuando salí del Cuzco con el ánimo de pasar a España, en solicitud de mi tío, que aunque indio logró la dicha de morir en el honorífico empleo de gentil hombre de cámara del actual Señor Carlos III, que Dios eternice, por merced del Señor Fernando el VI, que goza de gloria inmortal, porque los católicos reyes de España jamás han olvidado los descendientes de los incas, aunque por línea transversal y dudosa; y si yo, en la realidad, no seguí desde Buenos Aires mi idea de ponerme a los pies del Rey, fue por haber tenido la noticia de la muerte de mi tío, y porque muchos españoles de juicio me dijeron que mis papeles estaban tan mojados y llenos de borrones que no se podrían leer en la corte, aunque en la realidad eran tan buenos como los de mi buen tío". "Ya eso no tiene remedio, señor inca, porque no todos los Telémacos logran la dicha de que los dirija un Mentor; y respecto de que Vd. está deseoso de volver a Lima, a informarse mejor de su grandeza, prevéngase". "Pero dejamos en silencio mucha de la del Cuzco". "No le dé a Vd. cuidado, me dijo el visitador, porque siendo preciso detenernos en Guamanga tiene Vd. lugar suficiente para escribir las grandezas de la gran fiesta del Corpus y las diversiones, desde el primer día del año hasta el último de carnestolendas". "Acertó Vd., le dije, con mi pensamiento; porque reventara y me tuvieran por mal patriota si omitiera publicar estas grandezas, que no habrá observado Vd. ni aun en el mismo Lima". "Pasito, como digo yo; aparte, como dicen los cómicos españoles, y *tout bas*, como se explican los franceses; porque si lo oyen las mulatas de Lima le han de poner en el arpa, que es lo mismo que un trato de cuerda, con que ellas castigan a lo político". "Molatas y molas, todo es uno, porque se fingen mansas por dar una patada a su satisfacción". "Muy bien imita usted a sus paisanos, porque no le cuesta trabajo. Vamos a dar un salto a Guamanga, me dijo el visitador, por las postas siguientes; pero despídase Vd. primero del administrador de correos de esta gran ciudad". "Ello es muy de justicia, le dije, como que también haga una concisa pintura de su persona y circunstancia". "Cuidado con eso, dijo el visitador, porque si Vd. se desliza puede contar con un lampreado [148] de palos, como dicen los extremeños".

"No tengo pena por eso, porque luego se pasa la cólera". "No se fíe Vd. en eso, señor Concolorcorvo, porque estos crudos [149] tan lindamente dan los lampreados cuando están de buen humor como cuando están coléricos, y, sobre todo, haga lo que le pareciere y tome mi consejo". "Sea en buena hora, le repliqué; el señor don Ignacio Fernández de la Ceval es, puntos más o menos, tan alto como yo, que mido tres varas, saber: vara y media por delante y otro tanto por detrás. Confieso que su pelo es más fino que el mío, pero no tan poblado. En el color somos opuestos, porque el mío es de cuervo y el suyo es de cisne. Sus ojos algo dormidos son diferentes de los míos, que se parecen a los del gavilán, y sólo convenimos en el tamaño y particular gracia que tenemos en el rostro para destetar niños. Su boca es rasgada de oreja a oreja, y la mía, aunque no es tan dilatada, se adorna en ambos labios de una jeta tan buena, que puede competir con la del rey de Monicongo [150]. Su ta-

---

148 *Lampreado*: guisado que se realiza friendo primero para luego cocer en vino o agua con miel

149 *Crudo*: guapo

150 *Reino de Monicongo*: lugar mítico mencionado por Antonio Mira de Amescua en *La Mesonera del Cielo y Hermitaño Galán*

lento no se puede comparar con el mío, porque no tengo alguno, y don Ignacio es muy *clarivoyante;* y, finalmente, es persona de entereza, tesón para
vencer dificultades y exponerse a fatigas y pesadumbres por llevar a debido
efecto las leyes y ordenanzas de la renta de correos, como se experimentó en
los principios de su ingreso a la administración; esta es la principal de las
agregadas a este virreinato, porque recibe y despacha a un mismo tiempo, en
sólo tres días, los correos de la ruta general de Lima a Buenos Aires, con el
gravamen de las encomiendas de oro, plata y de bulto, de que se necesita
mucho cuidado, por lo que don Ignacio gana bien el sueldo de mil doscientos pesos anuales, que le señaló provisionalmente el Excmo. señor don Manuel de Amat, actual virrey de estos reinos y subdelegado de la renta de correos". "Estas últimas expresiones, me dijo el visitador, libran Vd. del lampreado, porque procedió Vd. al contrario de los cirujanos, que limpian y
suavizan el casco o piel antes de aplicar la lanceta o tijera". "Todos pensamos, le dije yo al visitador, que ya estaba armado de botas y espuelas para salir, como llevo dicho".

Capítulo XXI

Provincias de Cuzco, Abancay, Andaguaylas, Guanta, Vilcaguamán y Guamanga. - El puente de Abancay. - El templo de Cocharcas. - El árbol milagroso. - La posta de Hivias. - Los murciélagos. - Guamanga

Cuzco

Del Cuzco a Zurite	7

Abancay

A Limatambo	6
A Marcaguasi	4
A Curaguasi	6
A Tambo Urco	6

Andaguaylas

A Cochacajas	6
A Pincos	6
A Andaguaylas	6
A Uripa	8

Guanta, Vilcaguamán y Guamanga

A Hivias	10
A Cangallo Tambo	8
A Guamanga, ciudad capital.	6
Postas, 12; leguas	79

La salida del Cuzco para Lima es penosa, porque los españoles modernos abandonaron la Calzada de los Incas, en que verdaderamente son culpables, pues aun cuando aquellas calzadas fuesen molestas para sus bagajes, pudieran fácilmente formar un camino ancho y despejado, afirmándolo con cascote y las piedras de la antigua calzada.

Desde el Cuzco a Zurite, y lo propio viceversa, se pagarán dos leguas más en tiempo de aguas, por el rodeo que se hace por Guarocondo, porque la calzada real está destruida con el trajín del ganado vacuno que la atraviesa en tiempo de aguas. De la una y la otra banda se forma en tiempo de ellas una gran laguna de tan corta profundidad que se ven las yerbas que nacen en su lama, de que solamente se aprovechan bueyes y vacas, que vencen mayores atolladeros. El maestro de postas de Zurite aseguró, en presencia del cura y otros hacendados, que sería cosa fácil dar curso a las aguas por medio de un canal, sin más costo que el de que todos los hacendados inmediatos concurriesen en tiempo de secas con el caballar, mular y vacuno, por espacio de ocho días alternados, para que le firmasen sólo con su piso, dirigidos de la una y la otra banda por hombres a caballo, para que no se extraviasen, formando la banda superior de la calzada dos o tres puentezuelos para que busquen las aguas salida sin violencia y sin perjuicio de la calzada, y se introduzcan en el cequión de la parte inferior. Con esta corta diligencia se asegura la calzada y los hacendados aprovechan un dilatado territorio, para pastos y otros usos, aun en tiempo de aguas. El maestro de postas actual de Zurite, que es un hombre constante y fuerte, asegura que sólo con que se le dé el título de alcalde de aguas, llevará al fin el proyecto.

Todo el país restante, hasta Guamanga, se compone de cuestas y barrancos, quebradas y algunos llanos, en que están los cañaverales y trapiches de la provincia de Abancay y Andaguaylas. La primera tiene una cuesta formidable, porque se forman en tiempo de aguas unos camellones o figura de camellos, que apenas tienen las mulas en donde fijar sus pies. Tránsito verdaderamente contemplativo, y en que los correos se atrasan, como asimismo en las sartenejas anteriores, que se forman de unos hoyos que hacen las mulas de carga en territorio barroso y flojo, en donde no se puede picar o acelerar el paso sin riesgo de una notable caída. Al fin de la bajada se presenta el gran

Puente de Abancay, o Pachachaca con impropiedad

Este es el tercero de arquitectura que hay desde Chuquisaca, de un sólo arco, que estriba sobre dos peñas de la una y la otra banda, que dividen la provincia de Abancay de la de Andaguaylas. Este puente es de los primeros o acaso el primero que se fabricó a los principios de la conquista, para dar tránsito al Cuzco, y de esta ciudad a las demás provincias posteriores, por atravesarle un gran río que la dividía. El puente fue fabricado con todas las reglas del arte, como lo manifiesta actualmente. Se ha hecho más célebre, y lo será de perpetua memoria, por las dos célebres batallas que cerca de él ganaron los realistas, pero es digno de admiración que un puente tan célebre se haya abandonado y casi puesto en estado de arruinarse, si se desprecia el remedio. El observantísimo don Luis de Lorenzana, actual gobernador de la provincia de Jauja, que hizo viaje a esta capital desde Buenos Aires, por el Tucumán y Potosí, presentó a este superior gobierno una relación o informe muy conciso, pero discreto y acertado en sus reparos. Algunos son irreparables, por falta de gente y de posibles. Los ridículos cercados, que llaman pilcas, para defensa de sus sembrados, son providencia para poco más de medio año en las tierras de poco migajón [151], o estériles y pedregosas, que no dan fruto anual. Los montones de piedra que vio este caballero en las heredades, son el mayor fruto de ellas, y se tiene por más conveniente amontonarlas y perder un corto terreno, que sacarlas al camino. La excavación que hicieron las aguas y el continuo trajín de caballerías de la banda de Pachachaca al gran puente, es digna de lamentarse, no solamente por la molesta y riesgo de su subida y bajada, sino porque se puede recelar que creciendo la excavación hasta el sitio adonde estriba el extremo del arco, se puede caer el puente con un gran terremoto, o imposibilitarse el ascenso o bajada a las mulas cargadas. Lo cierto es que al presente se transita con riesgo, y que es fácil el remedio a costa de la mucha piedra que hay cercana y pocas hanegas de cal y arena para unirla bien, asegurar el puente y dar un tránsito correspondiente a su grandeza, que todo se puede hacer con un tenue gravamen de los provincianos y si fuere necesario, se impone algún derecho corto a los transeúntes, como sucede hasta en las reales calzadas que necesitan continuos reparos por el mucho trajín de coches, calesas, carromatos y galeras, cuyos bagajes fueron los más beneficiados y que hacen más destrozos.

Pasando el puente se entra en la provincia de Andaguaylas, que toda se compone de eminencias, barrancos y quebradas calientes, a donde están los cañaverales y trapiches que aprovechan algunas lomadas. Parece que los dueños de estas haciendas son personas de poca economía, o que las haciendas, en la realidad, no se costean, porque a los cañaverales llaman *engañaverales* y a los trapiches *trampiches*. Todo este país, como el de Abancay, a excepción de algunos altos, es muy caliente y frondoso, y pasando por él me dijo el visitador, señalándome un elevado cerro, que a su falda estaba el memorable templo dedicado a la Santísima Virgen en su Soberana Imagen nombrada de Cocharcas, cuyo origen tenía de que pasando por allí un devoto peregrino con esta efigie, como tienen de costumbre muchos paisanos míos, se le hizo tan intolerable su peso que le agobió, y dando cuenta a los eclesiásticos y hacendados de la provincia, se declaró por milagroso el excesivo peso, como quedaba a entender el sagrado bulto que quería hacer allí su mansión. Desde luego que en aquella devota gente hizo una gran impresión el suceso, porque se labró en la planicie del primer descenso una magnífica iglesia, que fuera impropia en un desierto, para una simple devoción. Al mismo tiempo se formó una gran plaza rodeada de tiendas y en el medio se puso una fuente de agua, que sólo mana en tiempo de la feria, que se hace

151 *Migajón*: la parte del pan que no tiene corteza (miga). Sustancia y virtud de alguna cosa

desde el día del Dulce Nombre de María hasta finalizar su octava, cuatro días antes y cuatro después, adonde concurren todos los guamanguinos, indios, cuzqueños y de las provincias circunvecinas, y muchas veces distantes. Toda esta buena gente concurre a celebrar el octavario a competencia, y además del costo de la iglesia, que es grande, hay por las noches de la víspera y el día grandes iluminaciones de fuegos naturales y artificiales.

En la octava concurrían dos regulares de la compañía, costeados para predicar en la iglesia y en la plaza el evangelio y exhortar la penitencia, como es costumbre en las misiones. Los comerciantes, por lo general, ponen sus tiendas en los poyos [152] inmediatos, y algunos pegujaleros, mestizos, se plantan en medio de la plaza, y todos hacen un corto negocio, porque la feria más se reduce a fiesta que a negociación, y así sólo de Guamanga concurren algunos tenderos españoles y mestizos, fiados en lo que compran los hacendados españoles, tanto seculares como eclesiásticos de la circunferencia, porque las cortas negociaciones de los indios se quedan entre sus paisanas. Se ha divulgado que durante la octava se ve claramente el prodigio de que el árbol de la virgen se viste de hojas, cuando los demás de las laderas están desnudos. Este prodigioso árbol está pegado a la pila de agua, que en todo el año riega las chacaritas que tienen los indios en las lomas circunvecinas; pero cuatro días antes de la feria la dirigen a la pila, para que los concurrentes se aprovechen de sus aguas. El árbol es el que con antelación chupa su jugo, y por consiguiente retoñan sus hojas, y se halla vestido de ellas en el término de veinte días, como le sucedería a cualquier otro que lograra de igual beneficio. Solamente la gente plebeya no ve el riego de dicho árbol, ni reflexiona que entra ya la primavera en estos países. La gente racional, en lugar de este aparente milagro sustituye otro para tratar a los guamanguinos cholos de cuatreros, diciendo que la virgen sólo hace un milagro con ellos, y es que yendo a pie a su santuario, vuelven a su casa montados.

La posta de Hivias, que siempre estuvo en Ocros, se plantó bien, porque se hizo más regular la de Uripa. Todo el camino, desde Zurite a Cangallo, es de temperamento ardiente e infectado de mosquitos, que molestan mucho, y en particular desde las nueve de la mañana hasta las cuatro de la tarde, por lo que tomarán bien sus medidas los caminantes para evitar sus molestias, y en particular en el tránsito de Apurima y Quebrada de Pampas. En ésta hay muchas tunas, que tientan a los pasajeros golosos y causan calenturas intermitentes. Las aguas del río de Pampas, o que pasan por este sitio, son turbias y algo saladas, que más excitan la sed que la apagan. El visitador me dijo que sólo hacían daño a los que aforraban mal los estómagos, y que sólo había experimentado, en dos veces que por precisión hizo mansión en ellas, el perjuicio en sus mulas de silla de la multitud de murciélagos, que pegándose a los cogotes les chupan la sangre y dejan una herida con mucha hinchazón. Las mulas baqueanas se libertan de estos impertinentes avechu-

152 *Poyo*: banco de piedra

chos, porque lo propio es sentirlos que se revuelcan y pasan sus manos por encima del pescuezo, con lo que consiguen matar algunos, o a lo menos espantarlos, y así se van a las bestias chapetonas [153]. Desde un altito divisamos la Tartaria y las Guatatas, que brazan medio cuerpo de la gran ciudad de

Guamanga

Residencia del obispado de esta diócesis, con una competente catedral situada en la principal plaza, con varios canónigos muy observantes en los oficios divinos y culto de la iglesia, y mucho más en la generosidad con que reparten los sobrantes de sus pingües canonjías, a imitación del pastor, con los muchos pobres que hay en ella y su corto ejido. Es muy parecida a la ciudad de Chuquisaca, pero excede a esta en la benignidad del temperamento. Su ejido es estrecho y estéril, pero algunos caballeros tienen haciendas en la provincia de Andaguaylas, de cuyo producto se mantienen con frugalidad. De pocos años a esta parte faltaron muchos vecinos de conveniencia y lustre. La casa del marqués de Valdelirios, unida a la de Cruzate con el marquesado de Feria, se halla ausente, y tomará asiento brevemente en Lima. El marqués de Mosobamba, como asimismo el heredero, de la casa de los Tellos, se pasaron a la provincia de Andaguaylas, a restablecer sus haciendas medio perdidas. Con la muerte de Oblitas y la de Boza, se repartieron sus grandes haciendas entre hijos y nietos, cuya división no resplandece, como asimismo la partición que se hizo de los grandes bienes que dejaron las señoras doña Tomasa de la Fuente y doña Isabel Maysondo, que mantenían con sus crecidas limosnas mucha parte de los habitantes de esta ciudad. No por esto pretendo yo rebajar la nobleza existente ni la caridad y generosidad de ánimo. Las familias nobles y pobres, sólo interesan al público en la lástima, exponiéndose muchas veces al desprecio. Los ricos nobles son el asilo de los despreciados y miserables.

Dos días antes de haber llegado a esta ciudad falleció el administrador de correos, y nombró provisionalmente el visitador a don Pablo Verdeguer, europeo, casado con la señora doña Francisca Gálvez, de familia ilustre, de las muchas que hay en esta ciudad. Mientras el visitador se despide de los muchos amigos que tiene en ella, voy a cumplir con la obligación del ilustre cuzqueño, haciendo un bosquejo de las dos mayores fiestas que se celebran en el Cuzco a lo divino y humano.

153 *Chapetón*: poco diestro

Capítulo XXII

Las fiestas del Cuzco. - Fiesta sagrada. - Las procesiones. - Danzas de los indios. - La tarasca y los gigantones. - Fiesta profana. - La corrida de toros. - Serenatas y cenas. - Los carnavales

La gran fiesta de Dios da principio en todo el mundo católico, en el mes de Junio y se concluye en su octava. En el pueblo más pobre de toda España y las Indias se celebran estos días con seriedad jocosa. La seriedad se observa en las iglesias, al tiempo de celebrarse los divinos oficios, y asimismo en las procesiones, que acompañan con ricos ornamentos o los señores capitulares eclesiásticos, siguiendo las sagradas religiones, con los distintivos de sus grados e insignias del santo tribunal de la inquisición. Sigue el cabildo secular y toda la nobleza con sus mejores trajes. Estas tres dobladas filas llevan sus cirios encendidos, de la más rica cera, y observan una seriedad correspondiente. Carga la sagrada custodia el obispo, o deán por justo impedimento, y las varas del palio o dosel las dirigen los eclesiásticos más dignos, y en algunas partes los seculares. En el centro de estas tres filas van, a corta distancia, varios sacerdotes incensando al Señor, y las devotas damas, desde sus balcones, arrojan sahumadas flores y aguas olorosas, en obsequio del santo de los santos. Todas las calles por donde pasa están toldadas, y los balcones, puertas y ventanas colgados de los más ricos paramentos, y las paredes llenas de pinturas y espejos los más exquisitos, y a cortos trechos unos altares suntuosos, en donde hace mansión el obispo y deposita la sagrada custodia, para que se hinquen y adoren al Señor mientras los sacerdotes cantan sus preces, a que acompaña el público, según su modo de explicarse, aunque devoto y edificante. De suerte que todo el tránsito de la procesión es un altar continuado, y hasta el fin de las primeras tres filas una seriedad y silencio en que sólo se oyen las divinas alabanzas.

La segunda parte de la procesión es verdaderamente jocosa, pero me parece que imita a la más remota antigüedad, por lo que no se puede graduar por obsequio ridículo, y mucho menos supersticioso, las danzas de los indios, que concurren de todas las parroquias y provincias inmediatas, son muy serias en la sustancia, porque esta nación lo es por su naturaleza. Sus principales adornos son de plata maciza, que alquilan a varios mestizos que tienen en este trato su utilidad, como en los lienzos, espejos, láminas y cornucopias. La tarasca y gigantones [154], cuando no tengan conexión con los ritos de la iglesia católica, están aprobados con el uso común de las ciudades y villas más autorizadas de España, porque contribuyen a la alegría del pueblo, en obsequio de la gran fiesta. Esta en el Cuzco se repite por los indios en todas sus parroquias, a cuya grandeza concurren todos recíprocamente, y hasta los españoles ven con complacencia en sus barrios estas fiestas que particularmente hacen los indios, con un regocijo sobrenatural.

Fiesta profana

Da principio ésta con el año, que es cuando eligen los alcaldes y demás justicias. Con antelación se previenen damas y galanes de libreas costosas y caballos ricamente enjaezados. Los exquisitos dulces, como son de cosecha propia, en azúcar y frutas las mejores de todo el reino, es provisión de las señoras principales, como asimismo la composición de bebidas, frías y calientes. Estas las mantienen todo el año en sus frasqueras para obsequiar a los alumnos de Baco, y las frías las disponen solamente con mandar traer el día antes la nieve necesaria para helarlas, en que son muy pródigas. Las fiestas, en rigor, se reducen a corridas de toros, que duran desde el primer día del año hasta el último de carnestolendas, con intermisión de algunos días, que no son feriados. Estas corridas de toros las costean los cuatro alcaldes, a que según creo concurre también el alférez real. Su gasto pasa a profusión, porque además de enviar refrescos a todas las señoras y caballeros queestán en la gran plaza del Regocijo, envían muchas salvillas de helados y grandes fuentes de dulce a los que no pudieron concurrir a los balcones de esta gran plaza, que es adonde no falta un instante toro de soga, que luego que afloja de los primeros ímpetus se suelta por las demás calles, para diversión del público, y a muchas personas distinguidas les envían toro particular para que se entretengan y gocen de sus torerías desde los balcones de sus casas. No hay toreros de profesión, y sólo se exponen inmediatamente algunos mayordomos de haciendas en ligeros caballos y muchos mozos de a pie, que por lo regular son indios, que corresponden a los chulos de España.

154 *Tarasca y gigantones*: seres fantásticos que aparecen en las fiestas de Corpus Christi desde la Edad Media.. En 1473 se prohibió su entrada en las iglesias. En España se prohibieron en 1772; en el resto del reino en 1780, prohibición que no se cumplió salvo raras excepciones.La tarasca era un monstruo con cuerpo de tortuga, alas de vampiro y cabeza de serpiente, que arrojaba humo y agua por los orificios nasales y cuya misión consistía en asustar como símbolo de la tentación y del pecado. Los *gigantones* y *gigantillas* son personajes que proclaman el Corpus. también existía la *Tarasquilla*, una muñeca diabólica que saltaba lujuriosamente sobre el lomo de la Tarasca, y que a partir de 1533 se la llamaba "Ana Bolena" por ser la causante del cisma anglicano.

Salen varios toros vestidos de glacé, de plata y oro, y con muchas estrellas de plata fina clavadas superficialmente en su piel, y éstos son los más infelices, porque todos tiran a matarlos para lograr sus despojos. Toda la nobleza del Cuzco sale a la plaza en buenos caballos, ricamente enjaezados de terciopelo bordado de realce de oro y plata. Los vestidos de los caballeros son de las mejores telas que se fabrican en León, de Francia, y en el país, pero cubren esta grandeza con un manto que llaman poncho, hecho con lana de alpaca, a listas de varios colores. Ropaje verdaderamente grosero para funciones de tanto lucimiento. Estos caballeros forman sus cuadrillas acompañando al corregidor y alcaldes, que se apostan en las bocas de las calles para ver las corridas de los toros y correr a una y otra parte para defenderse de sus acometidas y ver sus suertes, como asimismo para saludar a las damas y recoger sus favores en grajeas y aguas olorosas, que arrojan desde los balcones, a que corresponden según la pulidez de cada uno, pero lo regular es cargarse de unos grandes cartuchos de confites gruesos para arrojar a la gente del bronce, que corresponde con igual munición o metralla, que recoge del suelo la gente plebeya y vuelve a vender a la caballería. Al fin de la función, que es cuando suena la campana para la salutación angélica, sueltan dos o tres toros encohetados, y disparando varios artificios de fuego, y al mismo tiempo tremolando los pañuelos de las damas y varias banderas de los balcones, se oye un vitoreo de una confusión agradable, aunque en parte semejante al tiroteo de los gansos de la Andalucía, porque del uno y otro resultan contusiones y heridas con pocas muertes. Por las noches hay en las casas del corregidor y alcaldes agradables serenatas, que concluyen en opíparas cenas, hasta la última noche de carnestolendas, en que todos se recogen casi al amanecer del miércoles de ceniza.

El visitador celebró mi descripción, pero no le pareció bien que yo comparara el vitoreo con el tiroteo, porque este término sólo lo usan los jaques de escalera abajo cuando echan mano a las armas cortas, que llaman títeres, y como otros dicen chamusquina, éstos dicen tiroteo, de cuyo término se valió el gran Quevedo en sus célebres *Xacaras* porque el tal terminillo sólo lo usan los gitanos. Las contusiones, que paran en postemas, resultan de los porrazos que reciben de los toros mochos, y mucho más de las borracheras de los indios, que se entregan ciegamente por ver los depuntados. El ruido y resplandor que causan los fuegos artificiales; el sonido de las cajas y clarines, y los gritos populares, enloquecen a aquellos soberbios animales, y con su hocico y testa arrojan cholos por el alto con la misma facilidad que un huracán levanta del suelo las pajas. No sienten las contusiones hasta el día siguiente, que aparecen diez o doce en el hospital, porque la exaltación del licor en su barómetro no impide la circulación de la sangre.

Otras infinitas fiestas se celebran en esta gran ciudad, pero ninguna igual a ésta, que fuera infinitamente más lúcida si se transfiriera a las octavas de San Juan y San Pedro, en que se han levantado las aguas y dos meses antes están los campos llenos de sazonados pastos, y toros y caballos gordos y lozanos, y la serenidad del cielo convidaría a los caballeros a arrojar ponchos y capas para lucir sus costosos vestidos y evitar muchos resbalones de caballos y peligrosas caídas, con otros muchísimos inconvenientes que resultan de las muchas e incesantes lluvias de los meses de Enero y Febrero, como he experimentado siempre que concurrí a estas fiestas; pero en los carnavales todo el mundo enloquece, por lo que es ocioso persuadir a la nobleza del Cuzco el que conserve su juicio en tales días. Ya es tiempo de salir de Guamanga para pasar a Guancavélica, por las postas siguientes.

Capítulo XXIII

Ruta de Guamanga a Guancavélica. - La villa de Guancavélica. - La mina de azogue.
- Ruta a Lima por Cotay. - Ruta por Tucle. - Ruta antigua de Parcos a Lima

Guanta

De Guamanga a Guanta	6

Angaraes

A Parcos	10
A Paucará	7
A Guancavélica	6
Postas, 4; leguas	29

A media legua de Guamanga se presenta un profundo barranco, que llaman la Quebrada Honda, que tiene media legua de bajada perpendicular y otro tanto de subida, con veredas estrechas; pero el visitador me dijo que jamás se había visto agua en su fondo. Puesto cualquiera en él y mirando al cielo daría solución al problema de Virgilio, pues apenas se divisan las tres varas de cielo de su pensamiento. Voy a copiar los dos dísticos, con el mismo derecho que lo hicieron otros muchos:

> Dic quibus interris, et eris mihi inagnus Apollo,
> Tres pateat Coell spatium, non aniplius ulnas.

Muy poco sabía Virgilio de problemas cuando propuso éste por tal, o en su Mantua o en toda la Italia no había quebradas hondas y estrechas, que son tan comunes en toda la América; pero supongamos que no las hay, o que fuese una sola, de que tuvo noticia. ¿Es posible que no haya elevadas chimeneas? A fe que si yo fuera su pastorcillo me reiría bastante de su pregunta,

aunque le consta a Vd. muy bien que los indios apenas nos reímos tres veces
en la vida. "Está bien, dijo el visitador, y prosiga Vd. Toda esta jornada es de
camino fastidioso, y en que no se puede picar por la mucha piedra y barrancos".

La jornada de Guanca a Parcos, aunque no es más que de diez leguas,
no se puede hacer en un día con carga doble sin remuda de mulas, porque
saliendo de Guanta, país muy caliente, hasta pasado el río de Huarpa, bien
sea por el puente o por el vado, se cubren de sudor y fatigan en sumo grado.
Sigue *incontinenti* la perpendicular cuesta de Marcas, que tiene dos leguas de
penoso y arriesgado camino para caballerías y hombres. Las mulas no pueden dar cuatro pasos sin pararse a resollar. Muchas se caen rendidas, y las
más briosas apenas ponen la carga en la primera planicie cerca de la noche,
en que sólo para desaparejarlas y que se seque el sudor es preciso esperar dos
o tres horas, y mientras se revuelcan y buscan el escaso pasto se pasan más de
seis. El resto, del camino hasta Parcos, aunque es subida, se va costeando por
medias laderas, que la hacen accesible. En esta sola jornada padecen los correos más de diez horas de atraso y el único remedio es el de situar casa de
postas en arcas, o que se pague al maestro de Guanta una remuda, que puede pasar a la ligera con aparejo hasta el pie de la cuesta, para recibir prontamente la carga, adelantándose las mulas que salieron cargadas de Guanta
para subir la cuesta a la ligera y descansar en la cumbre, para concluir la jornada a Parcos. El maestro de postas de este sitio hace su jornada a Guanta
con prontitud y sin molestia de sus mulas. Lo primero, porque no conduce
más que la carga y carguilla de poco peso, y lo segundo, porque bajando no
trabajan tanto sus mulas.

En Paucará y Guancavélica no hay postas montadas. Este tránsito, de
trece leguas, es de medias laderas y barrancos, que no causan tanta fatiga a
las mulas cargadas como en las empinadas cuestas. En tiempo de aguas es
camino algo contemplativo, y por esta razón no se puede hacer la jornada
con cargas en un día, por lo que convendrá mucho situar posta en Paucará
o en los molinos, aunque el visitador prefiere el primer sitio. La bajada a
Guancavélica, por todas partes es muy enfadosa y contemplativa por la noche, que servirá de gobierno a correos y pasajeros.

Guancavélica

Esta memorable villa se fundó con bastante regularidad con el motivo de
haberse descubierto por casualidad la gran mina de azogue, y entre este elevado cerro y otro de igual magnitud está fundada, con competentes calles y
casas regulares. Siempre se ha gobernado por personas muy distinguidas,
me dijo el visitador, que conoció al señor Sola, del consejo de S. M., y a los
señores Leyva y Vega, también del consejo. Al señor Ulloa, capitán de na-

vío, a quien debió la villa la comodidad del tránsito de sus calles, y al presente al señor Jáuregui, que fue presidente de Chuquisaca, que a su costa hizo un puente de un arco de cantería en un barranco profundo, que da tránsito a un arroyo que pasa a juntarse con el río Grande, y que aquél con las avenidas detenía o ponía en riesgo grave a los recueros, y en particular a los de Ica, que conducen aguardientes en botijas de barro. Otras muchas obras han hecho estos señores gobernadores, particularmente en la mina, que es un gran pueblo subterráneo, con calles, estribos y bóvedas de seguridad. Sólo la descripción de esta mina ocuparía un tomo mayor que mi itinerario, y si se agregase la de los ingenios y hornos, en que se convierte el metal en humo y este en azogue, se gastaría un volumen de a folio.

"Muy ociosa sería, señor Concolorcorvo, esa descripción, que ya tienen hecha tantos hombres sabios. Me consta que el señor Sola presentó al Rey en plata maciza la mina de Guancavélica, con todas las obras hasta su tiempo, y cada gobernador ha dirigido a España y a este superior gobierno una delineación de la mina y haciendas por los sujetos que las trabajan, con los estados de aumento y disminución de leyes y sus causas". "Eso no puede ser, le repliqué, porque más depende de la casualidad que del discurso humano". "Está Vd. errado, me replicó, y no se hable más sobre el asunto", y añadió:

"No hay villa más pacíficamente gobernada en todo el mundo que la de Guancavélica, porque la dirige solamente un hombre sabio, con un teniente muy sujeto a sus órdenes, sin más alcaldes, letrados ni procuradores. Todos los pleitos se resuelven en el día, y así se escribe poco y se adelanta mucho en las causas civiles. Un escribano sólo, que lo es de toda la provincia, reside en esta villa, y sólo se ejercita en las causas criminales de entidad y en algunas escrituras de ventas y contratos. Todo lo demás lo compone el gobernador prudente, sin estrépito judicial, y así no se ven tantas trampas y recursos como en el resto del reino".

Desde el Cuzco había consultado el visitador al superior gobierno la ruta de los correos por Viña, dirigiendo un derrotero que le habían propuesto varios hombres prácticos, de que se dio traslado al administrador general de correos, quien puso algunas dificultades, dictadas de sujetos sin formal conocimiento, cuyo expediente pasó a manos del actual señor gobernador Jáuregui para que con asistencia del visitador se formase una junta de prácticos para que se resolviese la ruta más segura y conveniente al Estado. Esta se compuso de viajeros y arrieros. Todos prefirieron las dos rutas, de Viña y Tucle, a la de carrera general. El visitador tomó el arbitrio de reconocer por sí la de Viña, que sale por Lunaguaná al primer tambo de la costa, que es el nombrado Asia, y que don Francisco Mosteiro de Pedrosa, que le había acompañado desde la corte y estaba impuesto en sus observaciones, pasase por Tucle, hasta caer a Piriacaca, adonde está situada la posta de la ruta antigua, omitiendo el resto del camino antiguo, por ser notoriamente conocido. En la ruta que seguí yo con el visitador se pueden situar las postas siguientes, hasta la de Asia, de la carrera de Arequipa.

Ruta de Guancavélica a Lima, por Cotay

De Guancavélica a Cotay	9
A Turpu	6
A Viña	8
A Llangas	7
A Lunaguaná	6
A Gualcará	6
A Asia	7
De Asia a Chilca	8
A Lurín	7
A Lima	6
Postas, 10; leguas	45

De suerte que por esta ruta es preciso situar 6 postas, desde Guancavélica inclusive, hasta Asia exclusive, porque de ésta hasta Lima están situadas para la ruta de Arequipa.

Ruta desde Guancavélica hasta Lima, por Tucle

Desde Guancavélica hasta Tayapongo	8
A la hacienda de Tucle	3
A Inga-Guasi	5
A Atunguasi	8
A Pariacaca	9
A Guasca-Yanga	7
A Chorrillo	7
A Sisicaya	8
A Lima	10
Postas, 9; leguas	65

Ruta antigua desde Parcos a Lima

De Parcos a Picoy	10
A Acos	10
A Guayucachi	6
A la Concepción	6
A Atunjauja	6
A Julca	9
A Pariacaca	8
A Guarochiri, capital de la provincia de	

este nombre	8
Al Chorrillo	8
A Sisicaya	8
A Lima	<u>10</u>
Postas, 11; leguas	88

A las dos rutas de Cotay y Tucle se deben aumentar trece leguas a cada una, que son las que hay desde Parcos a Guancavélica, de que resulta que la ruta del visitador dista, desde Parcos a Lima, ochenta y tres leguas, y la de Tucle setenta y ocho, que verdaderamente es la más recta, pero es la que no se puede seguir por lo rígido de la temperatura, y sólo se puso el itinerario para que sirva de gobierno a algunos pasajeros que necesitan entrar en la feria de mulas, que se hace en Tucle, a en derechura a Guancavélica, con el ahorro de once leguas, que hay de diferencia por la carrera antigua, y seis por la de Lunaguaná. La diferencia de leguas en este tránsito no es de consideración alguna cuando median intereses en él o que el camino más dilatado es más cómodo, por los menores riesgos y otras conveniencias que se ofrecen en él. Abandonada la ruta de Tucle por la imposibilidad actual de mantener postas en ella, y supuesta la precisa entrada de los correos en Guancavélica, es muy conveniente dar una idea de la de Cotay, para que se coteje con la de la carrera actual antigua y se elija la más conveniente.

Capítulo XXIV

Tránsito por Cotay a Lima. - Quebradas y laderas. - Aguas de piedra. - Las haciendas. - Puentes de maroma. - Maestros de postas. - Apéndice del itinerario

Se sale de Guancavélica por el puentecillo que está a la parte oriental de la villa y da paso a un arroyo que se junta al río Grande. Se costea éste aguas abajo por una ladera algo pedregosa, ancha y sin riesgo. Por evitar esta leve molestia en tiempo de secas, se pasa dos o tres veces, para aprovechar la llanura y buen piso que hay en las vueltas que hace el río, hasta que se vuelve a coger la ladera, y en espacio de dos leguas y media está el que llaman Mal Paso, que es un estrecho corto de laja, de fácil composición. Es opinión común que las aguas de este río se convierten en piedra en las cercanías de la villa. El visitador se ríe de esto y solamente me dijo que bebiendo las aguas multitud de gente, no había visto población en que se padeciese menos el mal de piedra.

A las cuatro leguas está el puente de Jáuregui, de que hablé arriba, desde donde a Cotay hay cinco leguas de buen camino, entre dos sierras nevadas, aunque en tiempo de aguas pueden hacerse algunos atolladeros de poca profundidad, por ser el terreno algo pedregoso.

El sitio nombrado Cotay es de bastante extensión, y corre por enmedio un arroyo que en tiempo de avenidas detiene a los arrieros algunas horas, en particular desde las nueve del día a las cuatro de la tarde, que derrite el sol la nieve. Una legua aguas abajo de mi tránsito hay un puente natural de dos peñas, que algunos se aprovechan, y en este caso se puede salir y entrar por el camino de Condorsenca, en el cual hay algunos atolladeros en tiempo de aguas y tiene dos cuestas en los extremos algo perpendiculares, pero sin riesgo de pérdida de carga. El río corre del este a oeste, y de esta banda de él está la regular pascana de los arrieros, en un altillo de fácil subida. También hay tres o cuatro caserones de piedra, que se techan cuando hacen noche en

ellos algunos señores obispos y gobernadores, siendo éste el mejor paraje para la posta, por ser sitio abrigado y medio hecho al alojamiento.

De éste hasta el otro sitio nombrado Turpu, hay seis leguas, camino de
trotar siempre entre las dos sierras nevadas, con muchos manantiales de
agua, que en tiempo de avenidas causarán alguna molesta detención si no se
usa del arbitrio de algunos puentecillos de palos, de poco costo. Este sitio es
puna rígida, y antes y después de él hay muchas lagunas de poca profundidad, que se secan en tiempo de hielos, a excepción de la nombrada Turpu,
que significa profunda. A corta distancia hay algunas estanzuelas de vecinos
de Huiñac, o Viña, que residen en ellas la mayor parte del año, entre lomadas, por lo que no se ven desde el camino real.\

De Turpu al pueblo de Viña hay ocho leguas, todo camino de trotar, a
excepción de una cuesta de media legua, sin riesgo, y algunos estrechos que
hay en la ladera, dos leguas antes de Viña, todo aguas abajo, sin riesgo de
pérdida de carga, así porque el río lleva poca agua como porque tiene muchas piedras atravesadas de bastante magnitud que la detuvieran y varias
mesas, que hace la ladera de mucho ancho y de fácil descenso. También hay
algunos tránsitos que hacen barranco, que en tiempo de aguas pueden cau-
sar algún cuidado, pero de fácil composición, por la mucha madera que hay
en la quebrada. En esta ladera, y resto, hasta Llangas, hay cinco pueblos de
las jurisdicciones de Castro-Virreina y Yauyos, entre quienes se puede repartir, a proporción de la distancia, la composición de algunos malos pasos
de la ladera.

El pueblo de Viña tiene doscientas cincuenta mulas dedicadas solamente
al mísero trajín de llevar frutas de la quebrada de Lunaguaná a la villa de
Guancavélica, en que apenas lucran en cada una ocho reales en más de quince días, y desean con ansia ejercitarlas en la conducción de correos y pasajeros. Este sólo pueblo pondrá, con mucho gusto y utilidad, posta en él y en el
sitio de Turpu, procurando tener la ladera de su pertenencia, por conveniencia propia, bien aderezada y libre de riesgos, hasta el sitio nombrado Llangas.

De este pueblo a aquel sitio hay siete leguas, todo quebrada cuesta abajo, con algunos estrechos y derrumbes poco peligrosos al presente, que se
pueden componer con facilidad, porque hay bastantes árboles gruesos inmediatos que ofrecen las maderas suficientes. A la bajada a Llangas hay algunos saltos molestos y de algún riesgo, pero de fácil composición, por ser de
tierra y piedra suelta.

En Llangas concluye la bajada, y tiene suficiente terreno para muchos
alfalfares, que no riegan con el río de Viñas, no obstante tener sus acequias
abiertas, por el poco consumo. Aquí se junta el río Grande, que comúnmente llaman de Cañete. A media legua tiene su puente de Maromas, que está
al cuidado de los indios del pueblo de Tupe, de la provincia de Yauyos, a
quienes el puentero paga veintisiete pesos al año, además del paso libre de

todos sus ganados. Es de buena entrada y salida y pasan por él las mulas cargadas y los hombres montados. Todo camino bueno y de trotar, como asimismo hasta el pueblo de Lunaguaná, que dista seis leguas, todas pobladas
de ranchos y pueblecitos abundantes de todo lo necesario, y, sobre todo, de
indios muy racionales, que sólo hablan el idioma castellano y se distinguen
de los españoles en el color solamente. Ofrecen sus casas con generosidad y
venden sus comestibles al precio arreglado sin repugnancia. Tienen los
puentes de la una a la otra banda bien aderezados y tiesos, para que pasen
las mulas cargadas sin molestia y corto gravamen, que aplican para la fábrica de sus iglesias.

Del delicioso y fértil pueblo de Lunaguaná a Gualcará, hacienda de don
Juan José de Borda y tierras del pueblo de Coillo, que lleva en arriendo don
Pedro de Chaves, hay seis leguas, camino de galopar, a excepción de media
legua, que llaman el Mal Paso, por algunos estrechos que tiene, sin riesgo de
que se pierda carga alguna y fácil de componer. Aquí pueden poner posta
con utilidad propia de los indios de Coillo, por tener muchos alfalfares para
mantener las mulas necesarias para la carrera general del Cuzco.

De esta hacienda a la de Asia, tambo o posta antigua de la actual carrera a Arequipa, hay siete leguas largas, camino de trotar, con algunos arenales enfadosos y el arriesgado paso de más de un cuarto de legua, antes de llegar al tambo, por las muchas piedras y peñas, que están mal sostenidas en las
arenas del cerro, a cuya falda se pasa comúnmente por evitar la subida y bajada por el alto. Este tambo está servido por los indios del referido pueblo de
Coillo, a quienes paga el tambero anualmente ciento cincuenta pesos, y por
no perder esta utilidad darán gustosos los avíos para la carrera general, y la
hacienda inmediata de este nombre tendrá doblada utilidad en los pastos,
que hasta el presente ofrece a pasajeros y arrieros, por sus muchos alfalfares.

De este sitio a Chilca hay ocho leguas, y a las tres está el pueblo de Mala, con algunos alfalfares y pastos y un río caudaloso en tiempo de avenidas,
pero hay diestros chimbadores que pasan los correos del Rey y encomiendas
con seguridad y presteza, y sólo con los pasajeros usan de supercherías, ocul-
tando y destruyendo los vados para sus utilidades. Este río, con rodeo de dos
o tres leguas, tiene puente de maromas, que está algo abandonado y se puede habilitar fácilmente por los indios de Coillo, asignándoles por carga lo
propio que en los de la quebrada de Lunaguaná, que es a real por cada una.

Chilca, pueblo principal de la provincia de Cañete, tiene muchas mulas,
pudiendo mantenerse muy pocas cerca de él por ser terreno salitroso, escaso
de agua y pocos pastos. La mayor parte de su trajín y comercio lo hacen fuera de la provincia. No obstante, con las que hay en el pueblo destinadas para los viajes a Lima son suficientes para habilitar la carrera general, para lo
cual les puede ayudar mucho el pueblo de Mala, ambos compuestos de indios muy racionales y comerciantes.

De Chilca a Lurín hay siete leguas, con algunos arenales poco molestos. Aquí sobran mulas, porque hay abundancia de pastos todo el año, y por eso hay tanto trajín a Lima, que a todas horas se encuentran en la tablada nombrada la Mamacona, que es el único arenal algo molesto y ponderado de cierto informante bisoño. De este pueblo a Lima hay seis leguas, aunque los correos del Rey han pagado cinco. Hay hombres que no saben otra cosa que contradecir y oponerse a todas las ideas que no son propias. "A éstos, dijo el visitador, los llama el agudo Gracián libros verdes". "¿Qué quiere decir libros verdes?, le repliqué; a que me respondió que eran todos aquellos que piensan honrarse a sí mismos con desdoro y desprecio de otros". "Las mulas, prosiguió, criadas en la sierra, en piso duro, se fatigan en los valles arenosos, y al contrario, las de estos valles se cansan mucho en la subida de empinadas cuestas, y regularmente se despeñan, que es lo mismo que el mal del vaso. No hay día del año que no entren en Lima mulas de las dos costas, con cargas más pesadas que las que se conducen de la sierra. Aquellas hacen dobles jornadas y llegan más robustas; pero, ¿para qué nos cansamos? pues los más de los arrieros gruesos que descienden del Cuzco y suben con carga doble, vienen y van por estos arenales, que pondera insuperables el rígido censor, que no conozco ni quiero conocer".

El administrador general de correos sabe muy bien que los de Piura y Arequipa, sin embargo de los grandes arenales y mayores distancias, llegan con más presteza que los del Cuzco, por lo que es de sentir el visitador se prefiera esta ruta a la antigua actual que se está siguiendo.

Las casas de postas, que se supone que tendría que costear la renta, es un reparo pueril o muy malicioso, porque la renta jamás ha tenido ni tiene casa alguna, y mucho menos la necesita en esta ruta que en otras partes, porque todos los maestros tienen rancho a casa en que vivir, que franquean, no solamente a los correos, que sólo se detienen una o dos horas, sino a los pasajeros que quieren hacer mayores mansiones. El otro reparo que se puso de que carecían de correspondencias los vecinos del valle de Jauja y provincia de Tarma es un trampantojo [155] para espantar a ignorantes. Lo primero porque saliendo diariamente arrieros y pasajeros de estas dos provincias para Lima, dirigen con ellos los vecinos sus correspondencias, que son de muy corta entidad; pero suponiendo como cosa precisa la correspondencia fija y determinada con estas dos provincias, no había cosa más fácil que destinar un cañari, costeado por ellas o por la renta, saliendo un indio de cada una con su paquetillo hasta la Oroya y alternándose para pasar a Lima por la quebrada de San Mateo. El comercio interior de estas dos provincias rara vez pasa de Guancavélica, que está menos distante de Lima y de camino menos fragoso, por lo que pudieran también elegir la remisión de sus correspondencias a aquella villa, para que se quedasen en ella las correspondientes, como asimismo las que pudieran dirigir para las demás provincias, y que

---

155 *Trampantojo*: enredo o artificio para engañar o perjudicar

las de Lima las condujese el correo ordinario, que pasaría con velocidad por los altos de Viña, y sólo tendrían los cañaris el viaje a Guancavélica, y con atraso de un sólo correo al año recibirían sus respuestas muy puntuales, así de Lima como de las provincias más remotas.

En conclusión, la ruta desde Lunaguaná se puede variar porque hay varias quebradas que acaso serán más accesibles que la que tira al pueblo de Viña, y aún desde éste hay otra quebrada, que llaman de Abajo, o de El León, pero, sígase el camino que se destinase, siempre es más cómodo y accesible que el de los Guarochiríes y Angaraes. Los señores obispos, gobernadores y personas distinguidas siempre hacen sus viajes por la costa hasta Lunaguaná y Viña, que es una prueba de la mayor comodidad y más civilidad de sus habitantes, que en comparación de los Guarochiríes son lo mismo, aunque por distinto rumbo, que los actuales franceses, comparados con los antiguos galos, o los atenienses con los lacedemonios.

Para dar fin a este itinerario, se previene que no es regla infalible para graduar de mejor ruta la que siguen las personas distinguidas y de conveniencias, porque todos estos señores eligen las dos mejores estaciones del año. Para los correos, que caminan por precisión en días determinados, se debe elegir una ruta que no tenga impedimento grave en ninguna estación. Un derrumbe fortuito se puede evitar con un corto rodeo a una composición provisional, pero la rápida corriente de un río sin puente ni balsas, aunque no permanezca más que el espacio de dos meses al año, es suficiente para abandonar una ruta llana, expuesta a cortar el giro epistolar y ocasionar grandes atrasos en el reino. El tránsito de Lima a Arequipa tiene más de ocho ríos caudalosos, con preciso vado, y jamás se ha experimentado detención considerable en los correos, y sin embargo de que el visitador prefiere la ruta por Lunaguaná, por no vadearse más que los dos ríos de Lurín y Mala, encarga se reconozcan en tiempo riguroso de aguas las laderas hasta Viña y sus altos, y en particular la laguna grande, nombrada Turpu, y el río de Cotay, como asimismo las vertientes de las dos cordilleras, que pasó a mediados de Mayo, en que ya del todo han pasado las aguas y derretídose las nieves.

El corto estipendio que se paga a los maestros de postas atrasa mucho los viajes, porque no se costean las remudas ni pueden mantener caballerías a la estaca en corrales. La conducción de encomiendas de oro y plata, y otras de bultos tan útiles al comercio y particulares, atrasan también mucho las correspondencias. El camino áspero, en rigor, es el de Lima al Cuzco, y con todo eso lo han hecho varios particulares y correos en siete días, que sale a más de veintiséis leguas por cada veinticuatro horas, con algún descanso; y aseguro que si se dividiera la carrera en Guamanga se podía hacer el viaje en cinco días, porque cualquier hombre de mediana robustez aguanta dos días y medio sin descanso, y lo propio y a correspondencia del mejor camino, se avanzará del Cuzco hasta Buenos Aires, pagando bien las postas. Concluyo este diario con un chiste de un tucumano.

Cierto inglés apostó en Buenos Aires a poner una carta en Córdoba, que dista ciento cincuenta leguas, aunque el visitador sólo graduó ciento cuarenta y seis, en cuarenta y ocho horas, que salen por la primera regulación a setenta y cinco por veinticuatro horas, y a más de tres por hora, pero puso la talla de cuatro mil pesos. Varios comerciantes se asombraron de la proporción, sin reflexionar en los medios que podía tomar el inglés para hacer un viaje con tanta velocidad, hasta que llamaron al *Corredor Cordobés,* que era el más acreditado en aquella carrera, que jamás la había hecho en menos de tres días y medio, y habiéndose presentado éste, mandó comparecer al inglés, para aceptar en parte el desafío. Mientras llegó, picó su tabaco, torció un cigarrillo con mucha frescura y sin hablar nada esperó al inglés, llenando de humo todo el aposento. Los circunstantes estaban suspensos. El inglés, que era hombre circunstanciado, llegó prontamente, y le recibió el tucumano con una cortesía campestre y echándole dos sahumerios en las barbas le dijo que aquellos caballeros le habían dicho todo lo que pasó. El inglés se afirmó en su apuesta, creyendo que los comerciantes le afianzarían, pero el bueno del tucumano, con mucha serenidad, le dijo que ni él ni todos sus antepasados, ni toda su generación presente, tenían cuatro mil pesos, pero que si se quería apostar veinte pesillos (así se explican ellos para manifestar una corta cantidad), que estaba pronto a arriesgarlos.

El inglés, irritado, pronunció las siguientes palabras: *Sols, sols, sanibavichi canifestan!,* que es una execración a maldición de desprecio. El tucumano la entendió bien por los gestos y le respondió con frescura: "Oiga el inglesillo, ¿le parece que aquí, aunque *semos* unos *probes,* no le entendemos sus trafacías?" Esta voz, *trafacías,* no solamente significa entre ellos maldad y engaño, sino artificio, y agudeza, y añadió que él con sus hijos y yernos se atrevía a hacer el mismo viaje, y aún más breve, por quinientos pesos. Los porteños entendieron el misterio, y a los peruanos no hay necesidad de explicárselo.

Quia intelligentibus pauca.

Apéndice

Después de concluido este itinerario histórico le pareció muy del caso, al visitador dar a sus lectores una sucinta idea de las provincias de su comisión, para que se dirijan las correspondencias con algún acierto. Estas advertencias, se harán de modo retrógrado, para que los señores limeños no tengan la molestia que les causará el itinerario general.

La primera partencia, o llámese partenza sincopado, como actualmente está en uso, es el sitio de donde salen los correos hasta donde concluyen su carrera. En la administración general de Lima se despachan tres correos ordinarios. El que llaman de valles, que concluye en Pura, camina doscientas diez y siete leguas. Estos dos viajes están reglados según las memorias antiguas, que no queremos disputar por no ser de nuestra comisión.

De Lima al Cuzco, por la posta, se cuentan ciento ochenta y cuatro leguas, según las observaciones del visitador y dictamen de hombres prácticos. La primera provincia que se presenta en la actual y antigua carrera es la de Guarochirí, cuya capital es el pueblo de este nombre. Toda esta provincia es de indios, por lo que solamente el corregidor, sus tenientes y familiares, como los curas, dirigen tales cuales cartas a las provincias de arriba, y mucho menos a Lima, porque el continuo trajín de los indios a esta capital les dan motivo para no necesitar del correo ordinario. Sin embargo, la persona que quisiere escribir, pondrá el nombre del pueblo o doctrina, y abajo Guarochirí, para que los dependientes de la renta sepan que han de dirigir a aquel pueblo todas las cartas de la provincia, a excepción de las de aquellos pueblos que están al tránsito, que se dicen cartas de camino.

Sigue la provincia de Jauja, que da principio con el mayor pueblo llamado Atunjauja. El segundo es el de la Concepción, capital de la provincia, y el tercero el de Guancayo. En estos tres pueblos hay varios españoles y mestizos, comerciantes con la capital de Lima. Tiene por conveniente el visitador que en Atunjauja se ponga la caja de correos, para que dirija los pliegos, no solamente a toda la provincia, sino al pueblo de Tarma, por su inmediación, y que de éste pasen las correspondencias a Pasco, adonde verdaderamente se debe poner un teniente de correo, porque existen en aquel asiento las cajas reales y varios mineros de consideración, y en este caso podía establecerse cañari,para que por la provincia de Canta pasase a Lima con prontitud.

La tercera provincia al tránsito, de los correos es la de Angaraes. Esta no tiene comercio epistolar sino con la villa de Guancavélica, que es la residencia del gobernador, oficiales reales, mineros de azogue, comerciantes de entrada y salida a algunos tenderos. Las correspondencias, del teniente general, si no tiene apoderado en Guancavélica, se le dirigirán a Parcos, para que desde esta posta se la envíen al pueblo de Acobamba, en donde tiene su regular residencia. A un lado de Parcos está la isla de Tayacaxa, que corresponde al gobierno de Guanta, pero siempre ésta se sirvió por un teniente con total independencia, y acaso, le tendría más cuenta a éste ocurrir a Parcos por sus correspondencias que al pueblo de Guanta.

La cuarta es la de Guanta, que no tiene más correspondencias que las del corregidor, cura y tal cual vecino, aunque es pueblo de bastante extensión.

La quinta es Guamanga, cuyas correspondencias se dirigen al casco de la ciudad. El corregidor de Vilcahuamán tiene allí su apoderado regularmente, y si por accidente no le tiene, pasarán sus correspondencias con las de los demás provincianos a la posta nombrada Tambo-Cangallo, que es de su jurisdicción.

La sexta se nombra Andaguaylas, pueblo numeroso y capital de la provincia. Además del corregidor y cura tienen algunas correspondencias varios vecinos. Los curas y hacendados ocurren por sus correspondencias a este pueblo, adonde se dirigirán todas las de la provincia.

La séptima se nombra Abancay, que es la capital y único pueblo de correspondencia, y si la posta, que actualmente está en Tambo-Urco, no se muda al pueblo, se dejarán las correspondencias de él en el referido tambo, para que el maestro de postas las entregue y dé cuenta de su valor a la vuelta del ordinario que pasa al Cuzco.

La octava provincia se reduce a la gran ciudad del Cuzco, que es la mayor en materia de correspondencias de toda la sierra. A esta capital se pueden dirigir las cartas de las provincias de Chilques, Masques, Calca, Urubamba, Cotabamba y Chumvivilcas, que regularmente tienen sus apoderados en ella. En esta ciudad hay cañari para la travesía de Arequipa, que servirá de gobierno a las provincias inmediatas.

Capítulo XXV

Segunda carrera desde el Cuzco a la imperial villa de Potosí. - Carrera desde Potosí a San Miguel del Tucumán. - Carrera desde Tucumán a Buenos Aires

Esta es de doscientas veintisiete leguas, y en ellas están situadas al camino real de postas las provincias siguientes:

La primera es la de Quispicanchi, Andaguaylillas o Urco, que todos estos tres nombres tiene, y aunque regularmente tiene el corregidor su apoderado en el Cuzco, si no ocurriere a tiempo se pueden dirigir sus correspondencias al pueblo nombrado Quiquijana, como asimismo todas las de los pueblos de travesía y las demás de los pueblos que están en la carrera, según el itinerario, las llevan los correos a la mano, para entregarlas de camino.

La segunda provincia es la de Tinta, cuyas correspondencias se pueden dirigir al pueblo de Siquani, adonde el corregidor conserva siempre un comisionado y el cura un ayudante, por ser pueblo numeroso. Aunque se suprimió esta posta, por ser inútil, conviene que se ponga un administrador para que reparta las cartas de la travesía y pueblos inmediatos, para evitar la detención del correo.

La tercera es la de Lampa, cuyas correspondencias se dirigirán al pueblo de Ayaviri, para que el administrador las dirija al de Lampa y demás que están en las travesías. También se dirigirán a este pueblo las de la provincia de Azangaro y Carabaya.

La cuarta es la de Paucarcolla. Sus correspondencias se dejan en Puno, adonde hay administrador de correos, por cuya mano se reparten. Aquí hay cañari para Arequipa, de que se aprovecharán todos los pueblos interiores, hasta Buenos Aires, y aún los de la provincia de Lampa al tránsito de los correos generales.

La quinta es la de Chucuyto, cuya capital tiene este nombre. Todos los pueblos están en la carrera, a excepción de dos, que por accidente tienen correspondencia epistolar.

La sexta y séptima son las provincias de Pacages y Omasuyos; no tienen más que tres pueblos chicos sobre la carrera general. De estas dos provincias se ocurre por las correspondencias a La Paz, que es la octava que está en la carrera.

La novena es la de Sicafica, cuya capital tiene este nombre, y aquí se dirigirán y dejarán las correspondencias para toda la provincia.

La décima es la de Oruro. De esta villa se despachan dos cañaris, para la de Cochabamba el uno y el otro para Carangas. Estos dos cañaris sirven para todo el reino.

La undécima provincia se nombra Poopó, que concurre por sus correspondencias a Oruro. Desde Cochabamba se dirigen las cartas al señor obispo de Misque y gobierno de Santa Cruz de la Sierra, Mojos y Chiquitos.

La duodécima es la de Porco, que ocurre por sus correspondencias a la décimatercia y última de esta carrera, que es Potosí. De esta villa se despacha el correo real, que viene de la ciudad de La Plata con correspondencias e intereses, por lo que el visitador situó dos postas, como consta en su itinerario, para el pronto despacho de aquella travesía y evitar las extorsiones que se hacían a los caminantes.

Carrera tercera, desde la imperial villa de Potosí hasta la ciudad de San Miguel del Tucumán

Esta consta de doscientas treinta leguas, que se pueden regular como camino de sierra, y más fragoso y difícil que el del Cuzco a Potosí, pues aunque tiene muchos llanos de Jujuy en adelante hay varios ríos caudalosos, y en particular los de Perico y el Pasaje, que detienen la carrera. La primera provincia que se presenta es la de Porco, cuyos habitantes concurren por sus correspondencias a Potosí.

La segunda es la de Chichas, nombrada también Santiago de Cotaguayta, y Tarija. A Santiago se dirigirán todas las correspondencias de esta provincia, que llega hasta el río nombrado Quiaca, desde donde entra la gran provincia del Tucumán, y se comprenden en esta carrera las tres ciudades de Jujuy, Santiago y San Miguel.

Carrera cuarta y última, desde San Miguel a Buenos Aires

Esta consta de trescientas cinco leguas al camino real, y aunque es la mayor, no iguala a la tercera, que se puede contar por camino de sierra, pues aunque desde Jujuy a San Miguel es camino carretero, tiene muchos ríos, y en particular el de Perico y Pasaje, que en tiempo de avenidas detienen las marchas, y aunque en esta última también hay ríos caudalosos, tienen buenos vados de aguas mansas, y en los más profundos, como el Segundo y Tercero, sobran balseadores, que prontamente y sin riesgo ni pérdida de barlovento pasan a poca costa a cualquiera a la opuesta orilla.

La provincia de Buenos Aires no tiene al camino real más que cuatro pagos cortos, que son el presidio nombrado el Pergamino, el Arrecife, Areco y Luján, pero desde la ciudad se dirigen cartas para Santa Fe, Corrientes y Paraguay. Para la otra banda del Paraná, atravesando este río, como el real de San Carlos, plazas de Maldonado y Montevideo, como asimismo para todo el reino de Chile, de que sólo se pueden aprovechar los limeños en tiempo que está cerrada la cordillera a que haya corsarios enemigos que crucen las islas de Juan Fernández a Valparaíso.

También se pueden arriesgar algunas cartas por duplicados franqueándolas hasta Salta, para que aquel administrador las dirija con pasajeros o arrieros a Catamarca a ciudad de todos los Santos de la Nueva Rioja, como asimismo a Coquimbo, Copiapó, El Guasco y San Juan de la Sirena, situadas en la otra banda de la cordillera. En estos casos, y por las contingencias de que lleguen las correspondencias tarde o nunca, es de sentir el visitador se exija por los administradores un porte muy equitativo; quiere decir que si desde Lima a Salta se cobran cuatro reales por carta sencilla, se exijan solamente dos de las que se dirigieran con destino a los referidos parajes, en donde la renta no puede mantener correo, para que la equidad aliente a aventurar unas cartas que muchas veces serán muy importantes al público, porque las del real servicio, en casos extraordinarios, caminarán siempre por correos que costeará la real hacienda de otros ramos, porque el de éste sólo está obligado por reales disposiciones a mantener los ordinarios de la carrera general.

Capítulo XXVI

Breve comparación entre las ciudades de Lima y el Cuzco. - Particularidades característi-
cas. - Limeños y mejicanos. - El traje de la limeña. - Causas de la vitalidad. - Cosas singula-
res. - Camas nupciales, cunas y ajuares

Pretendí hacer una descripción de Lima, pero el visitador me dijo que
era una empresa que no habían podido conseguir muchos hombres gi-
gantes, y que sería cosa irrisible que un pigmeo la emprendiese. "Pero,
señor visitador, ¿es posible que yo he de concluir un itinerario tan circunstanciado sin decir algo de Lima?" "Sí, señor inca, porque a Vd. no le toca ni le
tañe esta gran ciudad, porque en ella se da fin a mi comisión. Los señores don
Jorge Juan, añadió, don Antonio de Ulloa y el cosmógrafo mayor del reino,
doctor don Cosme Bueno, escribieron con plumas de cisne todo lo más particular que hay en esta capital, a que no puede Vd. añadir nada sustancial
con la suya, que es de ganso". "Sin embargo, repliqué, sírvase Vd. decirme
qué diferencia hay de esta gran ciudad a la de mi nacimiento". "Supongo yo,
señor inca, me respondió, que Vd. está apasionado por el Cuzco, su patria, y
quisiera que dijera yo que excedía en todas sus circunstancias a la de Lima,
pero está Vd. muy errado, porque dejando aparte la situación y ejidos, debía
Vd. observar que en esta gran capital se mantiene un virrey con grandeza y
una asignación por el Rey que equivale a todas las rentas que tienen los mayorazgos del Cuzco. Tiene asimismo tres guardias costeadas por el Rey, de
caballería bien montada y pagada; infantería y alabarderos, que no sirven solamente a la ostentación y grandeza, sino al resguardo de la persona y quie-
tud de esta gran población, a que se agrega una audiencia completa, tribunales de contaduría mayor, real inquisición, universidad, teatro de comedias y
paseos públicos inmediatos a la ciudad, que no tiene la del Cuzco ni otra alguna del reino.

Esta mantiene doscientos cincuenta coches y más de mil calesas, que sólo se distinguen en que tienen dos ruedas y las arrastra una mula, y estar más

sujeta a un vuelco. Nada de esto hay en su gran ciudad. En materia de trajes, tan loca es la una como la otra, con la diferencia de gustos y extensión de familias y comercio, en que excede Lima al Cuzco más que en tercio y quinto. En esta ciudad hay muchos títulos de marqueses y condes, y mucho mayor número de caballeros cruzados en las órdenes de Santiago y Calatrava, que a excepción de uno u otro tienen suficientes rentas para mantenerse con esplendor, a que se agregan muchos mayorazgos y caballeros que se mantienen de sus haciendas y otras negociaciones decentes para vivir y dar lustre a la ciudad. No dudo que en la de su nacimiento como en las otras de este vasto virreinato haya familias ilustres, pero el número de todas ellas no compone el de esta capital, en donde se hace poco juicio de los conquistadores, pues aunque no faltaron algunos de esclarecidas familias, se aumentaron estas cuando se afirmó la conquista.

Con la elección de tribunales y otros empleos honoríficos, pasaron de España a esta capital muchos segundos de casas ilustres, unos casados y otros que tomaron estado aquí, y hasta muchos de los que fueron provistos para las provincias del interior, vinieron a establecerse aquí, como sucedió en todas las cortes del mundo. Muchos sujetos que vinieron de España sólo con el fin de hacer fortuna han tenido su nobleza oculta hasta que la consiguieron y pudieron mantener su lustre en un lugar tan costoso y en que está demasiadamente establecido el lujo. En el Cuzco y demás ciudades de la sierra, y parte de los valles, sólo es costoso el vestido y un menaje de casa, que dura con lucimiento algunos siglos. La señora más principal del Cuzco mantiene cinco o seis criadas, que la sirven puntualmente y en que apenas gasta en vestirlas tanto como aquí a una negra de mediana estimación. En esta ciudad, sin tocar en las haciendas, hay un fondo perdido de millón y medio de pesos, porque no hay esclavo, uno con otro, que ahorre al amo el gasto que hace con él. Las enfermedades, verdaderas o fingidas, no solamente son costosas a los amos, por los medicamentos, médico o cirujano, sino por su asistencia y falta de servicio. Cada negrito que nace en una casa de éstas tiene de costo al amo más de setecientos pesos hasta llegar a ponerse en estado de ser de provecho. Este mal no tiene remedio cuando estos partos son de legítimo matrimonio, pero pudieran remediarse en parte reduciendo los sirvientes a menor número, como sucede en todo el mundo.

La multitud de criados confunde las casas, atrae cuidados, entorpece el servicio y es causa de que los hijos se apoltronen y apenas acierten a vestirse en la edad de doce años, con otros inconvenientes que omito. El actual establecimiento, con el de los costosos trajes que se introducen desde la cuna con la demasiada condescendencia que tienen algunas madres, son dos manantiales o sangrías que debilitan insensiblemente los caudales.

No dudo, señor Concolorcorvo, que Vd., como no ha visto más que las casas por fuera y los techos, o por mejor decir, terrados, creerá que la en que yo habito es la mejor de la ciudad, porque tiene las armas de gato sobre la puerta principal, y hasta tres o cuatro piezas de bastante extensión. Esta casa, en el estado actual, la debe reputar Vd. por una de las que están en cuarto lugar; esto es, que hay otras muchas tres veces mejores. Los señores limeños no tienen la fantasía de adornar sus portadas con relieves y grandes escudos de armas que hermosean las grandes ciudades. Los tejados aquí son inútiles, por la falta de lluvias, que en la realidad se pueden contar por notable falta para el despejo de su cielo y limpieza de sus calles, pues aunque las atraviesan multitud de acequias, no corren por ellas aguas puras, porque siendo de poca profundidad y el agua escasa, sólo se mantienen en ellas las aguas mayores y menores, con perjuicio de la salud y ruina de los edificios, como es público y notorio. El gran palacio del virrey, mirado por su frontispicio, parece una casa de ayuntamiento de las que hay en las dos Castillas, pero su interior manifiesta la grandeza de la persona que la habita. Lo mismo sucede en otras casas de señores distinguidos, que Vd. verá con el tiempo.

La nobleza de Lima no es disputable, o lo será toda la demás del mundo, porque todos los años estamos viendo los criollos que heredan señoríos y mayorazgos de los más antiguos de España. Omito poner ejemplos por no agraviar a aquellas familias de que no tengo noticia formal, y porque mi intento no es hacer apología El actual virrey, Excmo. Señor don Manuel de Amat y Junient, decoró mucho esta ciudad en paseos públicos y otras muchas obras convenientes al Estado. No puedo referirlas todas porque sería preciso escribir un gran volumen de a folio y otra pluma, pero nadie puede negar que su genio e ingenio es y ha sido superior a todos los virreyes, en materia de civilización y buen gusto.

Los ingenios de Lima parecen los más sobresalientes de todo el reino. Esto proviene de que tienen un cultivo más temprano y permanente. Un niño en esta ciudad se explica muy bien desde la edad de cuatro años, y un serrano apenas sabe explicarse en castellano puro a los ocho, con muchos solecismos, y esto proviene de que a un mismo tiempo estudian dos idiomas, que son la lengua de los naturales, que es la más común en sus casas entre nutrices, criadas y madres, y así, cuando van a la escuela castellana, que regularmente la enseña un bárbaro, dicen en lugar de "dame un vaso de agua fría": "un vaso de agua fría dame", que corresponde a *Uno chiri apamuy*, que reputan los ignorantes por grosería y fatuidad. Los vizcaínos (hablo de los comunes) usan de la propia colocación, y por esta razón comprenden mejor la lengua quichua.

Protesto a Vd., señor inca, que ha cerca de cuarenta años que estoy observando en ambas Américas las particularidades de los ingenios de los criollos y no encuentro diferencia, comparados en general, con los de la península. El cotejo que hasta el presente se hizo de los criollos de Lima con los que se avecinan aquí de España es injusto. Aquí raro es el mozo blanco que no se aplique a las letras desde su tierna edad, siendo muy raro el que viene de España con una escasa tintura, a excepción de los empleados para las letras. Bien notorio es que no siempre se eligen los más sobresalientes, porque además de que a éstos, fiados en sus méritos, no les puede faltar allá acomodo, no quieren arriesgar sus vidas en una dilatada navegación y mudanza de temperamentos, o no tienen protectores para colocarse aquí a su satisfacción. Si se mudara el teatro, esto es, que se proveyesen en Lima todos los empleos, se vería claramente que había en la península tantos sabios a proporción, y cualquiera ciudad de las de España comparable a ésta la igualaba en ingenios, juicio y literatura, sin traer a consideración a varios monstruos de aquellos, tan raros que apenas en un siglo se ven dos, como el gran Peralta, limeño bien conocido en toda la Europa, a quien celebró tanto la más hermosa y critica pluma que produjo Galicia en el presente siglo.

Con este motivo voy a satisfacer a los señores peruanos y demás criollos del imperio mexicano, de donde provino la opinión común de la debilidad o corta duración de juicio para la continuación de las letras a los cuarenta o cincuenta años de edad. La ciudad de México es antípoda de la de Lima. El aire de ésta es húmedo en sumo grado. El de México es muy sutil y seco. El suelo de Lima pide, por su naturaleza, ser seco, y si se experimentan perjuicios es por la humedad que introducen las acequias, que tejen las casas y calles. Para hallar agua en Lima es preciso hacer una excavación de doscientas varas. En México, a menos de una vara se encuentra agua, pero es tal la actividad de los aires que los cuartos bajos se preservan de las humedades con un tablado de menos de una cuarta de alto. En estos almacenes se conservan muchos años los efectos sin percibir humedad, y el azúcar, que se humedece en Lima en alacenas altas, se seca tanto en México en los suelos, que se hace un pedernal. Los metales conservan muchos años su lustre, y en Lima lo pierden en corto tiempo, y así sucede con todo lo demás, que uno y otro acontece por la humedad a sequedad de los aires. Los de México están impregnados de sal, porque todos sus contornos están llenos de este ingrediente. Hay una especie de sal, que parece tierra morena, llamada *tequesquite,* que dicen los naturales que corrompe y pudre los dientes, cubriéndolos con un sarro negro, y así es muy rara la dentadura que se mantiene con lustre blanco. Casi todos los mejicanos de ambos sexos padecen esta destrucción desde edad muy tierna, a que ayudan las continuas fluxiones [156]. Los pasmos [157] son tan continuos, que rara vez entré en iglesia de algún concurso que no viese hombre o mujer que no le padezca, cayéndose en el suelo, como si les acometiera la gota-coral [158], a que se agrega torcérseles la boca y garganta, hasta llegar a besar con aquella la oreja. El primer auxilio de los concurrentes es abrigar a los dolientes con las capas, que son capaces de sofocar a un hombre robusto, pero se ha visto y aprobado este remedio provisional.

El gálico [159] es tan común como las fluxiones, pero se cura con facilidad.

156 *Fluxion*: el fluxo de humor que corre a alguna parte del cuerpo dañándola y enfermándola
157 *Pasmos*: inflamaciones, fiebres
158 *Gota coral*: epilepsia; concretamente a la crisis epiléptica, la cual se atribuía al corazón, por eso se la llamaba" coral"
159 *Morbo gálico*: sífilis o *mal francés*

El *matlasague*, que es un tabardillo [160] entripado, hace un destrozo grande, principalmente en los indios. El dolor de costado es muy temible y arriesgado; pero, sobre todo, las evacuaciones a un tiempo mismo por las dos puertas principales del cuerpo, que con mucha propiedad llaman los mexicanos *miserere*, y, en conclusión, México es el lugar más enfermo que acaso habrá en todas las poblaciones del mundo. Los europeos, y aún los criollos nacidos y criados en las provincias interiores hasta edad robusta, no padecen, o por mejor decir, resisten por mucho tiempo las influencias malignas del lugar.

Los mejicanos, sin mudar de traje se distinguen de éstos, como las mujeres de los hombres. Son, por lo general, de complexión muy delicada. Raro se encuentra con su dentadura cabal a los quince años, y casi todos traen un pañuelo blanco, que les tapa la boca, de oreja a oreja. Unos por preservarse del aire, y otros por encubrir sus bocas de tintero, como ellos se dicen unos o otros con gran propiedad, sin que se preserven de esta miseria las damas más pulidas; pero como esta imperfección es tan común, son tan apetecidas de propios y extranjeros como todas las demás del mundo, porque son muy pulidas y tan discretas como las limeñas, aunque estas las exceden en el acento y tez, que procede de mantener hasta la senectud sus dientes y de la benignidad del aire y temperamento, propio para conservar el cutis más flexible y suave. Las señoras limeñas prefieren en sus rostros el color del jazmín al de rosa, y así son las damas del mundo que usan menos el bermellón.

Las señoras mejicanas, desde luego que al presente se despojarán de sus naturales dientes y tendrán un buen surtimiento de marfileños, que ya son del uso, para hacer su acento más suave y sonoro y competir con las limeñas, burlándose de su *tequesquite* y ayudadas de su color rojo, dilatados cabellos, airosa marcha y otras gracias, pueden lucir en las cuatro partes del mundo. Si México se jacta de que en cada casa hay un molino, oponen las limeñas un batán, que sirve lo mismo, a excepción de que no se muele en éstos el cacao. Si en cada casa de México (no hablo con los pobres ni pobras) hay una jeringa, aquí no faltan dos en cada casa de mediana decencia y probidad, y además tiene una botica de faltriquera para socorro de los males repentinos. Si es cierto lo que dice el formal y serio don José Ruiz de la Cámara, que conoció una vieja mejicana que sabía nueve remedios eficaces para curar las almorranas. Aquí la más limitada mujer sabe más remedios que Hipócrates y Galeno juntos, para todo género de enfermedades. Esta ciencia la adquieren, mejicanas y limeñas, por la necesidad que tienen de vivir en sitios enfermizos". "A mí me parece, la repliqué al visitador, que las señoras limeñas contraen muchas enfermedades por el poco abrigo de sus pies y precisas humedades que perciben por ellos". "Está Vd. engañado, señor Concolorcorvo, me respondió el visitador. Las indias y demás gentes plebeyas andan descalzas, como en otras muchas partes del mundo la gente pobre, y no por esto contraen enfermedades. Las señoritas no son de distinta naturaleza. Se

160 *Tabardillo*: realmente tifus, aunque también se empleaba familiarmente para designar a la insolación.

crían con este calzado débil y desde muy tierna edad se visten a media porta, como cortinas imperiales, y del mismo modo se abrigan que las que están
acostumbradas a manto capitular u opa de colegial. Sin embargo, sus zapatos tienen dos inconvenientes, o por mejor decir, tres. El primero es dar una
figura extraordinaria a sus pies, que por ser de uso patrio se les puede disi-
mular. El segundo es lo costoso de estos zapatos, por su corta duración y exquisitos bordados, y lo tercero, por el polvo que recogen y se introduce por
los grandes corredores, balcones y ventanas que abren en ellos, para la evaporación de sus encarcelados.

    Las mejicanas se calzan y visten al uso de la Europa, según me han di-
cho, porque en mi tiempo usaban un traje mestizo que de medio cuerpo
arriba imitaba en algo al de las indias, en los guipiles y quesquémeles, toba-
gillas de verano y mantones de invierno, que corresponden aquí a los coto-
nes de nueva invención entre las señoritas, voladores de verano y mantillas
de bayeta frisada en tiempo de invierno. Para hacer un buen cotejo de limeñas y mejicanas sería preciso hacer un tratado difuso; pero no me puedo de-
sentender de una particular gracia de las mejicanas. Estas se sirven mejor
con pocos criados. Hablan poco con ellos, y muy pasito, y en los concursos,
Loquantur arcana perdigitos, y son las más diestras pantomimas de todo el
mundo, pero he reparado que sus mimos no tienen una regla general, porque he visto que algunas criadas que llegaban de nuevo a una casa confesa-
ban que no entendían todavía las señas de sus amas, porque variaban de las
antecedentes".

    "Asombrado estoy, le dije al visitador, de la habilidad y sutileza de las
damas de México, que logran explicarse y ser entendidas por medio de los
mimos. Confieso que no había oído semejante término desde que nací, y
ahora, por lo que Vd. lleva dicho, vengo en conocimiento que esta voz corresponde a aquellos movimientos de rostro y manos con que se explican los
recién nacidos y los mudos, a quienes entienden los que se hacen a tratar con
ellos, y es lástima que las señoras limeñas no introduzcan este idioma, para
libertarse de gritar tanto en sus casas". "Las limeñas, señor inca, son tan hábiles como las mejicanas, y unas y otras tanto como todas las demás del mundo, pero éstas son servidas de la gente más soez que tiene el género humano, y en particular, por lo que toca a los varones. Los criados, en todo el
mundo estudian el mejor modo de servir, y aquí, la mayor destreza es estu-
diar en servir poco y mal. La señora más prudente y sufrida se impacienta
todos los días tres o cuatro veces, aún criándose desde la cuna entre esta gente, que además de ser grosera por naturaleza, la envilece la forzada servidumbre, mal casi irremediable, si no se toma el arbitrio de negar los muchos
socorros que se hacen a españolas y mestizas por una caridad desordenada.
Bien sé que las personas de juicio serán de mi dictamen, y que con poca reflexión que hicieran los petimetres adoptarían mi pensamiento y no man-

tendrían un número considerable de hipócritas y holgazanas, sin más título que tener la cara blanca. Ya va dilatada la digresión y es tiempo de volver a nuestro discurso.

La juventud mejicana es tan aplicada a las letras, desde su tierna edad, que excede en mucho a la de Lima. Luego que aprenden a escribir mal y a traducir el latín peor, la ponen en los muchos colegios que hay, para que se ejerciten en la ciencia del *ergo*. Todos los colegios de México asisten de mañana y tarde a la universidad, y es gusto ver a aquellos colegiales, que van en dos filas, disputar por las calles, y a otros repasar sus lecciones. En la universidad se convidan los chiquitos para resumir los silogismos. En los colegios no se ve otro entretenimiento que el del estudio y disputa, y hasta en las puertas de las asesorías y en las barberías no se oye otra cosa que el *concedo majorem, nego minorem, distingo consequens y contra ita argumentor*, con todas las demás jergas de que usan los lógicos, de suerte que no hay barrio de toda aquella gran ciudad en donde no se oiga este ruido, a pesar del que hacen los muchos coches y pregoneros de almanaques, novenas y otros impresos, como asimismo de los que venden dulces y otras golosinas.

De este continuo estudio se aumentan las reumas y fluxiones, más comunes entre la gente que se dedica al estudio y meditación nocturna, y por estas razones los sujetos más aplicados se imposibilitan de continuar estas fuertes tareas, desde la edad de cincuenta años en adelante, y menos escribir asuntos de mucha importancia. Ellos mismos han publicado y publican esto, diciendo que sus cabezas están voladas. Cualquiera se lo cree al ver sus aspectos pálidos y descarnados y sus bocas desiertas de dientes y muelas, así sólo hacen composiciones que no necesitan mucha incubación, como un sermón, o la descripción de unas fiestas, con sus poesías muy chistosas y pinturas que alegran su imaginación. Este, señor inca, ha sido el principio para atribuir a los españoles americanos una debilidad de juicio, que ni aun existe en los criollos de México de vida poltrona y valetudinaria. Yo comuniqué a muchos de éstos en México y los hallé de un juicio muy cabal, y muy chistosos en sus conversaciones, y al mismo tiempo advertí que aquella gran población tenía muchos abogados y médicos de trabajo continuo, y la mayor parte criollos de aquella gran ciudad. Por lo menos los abogados necesitan registrar libros, leer procesos, dictar pedimentos y hacer defensas en los males estrados. Para todo esto necesitan fatigar el discurso, como asimismo los médicos, que son los hombres más contemplativos, o a lo menos deben serlo, por lo mismo que son señores de horca y cuchillo. De todo lo dicho se infiere que una parte considerable de los criollos de México conserva la suficiente robustez y fortaleza del cerebro para el estudio y meditaciones".

"Esto supuesto, señor don Alonso, le repliqué, ¿qué principios tuvo la opinión de que los españoles americanos perdían el juicio a los cincuenta o sesenta años?" "A que, me respondió, que el mismo que tuvo el gran Quevedo para escribir la siguiente copla:

> Deseado he desde niño,
> y antes, si puede ser antes,
> ver un médico sin guantes,
> un abogado lampiño,
> un poeta con aliño
> y un criollo liberal,
> y no lo digo por mal."

"No por bien, dijo el visitador, porque en la América, contrayéndome a la sátira contra los criollos, no solamente son liberales, sino pródigos. Es cierto que los peruleros son los más económicos de todos los americanos, y aun con todo eso han disipado crecidos caudales en corto tiempo, no solamente en su país sino en España y otras partes de la Europa, como es notorio.

Nadie ignora el fin de las generosidades de la juventud. Los hombres de juicio, que se mantienen honestamente, son tenidos en todo el mundo por avaros y hombres que se afanan por atesorar. Por lo general, éstos, señor inca, no son aquellos avaros de que habla el evangelio, sino unos hombres muy benéficos al Estado. Estos son los que remedian doncellas, socorren viudas y pobres de obligaciones, y que sostienen los hospitales. Los generosos, a quien celebra el mundo, no son más que unos disipadores de lo que produce, y por lo regular de la industria ajena. Toda su generosidad se reduce a aumentar su tren y a consumirse en cosas varias, dejando a su familia y descendientes un patrimonio de viento.

Pero, volviendo a nuestro asunto, pregunto yo: ¿Qué agravio se hace a los españoles americanos con decirles que así como se adelanta en ellos el juicio, se desvanecía a los sesenta años de edad, o a los cincuenta, como aseguraron algunos? El señor Feijoo niega que se adelante el juicio, pero concede que se adelanta en la aplicación, que es lo mismo. Asienta que se gradúan muchos criollos de doctores en ambos derechos a la edad de veinte años. Antes de graduarse es natural que hayan sido maestros en las facultades que estudiaron, como es común en América, sin ser catedráticos. Es natural que los treinta años restantes se ocupen en la enseñanza pública y progresos de sus estudios. Si los españoles europeos, y lo mismo digo de las demás naciones, dan principio, a los estudios mayores desde la edad de veinte años, en que los americanos ya están graduados, o capaces de graduarse de doctores, es natural que aquellos por su más lento estudio no se puedan graduar hasta la edad de treinta y cinco, hablando de los ingenios comunes, y tampoco puedan servir al orbe literario arriba de veinte y cinco años, como los criollos treinta, porque de sesenta años en adelante son muy pocos los que se dedican a la enseñanza pública, o porque causa mucha molestia a porque están

ocupados en el ministerio secular y eclesiástico. Si los americanos saben tanto a la edad de cincuenta años como los europeos a los sesenta, y fueron tan
útiles por su doctrina y escritos, deben ser más aplaudidos, así como aquel
operario que con igual perfección hace una estatua en un día, como otro en
dos. Lo cierto es que hay países en que se conserva más que en otras partes
la robustez del cerebro, y así entre Lima y México hay una gran diferencia.
En México, la sequedad y sutilidad de los aires, y otros influjos, destemplan
el cerebro y causan insomnios. Al contrario sucede en Lima, porque sus aires espesos y húmedos fortalecen los cerebros, conciliando el sueño, con que
dejan las potencias ágiles para continuar la tarea de meditación. Los mejicanos no pueden dejar de debilitarse mucho con los frecuentes baños de agua
caliente.

¿Tiene Vd. otra cosa que preguntar, señor inca?" "Pregunto primeramente, le dije, si Vd. tiene por escandaloso el traje de las mujeres de Lima,
y demás de este reino del Perú". "Es Vd., me dijo, un pobre diablo de los
muchos que hay en este reino y en otras partes del mundo. Los trajes patrios,
y de uso común, no son escandalosos. Los retratos de las grandes princesas
católicas nos dan una idea de las costumbres de los países. Estas grandes señoras son el modelo de la honestidad, y sin embargo descubren sus brazos
hasta el codo, y su garganta y pecho hasta manifestar el principio en que se
deposita nuestro primer alimento. El ajuste de su cintura para arriba, lo permite así en los trajes que llaman de corte, porque para los días ordinarios, en
que no necesitan lucir sobre su pecho los costosos collares, usan pañuelos de
finísimas gasas, que tapan el escotado. Este mismo orden, y aún con más rigor, sigue la grandeza, y a su imitación el pueblo honesto. Las que se exceden en este ceremonial son reputadas por deshonestas y escandalosas, y vi-
tuperadas de la gente de juicio. De medio cuerpo abajo, las señoras europeas
se visten hasta el tobillo, y solamente las públicas danzarinas visten a media
pierna, para manifestar la destreza de sus cabriolas, pero tienen la precaución de ponerse calzones de raso liso negro, para no escandalizar al público.

Las señoras limeñas y demás que residen desde Piura a Potosí, y lo mismo digo de la gente plebeya, a excepción de las indias y negras bozales, siguen opuesto orden a las europeas, mejicanas y porteñas, quiero decir, que
así como estas fundan su lucimiento mayor desde el cuello hasta el pecho, y
adorno de sus brazos y pulseras, las limeñas ocultan este esplendor con un
velo nada transparente en tiempo de calores, y en el de fríos se tapan hasta
la cintura con doble embozo, que en la realidad es muy extravagante. Toda
su bizarría la fundan en los bajos, desde la liga a la planta del pie. Nada se
sabe con certeza del origen de este traje, pero yo creo que quisieron imitar
las pinturas que se hacen de los ángeles. Las señoras más formales y hones-
tas en este país descubren la mitad de la caña de su pierna. Las bizarras o
chamberíes toman una andana de rizos, hasta descubrir el principio de la

pantorrilla, y las que el público tiene por escandalosas, y que en realidad lo son, porque este concepto es suficiente, elevan sus faldellines a media porta, como cortinas imperiales. Estas tratan a las señoras de juicio como a señoras de antaño, y a las jóvenes que las imitan, como a opas. Aquellas son celebradas de la gente sin juicio, y a éstas las aplauden las personas de honor y talento, y mucho más los hombres y mujeres de virtud.

"¿Hay más preguntas, señor inca?" "Sí, señor; le respondía, y no acabaría hasta el día del juicio, si Dios nos diera a Vd. y a mí tanta vida como a Elías y Enoc. Pregunto lo segundo: si en México y Lima, que Vd. reputa por las dos cortes más enfermizas del imperio español americano, ¿viven sus habitantes tanto como en los demás países de sus dominios?" "Digo que sí". "¿Y en qué consiste?", le repliqué yo. A que me respondió que la misma destemplanza de los países obligaba a sus habitantes a hacerlos más cautos en sus alimentos. "De México tengo poca práctica, pues aunque estuve en aquel dilatado imperio diez años, y de residencia en México más de cinco, no hice reflexión, porque no la tenía para un asunto de tanta seriedad pero tengo presente haber comunicado muchos viejos de ambos sexos, de setenta años y de mucho juicio. Llegué a Lima el de 1746, con treinta años cumplidos, y aunque en los primeros cuatro me ocupé en ideas generales y en aquellas fantasías en que se ejercitan los mozos hasta esta edad, reconocí después que en Lima hay tantos viejos, y acaso más que en otros países, que se reputan por sanos.

He reflexionado que en la América viven más las mujeres que los hombres, en los países insanos. Las que no nacen bajo el signo del Cangrejo mueren regularmente de viejas y mantiene su juicio hasta la edad de ochenta años. Pudiera traer más de veinte y cuatro ejemplares de mujeres que pasan de ochenta años solamente en esta capital. La señora de quien oyó Vd. hablar esta mañana es de las más ilustres, y aseguran sus hijos, nietos y biznietos, de que está rodeada, que tiene cumplido ochenta y seis años, y tiene otra hermana mayor en la Encarnación, con fama de mucho juicio y virtud". "Ya sé de quién habla Vd., le repliqué, porque se nombró muchas veces en esta casa a la señora N. (No se puede nombrar porque las señoras limeñas, como todas las demás del mundo, no gustan de que se les cuenten sus años hasta después de su muerte)". Esta ilustre señora, en edad tan avanzada, y así como otras muchas, mantienen su juicio, lee y escribe sin anteojos, con mucho acierto, y mantiene una conversación llena de sentencias chistosas; pero como estas se dirigen al fin de alabar las costumbres antiguas y reprender las modernas, las gradúan las jóvenes por epidemias de viejas.

No ha muchos años que murió en esta capital un sujeto distinguido, y criollo de Lima, conocido por su antigua nobleza y literatura, y mucho más por su humor jocoso, y en el último periodo de su vida, que discurro sería después de haber cumplido los noventa años, prorrumpió en la idea de vituperar todas las cosas del país y ensalzar las de la península, de tal suerte que un biznieto le dijo un día que no le faltaba otra cosa que decir que la hostia consagrada de España era mejor que la que se consagraba aquí, a lo que respondió el longevo sin titubear: "Sí, biznieto, porque aquellas hostias son de mejor harina". Respuesta verdaderamente escandalosa si no se tomara en el estilo jocoso con que quiso reprender a su descendiente. Coetáneo al señor Bermúdez, criollo, hubo otro igual caballero de apellido Mendoza, europeo, que conservó hasta los últimos instantes de su vida su humor jocoso. Al tiempo de darle la santa unción reparó que uno de aquellos monigotillos, que regularmente asisten a los párrocos, miraba con asombro su pálido semblante, ojos hundidos y nariz afilada, y en el mismo instante le hizo un gesto tan formidable que el muchacho, arrojando la vela sobre la cama, corrió dando unos gritos como si le hubiera querido tragar un espectro. El padre que le ayudaba a bien morir le preguntó poco después si sentía que se moría, y respondió con su voz trémula que como no se había muerto otra vez, no podía darle razón con formalidad. La gente de poco juicio atribuye a falta de juicio, lo que en realidad es tenerlo muy despejado hasta los últimos instantes de la vida: necedad más o menos.

"¿Hay más preguntas, *seor* Cangrejo, que ya me voy enfadando?" "Sí, señor, porque quiero saber si ha visto Vd. en esta ciudad alguna cosa singular, y que la distinga de las demás que ha visto en los dominios de nuestro monarca." "¡Raro ofrecimiento! Supongo yo, me dijo, que Vd., el dicho Cangrejo no querrá saber bagatelas, sino cosas de mucho peso". *"Ao, señor".* "Pues tome Vd. sobre sus hombros estas dos particularidades. La primera es la grandeza de las camas nupciales, y la segunda, de las cunas y ajuares de los recién nacidos en casas opulentas. Las primeras casi son *ad pompam*, y las segundas *ad usum"*. "¿Pues de qué se componen estas camas, cunas y ajuares tan ponderados?" "A que me respondió que su ropaje era el más exquisito que se tejía en las mejores fábricas de la Europa. Colgaduras y rodapiés, a lo menos son de damasco carmesí, guarnecidas de los mejores galones y flecaduras de oro que se hacen en Milán. Las sobrecamas, guarnecidas del mismo modo, son del más rico tisú que se teje en León de Francia. Las sábanas y almohadas son del más fino lienzo que se fabrica en Cambray, guarnecidas de los más delicados y anchos encajes y puntas que se tejen en Flandes, a que se agrega un paño grande, igualmente guarnecido, y tan transparente que se divisa por él la grandeza de las almohadas, que por la parte superior apenas tienen una cuarta de olán batista. La cuna y ajuares del niño son de la misma estofa, sin contar con los dijes para adorno de la criatura, que regularmente son guarnecidos de brillantes, que no regulo más que por un gasto, porque sirven a los demás hijos, a excepción de los que hacen invisibles amas y criados; de modo que los criollos de casas de mediana opulencia pueden jactarse de que se criaron en mejores pañales que todos los príncipes de la Europa, aunque entre el Gran Señor con todo su serrallo".

"Yo me alegrara, le dije al visitador, ver esa grandeza y palpar esos encajes y puntas..." "No será dificultoso el que Vd. vea, pero no le permitirán palpar con esas manos de carbonero, de recelo de una mancha o que les deje algún olor a chuño". "Peor es negra, que huele a granjo, y la he visto hacer camas muy ricas". "Pero no tanto como éstas, señor Concolorcorvo. Estas las hacen y deshacen señoritas que se mantienen de néctar y ambrosia". "¿Pues cómo, le repliqué yo, he visto a muchas señoras limeñas comer chicharrones, mondongo, chupí de queso, mazamorra y otras cosas que comen mis paisanas?" "Esas, señor inca, son damas de la Arcadia, que se acomodan al alimento pastoril y bailan al son de los albogues del semi-capro Dios; pero éstas de que yo hablo son ninfas del Parnaso, presididas del sacro Apolo, que sólo se mantienen, como llevo dicho, de néctar y ambrosía, como los dioses. Sus entretenimientos son elevadas composiciones en prosa y verso, y cuando alguna quiere pasear todo el orbe en una hora, monta en el Pegaso, que siempre está pronto y paciendo al rededor del sacro coro".

Capítulo XXVII

Juicio del visitador Carrió sobre el itinerario histórico del autor. - Comparación entre el imperio peruano y el mejicano. - Anécdota de las cuatro P P P P de Lima. - Fin

Por la laguna Estigia, que es el mayor juramento que prorrumpían los
dioses de mis antepasados, según Vd. me ha dicho, que no entiendo nada de la Arcadia y el Parnaso ni de antaño y ogaño, allende y aquende,
con otros muchos términos, fábulas y figuras que Vd. me sopló, que recelo se
ha inventado de su cabeza para que estos limeños hagan burla de un pobre
serrano, a que se agrega lo indio". "No sea Vd. tan desconfiado, me dijo el
visitador, porque estos caballeros disimulan y saben digerir otras piltrafas mayores". "No se fíe Vd. mucho, señor don Alonso, le dije, porque estos genios
son muy clarivoyantes y espíritus muy bellacos, que no perdonan el más leve
descuido".

"Eh, bien, *monsieur* Concolorcorvo; supongamos que en las tertulias y
estrados se critique su gran itinerario histórico, por lo que toca a esta parte,
y que se falle que su trabajo fue perdido y que toda la obra no vale un comi-
no. ¿Qué cuidado tendrá Vd. de esto, después de haber vendido a buen precio sus brochuras? Reniegue Vd. y dé al diablo la obra o composición de que
no se hable mal. Ninguna ha salido hasta ahora al gusto de todos, y hay infinidad de sujetos que no siendo capaces de concertar un periodo de seis líneas en octavo, que ponen un defecto en las cláusulas del hombre más hábil.
Todo esto es oro molido para el autor. Si Vd. logra sacar el costo de su impresión (que lo dudo mucho) aunque la Robada le haga mucha gracia por
mi respeto y amistad antigua, siempre gana Vd. mucho difundiendo su
nombre y apellido por los dilatados dominios de España, con más fundamento que Guzmán de Alfarache y Estebanillo González, que celebran tantos sabios e ignorantes, en distinto sentido".

Estaba resuelto a hacer más preguntas al visitador, pero como me juró por la batalla de Almansa y por la paz de Nimega, que es lo único sobre que jura, imitando a Zerquera, que solamente me daría una respuesta, dejándome a la cuarta pregunta de este último interrogatorio, puse la mano en la testa para discurrir el medio de concluir este viaje e itinerario histórico. Mi fin era saber si esta capital del imperio peruano se podía comparar a la del mejicano. Así se lo propuse y me respondió: *"Alta petis Phaeton"*. Que no sé en qué idioma se explicó, porque yo sólo entiendo mal la lengua quichua y peor la castellana; pero se explicó en estos términos: "Los criollos de estas dos cortes, que son las mayores de los dos imperios de México y el Perú, compiten en grandeza. Los mejicanos dicen que de México al cielo y en el cielo una ventanilla o balcón para ver al cielo, que es a cuanto pueda llegar la ponderación y entusiasmo. Los limeños oponen a toda esta grandeza sus cuatro P P P P a que pudieran agregar con más fundamento la del pescado fresco, o producciones del mar, de que carecen los mejicanos por la mayor distancia, como de dos a ochenta leguas por países cálidos y húmedos, que por casualidad llegan los escabeches de Veracruz a México en estado de poderse comer sin perjuicio de la salud y sin fastidio del paladar.

Para que Vd. dé fin, señor inca, a un viaje tan pesado, le concluirá Vd. con una burla chistosa que hizo un guatemalteco, gachupín [161], a ciertos chapetones limeños. Para evitar toda equivocación y sentido siniestro, es preciso advertir que fuera de Lima se dicen limeños a todos aquellos que tuvieron alguna residencia en esta capital, ya sean criollos o europeos. En la Nueva España los llaman peruleros, y en la península mantienen este nombre hasta en sus patrias, y así en Madrid, a mi cuñado y a mí y a los demás criollos nos reputaban igualmente de peruleros o limeños. Se hallaban seis u ocho de éstos en Guatemala a tiempo que gobernaban aquel reino los ilustrísimos señores Araujo y Pardo, peruleros, a quienes hacían la corte los chapetones a gachupines, como dicen allende y aquende el mar. El gachupín guatemalteco reparó en los muchos elogios que hacían de Lima los chapetones, pero al mismo tiempo advirtió que no habían hecho mención de las cuatro principales P P P P, y una noche las mandó poner con almagre [162] en la puerta principal del señor arzobispo, con un cartel de desafío a los chapetones para que descifrasen su significación, bajo de la pena de cien pesos para un refresco si no acertaban con su verdadero sentido, o a pagarlos él en el caso de ser convencido. Al instante llegó la noticia a los chapetones peruleros, y a cada uno se ofreció a aceptar el desafío y descifrar el enigma. Los jueces que nombró para la decisión el gachupín, fueron los señores Araujo, gobernador y presidente de aquella real audiencia, y al señor arzobispo, en cuya casa se hizo la junta. Los chapetones estaban ciertos de su victoria. El gachupín fundaba en esto la suya. El día de la asamblea se juntaron todos los chapetones en la casa del señor arzobispo con antelación. El guatemalteco se hacía de pencas, fingiendo algún temor; pero por fin entró y tomó el inferior

161 *Gachupín*: o cachupín, español que mora en Indias
162 *Almagre*: arcilla que contiene óxido rojo y es utilizada como pigmento

asiento, como reo convicto. Los limeños mandaron leer el cartel de desafío y que se ratificase el gachupín, quien dijo que estaba pronto a satisfacer la pena de su animosidad, pero que los señores limeños debían ratificar también su aceptación, a que convinieron todos gustosos, y cada uno de por si pretendía hacer el papel de oráculo. El señor presidente, como más clarivoyante, manifestaba con una falsa risa alguna desconfianza de la victoria de sus compatriotas, pero por fin mandó que el más antiguo hablase en nombre y con poder de todos.

Este buen hombre tendría como cincuenta años. Su fisonomía manifestaba una continua abstinencia, pero el traje indicaba cosa muy distinta. En el sombrero traía una toquilla de cinta de la China con una escuadra de paraos, bajeles mercantes a la chinesca, y para asegurarla en el canto una grande hebilla de oro, guarnecida de brillantes. Abrigaba su cuello con un pañuelo de clarín bordado de seda negra, con unos cortados a trechos, y al aire un finísimo encaje. La capa, aunque algo raída, era de paño azul finísimo, de Carcasona, con bordados de oro, que por la injuria de los tiempos se había convertido en plata. La chaquetilla o valenciana, que le cubría las rodillas, era de terciopelo, azul, con más de dos mil ojales y otros tantos botones de hilo de oro, que también tocaba en plata, según afirmó el contraste o ensayador. La chupa no llegaba al tamaño de la casaqueta, pero tenía unos bolsillos que en cada uno cabían holgadamente mil piezas regulares de encajes manchegos. Era de lampazo matizado de colores, pero no se puede decir a punto fijo su fondo. Los calzones eran de terciopelo carmesí, muy ajustados, y remataban sobre la rodilla con una charretera de tres dedos de ancho, de galón de oro, con tres botones de lo mismo, en lugar de los catorce que hoy se usan. Las medias eran carmesíes, de las mejores que se trabajan en la Laguna, y los zapatos de cordobán de lustre, a doble suela. Las hebillas eran de oro, como la caja del tabaco, que pesarían, uno y otro, un par de libras. En los dedos de la mano derecha traía siempre seis o siete tumbagas finísimas, y en un ojal de la chupa una cadena de oro con un limpiadientes, y orejas con otras guarniciones, que pudieran competir con las cadenas de los relojes que actualmente usan las damas. La camisa exterior, por su extremada blancura manifestaba ser de finísimo elefante, o socortán, y el gorro, que descubría las orejas, de olán batista, con tres andanas de trencillas de Quito, bordaduras con costosos cortados, y por remate un encarrujado encaje de Flandes, de dos dedos de ancho, que hoy día pareciera a los modernos una hermosa y costosa coroza. Los compañeros se presentaron vestidos del mismo modo, que era el uso entonces de su patria, y así eran tan conocidos en la Nueva España como los húngaros en Francia".

"Por la laguna Estigia vuelvo a jurar, señor don Alonso, que es muy poco lo que entiendo de la pintura que Vd. ha hecho del traje de mis compatriotas". "¿Y a mí qué cuidado me da esto?, me respondió. El año de cuarenta y seis de este siglo, memorable por el último gran terremoto, llegué a esta capital, en donde todavía hallé en uso estos trajes. Si al presente son ridículos, a lo menos no dejarán de confesar que fueron costosos, y que en aquel tiempo manifestaban la opulencia de sus dueños y el generoso espíritu que infundía el estelaje. Todas las naciones pulidas del mundo han variado de trajes y modas, y todas parecieran al presente extravagantes, y aún ridículas. Tiempo llegará en que las actuales se critiquen y gradúen por tales, sin embargo que al presente los trajes de los hombres están muy reformados y sobre un pie económico, a imitación de la Casa Real del Señor Don Carlos III, que Dios eternice, y providencias que dio en este reino su virrey el excelentísimo señor don Manuel de Amat y Junient".

El decano de los peruleros era un hombre serio y de pocas palabras. Luego que hicieron señal los dos señores gobernadores, jueces y presidentes de la asamblea, se puso en pie, y tocando con la mano derecha su gorra, arengó en el modo siguiente: "Señores: el enigma que propuso nuestro paisano el gachupín y el desafío que hizo, prueban el poco conocimiento que tienen de las cosas que pasan allende el mar, y que reputa a los chapetones por unos hombres que sólo pensamos en nuestros particulares intereses, sin atender a las particularidades del país. De todo estamos muy bien impuestos, aunque forasteros. Bastante pudor me cuesta descifrar un enigma tan público, que hasta los muchachos de Lima lo saben. Finalmente, las cuatro P P P P que fijó el gachupín a la puerta de este palacio arzobispal no significan otra cosa, como V. S. ilustrísimas les consta, que Pila, Puente, Pan y Peines, en que excede Lima a la ponderada ciudad de México". Todo el congreso cantó victoria por los peruleros y faltó poco para que al guatemalteco le echasen de la asamblea por fatuo y le condenasen a la talla del refresco sin oírle; pero el señor arzobispo, con consulta del presidente, tocó la campanilla para oír al gachupín, y con esta señal y la de haber puesto ambos presidentes el dedo en la boca: *Conticuere omnes, intentique ora tenuerunt,* y el gachupín se defendió en estos términos:

"No dudo, señores, que si me hallara en Atenas, adonde opinaban los sabios y resolvía la plebe, se sentenciaría contra mí y me tendrían todos por un animoso insensato, como me gradúan los señores limeños; pero como me hallo en una junta en que han de decidir dos hombres sabios e imparciales, sin embargo del patriotismo, estoy cierto de alcanzar una victoria, que mis contrarios cantaron por suya, con aplauso de todos los circunstantes. No puedo negar que los señores limeños se explicaron en todo el sentido que se da en su patria a mis cuatro P P P P, pero quisiera preguntar a estos señores si me tienen por tan fatuo para preguntar una cosa tan notoria. ¿No hay, por ventura, otras cuatro P P P P en el mundo? Yo hablo en Guatemala, y en esta ciudad debían estos caballeros buscarlas, y sobre todo en la misma casa del señor arzobispo, a cuya principal puerta las fijé". Los chapetones se volvie-

ron a alborotar, y segunda vez sonó la campanilla el señor arzobispo, y el gachupín dijo que las cuatro P P P P de su enigma significaban: Pedro, Pardo,
Paulino y Perulero, que eran los cuatro connotados del señor arzobispo. El
presidente se tendió, con la fuerza de la risa, sobre el canapé, y el arzobispo
se recostó sobre sus piernas sin poderse contener. Los chapetones se rieron
igualmente y confesaron haber perdido su pleito, e hicieron homenaje de
dar el refresco, con lo que se disolvió la junta y dio fin este cansado viaje histórico.

Canendo, et ludendo retuli vera

FIN

Thank you for acquiring

EL LAZARILLO DE CIEGOS CAMINANTES

This book is part of the
Stockcero Spanish &Latin American Studies Library Program.
It was brought back to print following the request of at least one hundred interested readers –many belonging to the North American teaching community– who seek a better insight on the culture roots of Hispanic America.
To complete the full circle and get a better understanding about the actual needs of our readers, we would appreciate if you could be so kind as to spare some time and register your purchase at:
http://www.stockcero.com/bookregister.htm

The Stockcero Mission:
To enhance the understanding of Latin American issues in North America, while promoting the role of books as culture vectors

The Stockcero Spanish & Latin American Studies Library Goal:
To bring back into print those books that the Teaching Community considers necessary for an in depth understanding of the Latin American societies and their culture, with special emphasis on history, economy, politics and literature.

Program mechanics:
* Publishing priorities are assigned through a ranking system, based on the number of nominations received by each title listed in our databases
* Registered Users may nominate as many titles as they consider fit
* Reaching 5 votes the title enters a daily updated ranking list
* Upon reaching the 100 votes the title is brought back into print

You may find more information about the Stockcero Programs by visiting www.stockcero.com.

CPSIA information can be obtained at www.ICGtesting.com
Printed in the USA
LVOW08s2157030416

482018LV00002B/195/P